CB075106

INTRODUÇÃO
À EXEGESE BÍBLICA

Tradução
WILSON DE ALMEIDA

MICHAEL J. GORMAN

INTRODUÇÃO
À EXEGESE BÍBLICA

COMPLETO • LÓGICO • PRÁTICO

Título original: *Elements of Biblical Exegesis*
Copyright © 2009 Michael J. Gorman
Edição orginal por Baker Publishing Group. Todos os direitos reservados.
Copyright da tradução © Vida Melhor Editora S. A., 2017.

As citações bíblicas são da Nova Versão Internacional (NVI), da Biblica, Inc., a menos que seja especificada outra versão da Bíblia Sagrada.

Todos os direitos desta publicação são reservados por Vida Melhor Editora, S.A.

Os pontos de vista desta obra são de responsabilidade de seus autores, não refletindo necessariamente a posição da Thomas Nelson Brasil, da HarperCollins Christian Publishing ou de sua equipe editorial.

Publisher	*Omar de Souza*
Gerente editorial	*Samuel Coto*
Editor	*André Lodos Tangerino*
Assistente editorial	*Bruna Gomes*
Preparação	*Paulo Pancote*
Revisão	*Mauro Nogueira e*
	Luiz Antonio Werneck Maia
Diagramação	*Sonia Peticov*
Capa e projeto gráfico	*Rafael Brum*

CIP—BRASIL. CATALOGAÇÃO NA FONTE
SINDICATO NACIONAL DOS EDITORES DE LIVROS, RJ

G683i
Gorman, Michael J.
  Introdução à exegese bíblica / Michael J. Gorman; traduzido por Wilson Ferraz de Almeida. 1ª ed. — Rio de Janeiro: Thomas Nelson Brasil, 2017.
  320 p. ; 23 cm

  Tradução de *Elements of Biblical Exegesis*
  ISBN 978-85-7860-9436

  1. Bíblia — Crítica e interpretação. 2. Bíblia — Leitura. I. Almeida, Wilson Ferraz de. II. Título.

17-44800   CDD: 220
                                            CDU: 27-23

Thomas Nelson Brasil é uma marca licenciada à Vida Melhor Editora, S. A.

Todos os direitos reservados à Vida Melhor Editora S.A.
Rua da Quitanda, 86, sala 601A — Centro
Rio de Janeiro — RJ — CEP 20091-005
Tel.: (21) 3175-1030
www.thomasnelson.com.br

Para meus professores e alunos

A edição revisada e ampliada é dedicada especialmente à memória de Bruce Manning Metzger (1914-2007) e a minha filha Amy, aplicada intérprete e pesquisadora das Escrituras.

SUMÁRIO

Agradecimentos • Edição original revisada e ampliada	09
Agradecimentos • Primeira edição	11
Introdução • Edição original revisada e ampliada	13
Introdução • Primeira edição	17

Parte 1: Orientação

A tarefa • CAPÍTULO 1	25
O texto • CAPÍTULO 2	53

Parte 2: Os elementos

Primeiro elemento • Pesquisa • CAPÍTULO 3	83
Segundo elemento • Análise contextual: O contexto histórico, literário e canônico do texto • CAPÍTULO 4	89
Terceiro elemento • Análise formal: Forma, estrutura e movimento do texto • CAPÍTULO 5	102
Quarto elemento • Análise detalhada do texto • CAPÍTULO 6	122
Quinto elemento • Síntese • CAPÍTULO 7	149
Sexto elemento • Reflexão: Interpretação teológica, o texto de hoje • CAPÍTULO 8	162

Sétimo elemento • Aprimoramento e ampliação da exegese • CAPÍTULO 9 — 193

Parte 3: Sugestões e recursos

A exegese e o exegeta — Erros a evitar, descobertas a fazer • CAPÍTULO 10 — 201

Recursos para a exegese • CAPÍTULO 11 — 206

Tabelas de métodos exegéticos — Três métodos exegéticos, três abordagens • APÊNDICE A — 263

Diretrizes práticas para escrever um trabalho de pesquisa exegética • APÊNDICE B — 274

Três exemplos de trabalhos de exegese • APÊNDICE C — 279

Recursos para estudos bíblicos selecionados da Internet • APÊNDICE D — 310

Índice — 315

AGRADECIMENTOS

[Edição original revisada e ampliada]

Ao enviar a segunda edição deste livro para o prelo, naturalmente eu gostaria de reiterar todos os agradecimentos que fiz na primeira edição. Ao lê-los novamente, fiquei triste pelo falecimento de meu mentor, Bruce Manning Metzger, no início de 2007. Até o fim de sua longa e produtiva vida, ele foi um ativo acadêmico (tendo publicado seu último livro em fins de 2006), além de sempre ser um nobre e respeitado cristão. Dedico esta edição especialmente à sua memória.

Dedico esta obra também à minha filha, que é intérprete e pesquisadora teológica das Escrituras. Eu a amo e admiro grandemente.

Quando *Introdução à exegese bíblica* surgiu em 2001, aparentemente preencheu uma lacuna na área de estudos bíblicos introdutórios, tanto em nível de ensino superior como de seminário e até mesmo em determinados cursos ministrados pelas igrejas. Estudado nos Estados Unidos e também em outros países (incluindo a Coreia do Sul, onde foi traduzido para o coreano), *Introdução à exegese bíblica* parece promover uma combinação certa do método exegético com a hermenêutica básica (teoria interpretativa), pelo menos de acordo com seus leitores. Assim, para esta edição, desejo acrescentar minha profunda gratidão aos alunos e aos seus instrutores que utilizaram a primeira edição, considerando-a útil, além de me apresentarem seus comentários positivos, bem como recomendações para aprimorá-la. Dentre os professores que me ajudaram a aperfeiçoar seu conteúdo estão meus colegas Tim Cargal, Dennis Edwards e Ed Hostetter; meu antigo colaborador Paul Zilonka; e membros do corpo docente de outras instituições, incluindo especialmente J. Richard Middleton

(Roberts Wesleyan College) e Michael Byrnes (Sacred Heart Major Seminary).

Em 2005, a editora Hendrickson publicou uma obra da qual fui editor e que faz parceria com este livro. O livro é intitulado: *Scripture: An Ecumenical Introduction to the Bible and Its Interpretation* [As Escrituras: uma introdução ecumênica à Bíblia e sua interpretação]. Sou grato a meus atuais e antigos companheiros do Ecumenical Institute of Theology at St. Mary's Seminary & University, em Baltimore, por suas contribuições ao referido livro e pelo privilégio de trabalhar junto com eles na área de educação e interpretação teológica.

Também desejo expressar minha gratidão aos muitos leitores interessados nas Escrituras, aos quais tenho o privilégio de ter como colegas e amigos. Desejo fazer um reconhecimento especial a três deles, que abriram o caminho para o retorno à imprescindível interpretação teológica das Escrituras: Steve Fowl, do Loyola College em Maryland, Richard Hays, da Duke Divinity School, e Joel Green, do Fuller Theological Seminary. Sou particularmente grato ao Joel por ter feito a revisão do capítulo oito e apresentado diversas e criteriosas recomendações.

Também desejo agradecer a meus alunos, que reagiram ao livro tanto com apreciação quanto com sugestões. Terrye Ashby sugeriu que minha prática de fazer exegese num contexto de oração precisava ser mencionada explicitamente no livro. Minha atual assistente de pesquisa, Lenore Turner, contribuiu muito para esta edição, lendo e comentando todo o manuscrito já revisado, com atenção especial ao capítulo oito, além de verificar e atualizar tanto os recursos de impressão quanto os eletrônicos, assim como o índice. Por tudo isso, expresso a ela uma "gratidão" especial.

Para esta edição, quero agradecer Amanda Hanselman, uma aluna de Richard Middleton, por me permitir incluir neste livro sua dissertação acadêmica de exegese, e ao próprio Richard por sugerir a inserção de um trabalho sobre o Antigo Testamento e por me conectar com Amanda.

Finalmente, desejo novamente expressar minha profunda gratidão à minha editora (e agora amiga, depois de todos esses anos trabalhando juntos) na Hendrickson, Shirley Decker-Lucke. Como eu havia dito em 2001, sua confiança no projeto e suas criativas sugestões contribuíram imensamente para a conclusão (agora duas vezes) e o sucesso da obra.

AGRADECIMENTOS

[Primeira edição]

Reconheço de bom grado a participação de outras pessoas, especialmente de meus professores, no desenvolvimento do método descrito neste livro. Entre aqueles que contribuíram especialmente para o aspecto formativo estão John Herzog, Gordon Fee, David Adams, Paul Meyer e Bruce Metzger. Faço um agradecimento especial ao Professor J. Christian Becker, do Princeton Theological Seminary, cujos procedimentos claros eram superados apenas pela profundidade dos resultados obtidos quando ele os empregava. Sou grato aos meus antigos colegas do *Council for Religion in Independent Schools*, que leram os primeiros manuscritos e apresentaram sugestões muito úteis: Caterine Sands, a saudosa Nancy Davis e Daniel Heischman. Também agradeço a dois amigos que me acompanharam desde a graduação até os tempos de professorado no Princeton Seminary: Barth Ehrman, agora na University of North Carolina, em Chapel Hill, e Duane Watson, do Malone College, os quais reagiram favoravelmente às versões anteriores deste livro.

Igualmente agradeço aos colegas do St. Mary's Seminary and University, que apreciaram e fizeram uso dos primeiros manuscritos deste livro: Peter Culman, do departamento de homilética; Sarah Sharkey e Pat Madden, ambos pertenceram anteriormente ao departamento escriturístico; Paul Zilonka e Steve McNeely, meus atuais colegas em Novo Testamento. Tenho um débito de gratidão especial para com Paul Zilonka, que cuidadosamente leu cada palavra do manuscrito ainda em forma de rascunho e me ofereceu sugestões muito úteis. Em acréscimo, sou grato a meus colegas de Hebraico/Antigo Testamento,

Michael Barré, Ed Hostetter e David Leiter, que proveram assistência no preparo da bibliografia.

Ainda sou grato aos amigos e colegas de outras instituições, que constantemente me forçam a pensar cuidadosamente em como e por que leio a Bíblia, e cujas habilidades interpretativas, em muitos casos, são extraordinárias. Agradeço particularmente a Steve Fowl (Loyola College em Maryland) e Greg Jones (Duke Divinity School); ambos têm sido meus colegas no Ecumenical Institute of Theology; Richards Hays e Stanley Hauerwas, ambos da Duke; Jim Brownson do Western Theological Seminary e Frances Taylor Gench, do Union Theological Seminary, em Virginia. Naturalmente, não desejo responsabilizá-los, nem a qualquer outra pessoa mencionada neste livro, por meus pontos de vista publicados ou por sua aplicação em sala de aula (E, certamente, não vou concordar com cada um deles em todos os pontos).

Sou especialmente agradecido a meus alunos do Princeton Theological Seminary e do St. Mary's Theology and University (School of Theology e Ecumenical Intitute of Theology) por tudo o que me ensinaram. Agradecimentos adicionais vão para um dos meus alunos, Bill Garrison, que serviu como meu assistente de pesquisa enquanto este livro estava sendo escrito. Ele me ajudou particularmente com as seções bibliográficas e fez uma cuidadosa crítica dos vários rascunhos. Suas inestimáveis sugestões ajudaram a melhorar tanto o conteúdo quanto o formato. O seminarista George Gannon, meu novo assistente de pesquisa, ajudou-me na revisão das provas e na indexação. Por fim, mas não menos importante, um agradecimento especial a Annette Chappell e a Brian Lowe, dois excelentes estudantes que fizeram uso das primeiras versões do livro e contribuíram com seu bom trabalho exegético para o produto final.

Finalmente, expresso minha gratidão à minha editora na Hendrickson, Shirley Decker-Lucke. Sua confiança no projeto e suas criativas sugestões contribuíram imensamente para sua conclusão.

INTRODUÇÃO

[Edição original revisada e ampliada]

Muita coisa tem surgido no campo de estudos bíblicos desde a publicação original deste livro. Houve descobertas arqueológicas e rumores de novos achados (ossuários e tumbas entre os mais notáveis), bem como novos embates na guerra bíblica, especialmente sobre a interpretação de determinados aspectos éticos. Algumas novas traduções têm surgido e certas metodologias de estudo da Bíblia foram renovadas ou aperfeiçoadas.

Entretanto, sem dúvida, o mais importante desenvolvimento no campo de estudos bíblicos desde o começo do século 21 é a volta (ou melhor, a retomada) da interpretação *teológica* das Escrituras. Esse desenvolvimento expressa um profundo desejo da parte de muitos estudiosos e teólogos de explorar e articular formas de interpretação bíblica que considerem o texto bíblico primário como um texto teológico, como veículo de revelação divina e de direção. Para muitos dos que estão fora do círculo teológico, mas dentro da Igreja (e talvez até mesmo fora dela), tal enfoque é totalmente evidente e natural. Contudo, para muitos que fazem parte do meio cristão, os anos de exposição à interpretação não teológica fizeram com que a leitura das Escrituras parecesse quase anormal, e aqueles de nós que estão tentando mudar esse viés estão cientes dos desafios enfrentados à medida que tentamos avançar na tarefa de conduzir de forma adequada uma interpretação teológica bíblica.[1]

---

[1] Este texto foi retirado, com pequenas modificações, do parágrafo inicial de meu artigo "A 'Seamless Garment' Aproach to Biblical Interpretation" [Uma abordagem "sem emendas" da interpretação bíblica]. *Journal of Theological Interpretation* 1 (2007):117-28.

Já discutida e abrangida na primeira edição de *Introdução à exegese bíblica* (especialmente nos capítulos um e oito), a interpretação teológica recebe maior atenção nesta edição, contando com a mais significativa mudança: a considerável expansão e renomeação do capítulo oito. Esse capítulo é agora chamado não meramente de "Reflexão", mas "Reflexão: Interpretação teológica". Três pontos sobre essas mudanças precisam ser apresentados aqui.

Primeiramente, a interpretação teológica não possui um método ou metodologia exegética particular. Os exegetas podem — e fazem — uso de uma variedade de métodos. Minha própria abordagem (expressa neste livro) é bastante eclética, mas majoritariamente sincrônica, como discutida no primeiro capítulo.

Em segundo lugar, o oitavo capítulo, revisado, é maior e mais teórico do que a maioria dos demais capítulos, e é propositadamente dessa forma por causa do tema. O capítulo apresenta sugestões práticas, mas o faz dentro de uma estrutura mais desenvolvida e não como uma "colcha de retalhos".

Em terceiro, apesar de a extensa discussão da interpretação teológica estar próxima do fim do livro, os leitores não deveriam concluir que a interpretação teológica seja uma reflexão tardia ou que ocorre somente depois de o "trabalho real" da exegese crítica ou científica (histórica e literária) tiver sido concluído. Em vez disso, a interpretação teológica envolve uma atitude, um *modus operandi*, e uma finalidade (*telos*) que permeia todo o processo. Em suma, a interpretação teológica implica em ler o texto escriturístico tão rigorosa e cuidadosamente quanto possível, empregando as melhores metodologias disponíveis, porque os intérpretes teológicos acreditam que durante e depois do processo eles podem ouvir Deus falar no texto e através dele.

Esse aumento da ênfase na interpretação teológica não nega de forma alguma os aspectos históricos e literários básicos de uma exegese sólida que qualquer intérprete da Bíblia deve levar em consideração. De fato, mesmo os intérpretes que não estão comprometidos com uma leitura teológica do texto bíblico poderão tirar proveito da abordagem básica e do método recomendado neste livro. Isso quer dizer que, se alguém considera a interpretação teológica como um caminho importante, e outro a vê como uma sobremesa desnecessária, há certos ingredientes numa degustação exegética que são comuns a todos os leitores criteriosos da Bíblia, e esses ingredientes se constituem nos blocos de construção tanto deste livro quanto de qualquer outro bom método exegético.

Outro acréscimo importante nesta edição é a inclusão de um tão necessário artigo sobre exegese de um texto do Antigo Testamento da Bíblia hebraica. Outras alterações nesta edição são relativamente menores, porém significativas: alterações em alguns exercícios, esclarecimentos e/ou preparação relativos a diversos temas, e especialmente a adição de novos recursos. O propósito deste livro bem como seu público-alvo permanecem os mesmos: *Introdução à exegese bíblica* oferece a estudantes e ministros uma abordagem não apologética de exegese construída sobre uma sólida base teórica.

INTRODUÇÃO

[Primeira edição]

Robert Leavitt, o reitor presidente (até 2007) da instituição onde trabalho, é um ávido jogador de golfe com *handicap* três. Quando voltou de uma temporada de verão do famoso campo de golfe Prebble Beach, na Califórnia, ele me surpreendeu ao dizer que sua classe incluía estudantes com diversos níveis de habilidades, desde iniciantes até semiprofissionais, como ele mesmo. Quando lhe perguntei como os instrutores conseguiam lidar com tal diversidade de participantes, ele respondeu: "Eles ensinam o básico." De fato, ele disse que é isso que fazem quando os PGA [*Professional Golfer Association*] semiprofissionais retornam à Prebble Beach para as instruções fora de temporada: eles voltam para o básico.

PREVENINDO O ANALFABETISMO EXEGÉTICO

Este livro é sobre princípios, fundamentos. Elaborado para estudantes, professores, pastores e outros que desejam refletir e escrever com seriedade sobre a Bíblia, o livro começou como um guia para que seminaristas aprendessem a fazer uma análise cuidadosa do Novo Testamento para suas aulas, exames de ordenação e pregação. Primeiramente apresentado para classes e grupos de estudos de preparação para exames de ordenação na Igreja Presbiteriana (alguns dos quais falharam em sua primeira tentativa no exame, em geral porque não tinham um método claro!), o material se tornou uma ferramenta simples e útil para o aprendizado, e então se transformou em um breve guia prático para a exegese bíblica.

Em 1990, o Concílio para a Religião em Escolas Independentes o publicou na forma de um guia como *Texts and Contexts: A Guide to Careful Thinking and Writing about the Bible* [Textos e contextos: um guia para cuidadosa reflexão e redação sobre a Bíblia], o qual serviu para muitos estudantes em vários contextos. Uma edição revisada, publicada inicialmente pelo St. Mary's Seminary e depois por Wipf & Stock Publishers, serviu a centenas de estudantes do St. Mary's Seminary and University com muito êxito.

Este livro é um trabalho totalmente revisado, embora os princípios básicos do método tenham permanecido os mesmos, ainda que eu tenha incorporado novas informações a partir do campo [sempre dinâmico] jamais estático da interpretação bíblica. Tenho recebido informações de que muitos estudantes ainda falham nas provas de exegese e sei, por experiência pessoal, que muitas pregações atuais ainda revelam ignorância dos princípios básicos de exegese.

Este livro é oferecido, assim, para ser usado em diversos níveis e de muitas maneiras. Os conceitos e método são compreensíveis para estudantes que estão iniciando o estudo da Bíblia em faculdades, universidades, programas de teologia e seminários. Para esses estudantes, são recomendados tanto a discussão do método quanto os exercícios práticos no fim de cada capítulo. Este livro é útil como leitura introdutória ou estudo paralelo de um curso sobre a Bíblia como um todo ou qualquer parte dela, e pode ainda ser usado pelos estudantes como leitura independente ou obra de referência. Seu uso não requer, mas também não se opõe, ao conhecimento dos idiomas originais da Bíblia.

Para os estudantes mais experientes e os pregadores ordenados, a discussão de um método claro e lógico para o estudo da Bíblia pode lhes oferecer algo que eles não têm encontrado em outras fontes. Muitos eruditos bíblicos usam algo parecido com o método apresentado neste livro em suas próprias reflexões, escritos e aulas, mas temo que essa estratégia muitas vezes não seja comunicada de forma metódica aos estudantes. Minha experiência, tanto com pastores quanto com seminaristas, tem confirmado essa percepção. Além disso, muitos manuais de exegese publicados são bastante detalhistas e complexos para que a maioria dos estudantes e pregadores possa fazer uso deles regularmente. Este livro sugere como ler o texto bíblico cuidadosamente, não importa se alguém está preparando um debate em classe, escrevendo um trabalho de exegese, ou aventurando-se no púlpito. Assim, ele pode ser usado como obra de referência em classes ou seminários de estudos bíblicos, exegese ou homilética. Para pregadores experientes este livro poderá apresentar não somente sugestões sobre como pregar o texto, mas também oferecerá conselhos (ou lembretes) sobre como ler o texto com mais responsabilidade.

ATENÇÃO!

Três palavras de advertência devem ser apresentadas antes de começarmos. Primeiramente, embora os elementos ou passos sejam simples, o domínio do processo é difícil. Exige muito trabalho, com muitas tentativas e erros — mas o trabalho difícil será compensador.

Em segundo lugar, não desejo criar a expectativa de que creio que o método apresentado neste livro seja a única forma de pensar ou escrever sobre a Bíblia. Há muitos outros caminhos que podem ser usados pelo intérprete moderno. O método apresentado aqui é uma análise básica, mas criteriosamente histórica, literária e teológica de um texto relativamente curto, cujos princípios, porém, podem ser aplicados na leitura de toda a Escritura (e de quase tudo o mais) em geral. Este método foi escolhido como o ponto de partida para uma grande variedade de leitores; ele pode ser também útil para aqueles que desejam suplementá-lo com outras estratégias interpretativas.

Em terceiro lugar, obviamente este livro não tem a pretensão de substituir obras mais detalhadas sobre interpretação bíblica, gêneros literários específicos ou da área de hermenêutica. Estou convencido, no entanto, de que a difícil tarefa de fazer exegese e interpretação bíblica está se tornando tão complexa, com uma variedade interminável de novos métodos e metodologias (para não mencionar novas descobertas históricas), que muitos estudantes e pregadores são tentados a abandonar a ideia de se tornar "eruditos" ou até mesmo leitores mais aprofundados em sua leitura e uso da Bíblia. Quando isso acontece, estudantes e pregadores — sem citar as igrejas e o público em geral — haverão de sofrer (e já sofrem) imensas perdas. Este livro é *deliberadamente* simplificado (mas não simplista), não para restringir o estudo profundo, mas para estimulá-lo e, ao mesmo tempo, prevenir desastres em salas de aula e no púlpito. Meu objetivo, portanto, é simples e direto: ajudar a prevenir a falta de instrução em exegese entre leitores comuns, professores e pregadores do texto bíblico.

Os leitores notarão que a extensão dos capítulos varia consideravelmente na proporção da natureza do tópico em consideração. O capítulo "Análise detalhada de texto", por exemplo, é muito mais longo do que o pequeno capítulo "Pesquisa". Os leitores também poderão notar que os trabalhos sobre exegese, escritos por dois de meus alunos, são baseados em textos no Novo Testamento. Isso ocorre somente porque o Novo Testamento é minha área de ensino. (Um trabalho sobre o Antigo Testamento foi acrescentado para esta edição revisada e ampliada.)

[SUGESTÕES PARA PROFESSORES]

1. É mais proveitoso para os alunos trabalhar com o texto todo, tanto na leitura quanto nos exercícios.

2. O livro pode ser usado como unidade introdutória num curso de estudos bíblicos. Talvez se possa designar por aula uma seção do método, incluindo ao menos um dos exercícios sugeridos e a seção apropriada de recursos para expandir e refinar esse passo. Isso resulta numa unidade de base com cerca de oito aulas para os estudantes trabalharem com o método. Então, permita que eles tenham um tempo razoável para escrever um rascunho e depois uma redação final de exegese, talvez em conjunção com os principais livros bíblicos lidos durante o curso. De forma alternativa, o livro pode ser estudado por um período mais extenso, integrado com o conteúdo do curso.

3. Encoraje os estudantes a pensar por eles mesmos enquanto leem a Bíblia. Enfatize o fato de que todos os estudantes, não importa a formação, podem dar uma valiosa contribuição para o entendimento do grupo acerca da Bíblia. Uma maneira de enfatizar isto é atribuir-lhes um texto não bíblico ou um excerto de um documento histórico, para ser trabalhado pelos alunos, individualmente, ou pela classe, antes de dar início ao estudo da Bíblia.

4. Empregue um tempo extra nas seções deste livro em que os estudantes apresentem alguma dificuldade de compreensão específica, bem como em alguma seção que você julgue de particular importância para eles. Em minha visão, o material sobre o contexto literário e histórico e sobre a forma, estrutura e movimento é o mais crucial para os alunos compreenderem.

5. Em classe, você pode querer que os estudantes discutam e até mesmo defendam suas respostas nos exercícios. Se o tempo permitir, façam juntos exercícios adicionais em classe. Quanto mais os estudantes praticarem, melhor se tornarão no trabalho exegético.

6. Peça que os alunos leiam as seções de trabalho de exegese que correspondem a cada tarefa, mas somente *depois* de terem lido a "teoria" e feito os exercícios por si mesmos.

7. Quando lhes passar trabalhos de exegese, comece aos poucos, com um ensaio de duas ou três páginas (750 a 1000 palavras). Os estudantes podem realmente ser encorajados a escrever um trabalho substancial de duas a três mil palavras, ou mais, dependendo do nível do curso.

PARTE 1

Orientação

CAPÍTULO 1

A TAREFA

> Pegue e leia, pegue e leia.
>
> — *Frase ouvida por Agostinho de uma criança brincando, segundo* Confissões 8.12
>
> E agora vem o fim. Então ouça meu conselho: exegese, exegese e mais exegese!
>
> — *Karl Barth, na despedida de seus alunos antes de ser expulso da Alemanha em 1935*

O que é exegese?

Não importa se você está lendo a Bíblia pela primeira vez ou a tem lido desde a infância, sempre haverá passagens que parecem quase impossíveis de ser entendidas. Haverá também passagens que você *acha* que entende, mas seus instrutores, colegas de classe, irmãos da sua igreja ou outros religiosos as interpretam de modo bem diferente. Esse tipo de experiência ocorre quando as pessoas leem qualquer tipo de literatura, mas nós nos tornamos particularmente conscientes delas quando lemos literatura *religiosa* — literatura que requer algo de nós. Como sabemos, a Bíblia é o *best-seller* de todos os tempos, um livro lido, interpretado e citado por milhões de pessoas, de inúmeras maneiras. Seria fácil abandonar qualquer esperança de entender a Bíblia com algum grau de confiança.

Tal desalento, porém, é desnecessário. Embora existam muitas e diferentes abordagens da Bíblia, há uma boa quantidade de conceitos semelhantes entre os leitores responsáveis das Escrituras. O propósito deste pequeno livro é ajudar você a ler, pensar a respeito e escrever sobre a Bíblia de forma criteriosa e sistemática, usando algumas dessas estratégias comuns. Embora seja útil para o estudo de uma porção da Bíblia de qualquer tamanho, o livro foi projetado primariamente para um intenso e preciso estudo de uma pequena parte — uma breve narrativa, salmo, lamento, oráculo profético, discurso, parábola, história de um milagre, visão ou argumento de um capítulo etc. —, consistindo a maioria em não mais do que alguns parágrafos interligados. O termo técnico para essa análise cuidadosa de um texto bíblico é *exegese*, do verbo grego *exēgeisthai*, que significa "conduzir para fora" (*ex*, "fora" + *hēgeisthai*, *"conduzir"*). Neste capítulo iremos considerar a tarefa da exegese e pesquisar o método proposto neste livro.

EXEGESE COMO INVESTIGAÇÃO, DIÁLOGO E ARTE

Exegese pode ser definida como uma cuidadosa análise histórica, literária e teológica de um texto. Alguns chamariam de "leitura acadêmica" e a descreveriam como uma forma que "verifica o sentido do texto por meio do registro mais completo e sistemático possível dos fenômenos textuais, lidando com as razões que são expostas a favor ou contra um específico entendimento dele".[1] Outra descrição apropriada de exegese é a "leitura atenta", um termo tomado emprestado do estudo literário. "Leitura atenta" significa levar em consideração, deliberadamente, palavra por palavra e frase por frase de todas as partes do texto para compreendê-lo como um todo. Aqueles que se envolvem no processo de exegese são chamados exegetas.[2]

Muitas pessoas, ao longo do tempo, têm entendido que o objetivo da exegese é a descoberta do propósito do escritor bíblico ao escrever, ou o que é chamado de "intenção autoral". Embora seja um objetivo louvável, é muitas vezes difícil de ser alcançado. Muitos intérpretes modernos rejeitam a intenção autoral como a finalidade da exegese. Se já é difícil compreender nossas próprias intenções ao escrever algo, mais complicado ainda é descobrir as intenções de outra pessoa de outro tempo e cultura diversa.[3] Um objetivo mais

---

[1] Wilhelm Egger, *How to Read the New Testament: An Introduction to Linguistic and Historical-Critical Methodology* [Como ler o Novo Testamento: uma introdução à linguística e metodologia histórico-crítica] (ed. Hendrikus Boers; trans. Peter Heinegg; Peabody, Mass.: Hendrickson, 1996), 3.

[2] Todavia, os exegetas deveriam resistir à tentação de criar um novo verbo como "exegetar", para "fazer a exegese de um texto".

[3] Embora sempre dificultosa, a busca de uma intenção autoral pode ser mais sensata, mais fácil e mais apropriada em determinadas situações. Por exemplo, a tarefa pode ser um pouco mais fácil na leitura de parte de uma carta conhecida de Paulo do que considerar uma passagem (como em 2Reis) cujo autor é desconhecido.

modesto e primário seria obter uma compreensão possível e coerente do texto em seus próprios termos e contexto. Mesmo tal propósito já é difícil. Muitas vezes, embora nem sempre, esse objetivo primário é perseguido por uma maior (e, em última análise, mais importante) meta existencial — que de alguma forma o texto em seu contexto possa nos falar em nosso diferente, e ainda assim similar, contexto.

Exegese é, portanto, uma *investigação*. É uma investigação das muitas dimensões, ou tramas, de um texto em particular. É o processo de fazer perguntas ao texto, questões que são muitas vezes provocadas pelo próprio texto. Como um dos meus professores no seminário costumava dizer, a pergunta básica que sempre estamos fazendo é: "O que está acontecendo aqui?" Em determinados casos, essa pergunta é suficiente, mas será útil "completá-la" para dar a essa questão básica uma forma maior e mais substancial. Os exegetas devem aprender a gostar de fazer perguntas.

Envolver-se na exegese é fazer ao texto perguntas concernentes ao contexto histórico, tais como: "Que situação parece ter sido a ocasião para a redação desse texto?" Exegese também significa fazer ao texto perguntas de natureza literária, do tipo: "Que tipo de literatura é esse texto, e quais são seus objetivos literários?" Além disso, exegese significa fazer perguntas sobre as dimensões religiosas ou teológicas do texto, como: "Que grande questão teológica ou tema estão envolvidos nesse texto e o que ele requer que os leitores façam?" Exegese significa não ter medo de questões difíceis, como: "Por que esse texto parece contradizer aquele outro?" Finalmente, exegese significa não temer a descoberta de algo novo ou a perplexidade diante de algo aparentemente insolúvel. Algumas vezes, fazer exegese significa aprender a fazer as perguntas certas, mesmo que elas não possam ser respondidas imediatamente. De fato, a exegese pode nos conduzir a uma grande ambiguidade em nossa compreensão do texto em si mesmo, ou de seu significado para nós, ou ambas as coisas.

Seria um erro, entretanto, pensar que somos a primeira ou a única pessoa a levantar questões sobre o texto bíblico ao procurarmos analisá-lo e nos envolver nele cuidadosamente. A exegese também pode ser definida como um *diálogo*. É um diálogo com leitores vivos e mortos, mais ou menos instruídos, ausentes ou presentes. É um diálogo sobre te xtos e seus contextos, sobre palavras sagradas e suas reivindicações — e as alegações que outros fizeram sobre elas.

Como diálogo, a exegese pressupõe ouvir os outros, mesmo aqueles de quem discordamos. É um processo mais bem conduzido em companhia de outras pessoas, lendo e falando com elas — criteriosa, crítica e criativamente — sobre os textos. O leitor isolado não é um exegeta bíblico ideal.

Apesar disso, muitas vezes lemos a Bíblia sozinhos, seja por escolha ou em virtude de nossa "profissão". Normalmente se requer que os estudantes escrevam um trabalho de exegese por si mesmos. Pastores ou outros ministros normalmente preparam e pregam seus sermões ou homilias fundamentados em um estudo cuidadoso do texto (assim esperamos) feito por eles mesmos. Não importa se quaisquer estudantes ou ministros possam ou não consultar recursos externos, eles precisam de um método para fazer um estudo cuidadoso do texto escolhido ou determinado. Eles precisam de um caminho para entrar num diálogo contínuo sobre esse ou aquele texto com confiança e competência, de modo que eles possam contribuir com o diálogo. Daí a necessidade de um método exegético.

A palavra *método*, porém, não deve ser equiparada exatamente com o "método científico" ou "método histórico". A boa leitura — como um bom diálogo ou qualquer boa investigação — é mais uma arte do que uma ciência. A exegese, como veremos por meio deste livro é, portanto, uma *arte*. Com certeza, há certos princípios e passos a seguir, mas saber o que perguntar ao texto, o que refletir e o que dizer sobre ele jamais pode ser realizado com total certeza ou feito apenas com o método. Ao contrário, um exegeta precisa não somente de princípios, regras, trabalho duro e habilidades de pesquisador, mas também ter intuição, imaginação, sensibilidade e fazer aquelas descobertas que o beneficiem por acaso. A tarefa da exegese requer, portanto, enorme energia intelectual e também espiritual.

Assim, a exegese é investigação, diálogo e arte. Como diálogo e arte, ela requer abertura a outras pessoas e ao texto, algo que o método sozinho não provê. Entretanto, sem um método, a exegese já não é uma investigação. Assim, o principal foco deste livro está no desenvolvimento de um método exegético.

ESCOLHENDO UMA ABORDAGEM PARA A TAREFA

Manuais de "como estudar a Bíblia" e "método exegético" são abundantes. Alguns são simplistas, outros incrivelmente complexos. O método de exegese apresentado nas páginas seguintes não é nenhuma coisa nem outra. Pode ser similar a métodos que você possa ter aprendido para ler e escrever poesia ou outro tipo de literatura. Por exemplo, como aluno de francês no Ensino Médio e na faculdade, aprendi como examinar a literatura francesa com atenção, do modo como o fazem os estudantes na França. O processo e o resultado eram chamados *explication de texte*. Como pôde ser notado anteriormente, essa forma de leitura cuidadosa de uma pequena porção de literatura é algumas vezes chamada de "leitura atenta". Se você nunca aprendeu esse método, este livro irá ajudá-lo a ser um leitor mais atento da literatura em geral.

A abordagem à exegese defendida neste livro é fundamentada na convicção de que podemos ler um texto de forma responsável, apenas se procurarmos entender o ambiente particular (contexto histórico) no qual ele foi produzido e no qual está situado (contexto literário). Além disso, somente podemos compreender um texto se dermos a devida atenção tanto ao todo como às partes (detalhes), à floresta, bem como às árvores. Antes de considerar em detalhes a abordagem da exegese proposta neste livro, precisamos entender alguma coisa sobre as opções disponíveis. Para isso, precisamos nos familiarizar com alguns termos bastante técnicos.

A exegese pode ser, de fato, um campo de inquirição muito técnico. Intérpretes da Bíblia empregam uma variedade de enfoques e métodos específicos para compreender o texto e se envolver com ele. Alguns desses métodos são chamados de *crítica*. O uso do termo *crítica*, como usado em *crítica da redação*, não implica necessariamente julgamento negativo; o significado primário do termo é *análise*, embora também possa significar julgamento — positivo, negativo ou ambos — acerca do valor histórico, literário ou teológico do texto.

Existem hoje, talvez, três abordagens básicas da exegese. Iremos chamá-las de *sincrônica, diacrônica* e *existencialista*.

Abordagem sincrônica

Uma das abordagens da exegese é a chamada *sincrônica* (significando "com tempo", i.e., "mesmo tempo"; cf. "sincronizar"). Pode ser comparada a uma seção transversal da haste de uma planta descrita num livro de biologia. Essa abordagem analisa apenas a forma final do texto, como ele aparece na Bíblia, como o lemos. Não está interessada na "visão ampla" ou "pré-histórica" do texto — qualquer tradição oral, versões anteriores ou possíveis fontes escritas (como fontes hipotéticas chamadas J, E, D e P no Pentateuco ou Q nos Evangelhos[4]). O enfoque sincrônico usa métodos designados para analisar o texto tanto por si mesmo quanto em relação ao contexto do mundo em que foi concebido em sua forma original. As designações mais comuns para esse tipo são crítica narrativa, sociocientífica e sociorretórica. (Retórica é a arte de comunicação efetiva.) Crítica sociorretórica, por exemplo, pode ser definida como uma abordagem que "integra as formas como as pessoas usam a linguagem com o modo em que a vivem no mundo".[5]

Este livro dedicará atenção significativa ao método sincrônico de exegese, mas sem uso excessivo de linguagem técnica, que às vezes acompanha a discussão desses métodos. Eles incluem:[6]

- **Crítica literária** — a busca da compreensão do texto como literatura, empregando modelos tanto tradicionais quanto mais recentes da crítica literária que são usados no estudo da literatura em geral; os corolários da crítica literária são **gênero e análise da forma**, que classificam um texto quanto ao seu tipo.

- **Crítica narrativa** — como um subconjunto da crítica literária, uma busca para entender as características formais e materiais de textos narrativos (histórias) ou outros textos que tenham uma narrativa implícita ou subjacente, dentro ou por trás deles.

- **Crítica retórica** — a busca para compreender os dispositivos, estratégias e estruturas empregadas no texto, de modo a

---

[4]Sobre esse assunto, consulte qualquer texto introdutório do AT ou NT, ou veja "The Character and Composition of the Books of the Old Testament" [Caráter e composição dos livros do Antigo Testamento], de David Leiter, e "The Character and Composition of the Books of the New Testament" [Caráter e composição dos livros do Novo Testamento], de Michael J. Gorman, em Michael J. Gorman, ed., *Scripture: An Ecumenical Introduction to the Bible and Its Interpretation* [As Escrituras: uma introdução ecumênica da Bíblia e sua interpretação] (Peabody, Mass.: Hendrickson, 2005), 45-70, 71-90.
[5]Vernon K. Robbins, *Exploring the Texture of Texts: A Guide to Socio-Rethorical Interpretation* (Valley Forge, Pa.: Trinity, 1996), 1.
[6]Para uma visão mais inclusiva das várias críticas e questões que procuram responder, veja a tabela no Apêndice A.

convencer e/ou afetar o leitor, bem como os objetivos gerais ou efeitos daqueles elementos retóricos.

- **Análise lexical, gramatical e sintática** — a busca para entender palavras, idiomas, formas gramaticais e relacionamentos entre esses itens, de acordo com as normas de uso no tempo em que o texto foi produzido.

- **Análise semântica ou discursiva** — a busca para compreender as formas pelas quais um texto transmite um significado de acordo com os princípios modernos e teorias linguísticas.

- **Crítica sociocientífica** — a busca da identidade social, percepções de mundo e características culturais dos escritores, leitores/ouvintes e comunidades sugeridas pelo texto; geralmente dividido em duas disciplinas distintas: **descrição social** e **análise sociocientífica**.[7]

Se esses termos e métodos a que eles se referem parecerem, à primeira vista, estranhos ou complexos, os leitores deveriam ter em mente que provavelmente eles já lhes foram apresentados no estudo de literatura. A abordagem sincrônica do texto é bem similar à forma como a crítica literária analisa um poema ou outro pequeno texto. A crítica literária, quando explica um poema, por exemplo, pode levar em consideração os seguintes elementos:

- **Gênero e contexto implícito** — o tipo literário do texto e o contexto vital implícito nele.

- **Núcleo intelectual** — o tópico e o tema ("viés") do texto.

---

[7]Os questionamentos feitos e/ou os métodos usados nesse tipo de crítica bíblica são frequentemente os mesmos das ciências sociais, como sociologia e antropologia. Alguns estudiosos poderiam sugerir que o crítica sociocientífica não é de fato um método sincrônico, mas uma nova abordagem de questões tradicionais crítica histórica (descrita a seguir como um método diacrônico), que tem se preocupado em linhas gerais com a gênese histórica e o contexto ("antecedentes") de documentos bíblicos. Para nossos propósitos, podemos dizer que a diferença primária entre os dois tipos de crítica é de ênfase, tanto descrevendo e analisando o ambiente social contemporâneo ao texto bíblico (crítica sociocientífica), quanto reconstruindo o desenvolvimento histórico que conduziu à produção do texto bíblico (crítica histórica).

- **Estrutura e unidade** — o arranjo do texto.
- **Tessitura literária** (e.g., poética) — a beleza do texto.[8]

Como veremos, tudo isso é muito similar aos elementos de exegese apresentados neste livro. Muitos defensores de uma abordagem textual essencialmente sincrônica incorporam também alguns métodos de exegese diacrônica discutidos abaixo.

Uma abordagem sincrônica do Sermão da Montanha (Mateus 5—7) pode fazer perguntas como as que se seguem:

- Quais são as várias partes do Sermão, e como elas se encaixam para formar uma peça literária completa?
- O que o narrador do Evangelho comunica ao indicar o cenário do Sermão, a composição da audiência antes e depois do Sermão, e a reação que ele despertou nos ouvintes?
- Qual a função do Sermão nos Evangelhos ao retratar Jesus e o discipulado?
- Como os leitores/ouvintes do primeiro século poderiam ter entendido e sido influenciados por esse Sermão?

A abordagem diacrônica (o método histórico-crítico)

A segunda abordagem para a exegese é a *diacrônica* (significa "ao longo do tempo") e seu foco está na origem e desenvolvimento do texto, empregando métodos projetados para desvendar esses aspectos. Esse enfoque adota uma "visão de longo prazo" do texto e pode ser comparado a uma perspectiva longitudinal da haste de uma planta em um texto de biologia. Como uma constelação de métodos, essa abordagem é frequentemente denominada *método histórico-crítico* e foi o enfoque escolhido por muitos, se não pela maioria dos eruditos bíblicos no século 20.

Este livro dará alguma atenção, porém limitada, ao assim chamado método histórico-crítico de exegese. Isso inclui:[9]

---

[8]Adaptado por Leland Ryken, *Words of Delight: A Literary Introduction to the Bible* [Palavras de encanto: uma introdução literária da Bíblia] (2ª ed.; Grand Rapids: Baker, 1992), 207-11. Similarmente, as partes padrão básicas de uma *explication de texte* na literatura francesa são contexto, forma, tema, análise e conclusão.

[9]Para uma visão geral várias críticas e das questões que elas procuram responder, veja a tabela no Apêndice A.

- **Crítica textual** — a busca pela redação original do texto (e as formas em que mais tarde foi alterada pelos escribas).

- **Linguística histórica** — a busca do entendimento das palavras, idiomas, formas gramaticais e as relações entre esses itens, muitas vezes com atenção no seu desenvolvimento histórico dentro de uma linguagem.

- **Crítica da forma** — a busca pelo tipo de tradição oral ou escrita refletida no texto e pelo tipo de contexto na vida de Israel ou da Igreja Primitiva na qual essa tradição pode ter se desenvolvido.[10]

- **Crítica da tradição** — a busca para entender o crescimento de uma tradição ao longo do tempo, a partir de sua forma original até sua incorporação no texto final.

- **Crítica das fontes** — a busca pelas fontes escritas usadas no texto.

- **Crítica redacional** — a busca por entender as maneiras pelas quais o autor final do texto propositadamente adotou e adaptou as fontes.

- **Crítica histórica** — a busca por eventos que cercaram a produção do texto, incluindo supostos eventos narrados pelo próprio texto.[11]

Uma abordagem diacrônica do Sermão do Monte poderia fazer as seguintes perguntas:

- Que fontes escritas ou orais o evangelista (escritor do Evangelho) adotou, adaptou ou combinou para compor esse "Sermão"?

- Quais são os vários componentes do Sermão (bem-aventuranças, orações, parábolas, provérbios concisos etc.), e qual sua

---

[10]O termo técnico para esse fenômeno (o "contexto"), embora seja hoje menos utilizado, é a frase alemã *Sitz im Leben* (contexto vital).

[11]Estou usando o termo "crítica histórica" de uma forma genérica para englobar a investigação que tem sido chamada o "tempo" da redação de um documento, assim como de outros eventos históricos relacionados ao princípio, desenvolvimento, produção e contexto do texto sob investigação. Nesse sentido, como indicado em nota anterior, "crítica histórica" e "crítica sociocientífica" estão intimamente relacionadas, mas diferem na ênfase.

origem e desenvolvimento na tradição judaica, na vida terrena de Jesus e/ou na vida da Igreja Primitiva?

- O que o uso das fontes pelo evangelista revela acerca de seus interesses teológicos?
- Até que ponto esses ensinamentos representam as palavras ou ideias do Jesus histórico?

Há alguns críticos do método diacrônico que desejam manter sua ênfase histórica, mas há pressuposições entre diversos de seus adeptos (e.g., aqueles que negam a possibilidade de milagres ou do papel do Espírito Santo na produção da Bíblia) que são inadequadas para o estudo das Escrituras. Eles podem propor um método histórico-crítico modificado, que aceite alguns dos pressupostos do método, mas não aspectos "sobre-humanos". Um desses eruditos propôs usar o termo "crítica histórico-bíblica".[12]

Adeptos da abordagem diacrônica estão interessados também em algumas questões levantadas, propondo uma abordagem mais sincrônica do texto. Eles podem, por exemplo combinar o criticismo retórico com métodos histórico-críticos mais tradicionais. De fato, poucos exegetas hoje são "legítimos" praticantes da abordagem diacrônica.

O foco da investigação tanto na abordagem diacrônica quanto na sincrônica é duplo: o mundo *do* ou *dentro* do texto e o mundo *por trás* do texto. Isto é, exegetas que investigam o texto com esses métodos são analistas críticos das características históricas e literárias do texto. Há claramente algumas sobreposições nas duas abordagens. Por exemplo, adeptos dos dois enfoques estão interessados no contexto histórico ou sociopolítico em que os textos surgiram e que tipo de literatura que eles são. Mas esses não são os únicos pontos fundamentais possíveis de investigação de um texto. Alguns leitores desejam se concentrar no mundo que está *diante* do texto, o mundo "criado" pelo texto.

A abordagem existencialista

Uma terceira abordagem, que comumente não tem um nome, pode, talvez, ser denominada *existencialista*. Uma vez que essa é muito

---

[12]Karl P. Donfried, "Alien Hermeneutics and the Misappropriation of Scripture," [Hermenêutica estranha e apropriação indevida das Escrituras] em *Reclaiming the Bible for the Church* [Recuperando a Bíblia para a Igreja] (ed. Carl E. Braaten and Robert W. Jenson; Grand Rapids: Eerdmans, 1995), 19-46, esp. 22-25.

comum, mas também ocasionalmente empregada como exegese crítica,[13] vamos considerá-la agora com mais detalhes do que os pontos observados há pouco, os quais são exaustivamente discutidos em muitos manuais[14] e serão considerados parte do processo em capítulos subsequentes.

Os proponentes da abordagem existencialista para a leitura da Bíblia estão interessados primeiramente não no texto em si — embora compreendido em termos de sua formação (diacronicamente) ou na sua forma final (sincronicamente) —, mas no texto como algo com o qual se envolver. Métodos existenciais são, portanto, "instrumentais": eles permitem que o texto seja lido como um meio para se chegar a um objetivo, não como um fim em si mesmo. O objetivo ou finalidade desse tipo de leitura é geralmente um encontro com a realidade que vai além do texto, da qual o texto é uma testemunha. Esse "algo mais" pode ser um conjunto de relações entre pessoas, uma verdade "espiritual" que vai além da verdade literal, pode ser o próprio Deus, e assim por diante. O exegeta pode querer tanto aceitar quanto resistir a essa realidade, dependendo da natureza da realidade percebida e encontrada. Aqueles que se aproximam do texto, fundamentalmente para

---

[13]Escolher um nome apropriado para essa abordagem é extraordinariamente difícil, e nenhum é completamente satisfatório. Outras opções, todas tendo seus próprios problemas, incluem *hermenêutica, instrumental, transformativa, autoenvolvimento, pragmática* e *interativa*. (Como veremos, a abordagem principal "existencialista" é teológica, e embora seja tentador usar essa nominação aqui, a interpretação teológica é, na verdade, parte de uma abordagem mais ampla dos textos lidos.) Dois pontos de esclarecimento sobre o termo usado e o conceito que ele representa estão listados a seguir: 1. Ao usar o termo existencialista, não desejo fazer nenhuma conexão do existencialismo como filosofia ou identificar essa abordagem exclusivamente com a interpretação existencialista específica da Bíblia associada ao nome de Rudolf Bultmann. Particularmente diferencio essa abordagem da ênfase muito individualista encontrada em Bultmann. 2. Alguns praticantes da exegese mais estrita argumentariam que a exegese existencialista não é sequer exegese, mas *interpretação*, ou *hermenêutica* (o termo técnico para interpretação). Esse argumento frequentemente admite incorretamente que o enfoque diacrônico (e talvez também o sincrônico) são objetivos ou científicos, enquanto as leituras com abordagem existencialista são tendenciosas. Entretanto, todas as leituras são, na verdade, tendenciosas, e os métodos escolhidos afetam tanto o que é observado quanto as conclusões alcançadas. Além disso, essa terceira abordagem à exegese tem sido provavelmente a mais utilizada pelos leitores da Bíblia ao longo da história, com a possível exceção de alguns eruditos bíblicos profissionais dos dois últimos séculos, ou pouco mais. Sua legitimidade é, no entanto, ainda questionada por alguns teólogos profissionais e estudiosos da Bíblia, enquanto outros a defendem vigorosamente.

[14]Veja capítulo 11, seção 1, p. 207, "Recursos para a compreensão da tarefa".

encontrar Deus através da meditação, podem se referir a esse enfoque como *teológico* e *transformador*.

De maneira mais geral, podemos descrever essa abordagem à exegese como um *envolvimento pessoal*;[15] os leitores não tratam o texto como um artefato histórico ou literário, mas como algo para se envolver como em uma experiência que pode ou não afetar sua vida. O texto é tratado de modo sério e com respeito a uma experiência humana imediata, tanto no campo individual quanto na vida da comunidade (pessoal e corporativa). O leitor pode se envolver não apenas com o mundo que está por trás do texto ou com o mundo do texto, mas com o mundo *além* do texto. Textos poderosos, em geral, e textos religiosos em particular, têm a habilidade de criar um mundo alternativo para convidar os leitores a se envolverem com ele.

Usando métodos que permitem sua participação pessoal na exegese, os leitores existencialistas ampliam os contextos nos quais o texto é lido:[16]

- **Exegese teológica, interpretação missional e leitura espiritual (ou sacra),** *(lectio divina)* — a exegese é feita no contexto de uma tradição religiosa específica e para um propósito religioso.

- **Crítica canônica** — a exegese é feita no contexto da Bíblia como um todo.

- **Incorporação ou realização** — a exegese é feita no contexto da tentativa de apropriação e incorporação do texto no mundo.

- **Crítica ideológica (incluindo crítica pós-colonial), crítica militante e exegese liberacionista** — a exegese é feita no contexto da batalha *contra* as relações desiguais de poder e injustiça, *em busca* da justiça ou libertação.

Esses contextos afetam significativamente os métodos, objetivos e conclusões da exegese.

---

[15]Para a utilização desse conceito que o resgata da inclinação privatista do existencialismo, veja Antony C. Thiselton, *New Horizons in Hermeneutics: The Theory and Practice of Transforming Biblical Reading* [Novos horizontes em hermenêutica: a teoria e a prática de transformação da leitura bíblica] (Grand Rapids: Zondervan, 1992), 272-307, 564-66, 615-18.

[16]Para uma visão geral de alguns métodos existencialistas, veja a tabela no Apêndice A.

A abordagem existencialistas para textos de leitura também desafia as ideologias da educação e do conhecimento que têm sido difundidas no Ocidente desde o Iluminismo. Tais ideologias tendem a equiparar conhecimento e educação com aquisição de informação. Abordagens de transformação existencialistas para conhecimento e educação estão no mínimo igualmente interessadas na formação de certo tipo de pessoas. Esse tipo de conhecimento é algumas vezes chamado de "conhecimento incorporado". Parece soar como verdadeiro para aqueles que têm interesses teológicos em "estudar" a Bíblia.

A abordagem existencialistas do texto pode fazer as seguintes perguntas ao Sermão do Monte:

- Para que tipo de fé e prática contemporâneas o Sermão do Monte chama os leitores contemporâneos?
- Como pode o texto "dar a outra face" ser uma potencial fonte de dificuldade ou mesmo de opressão para uma pessoa injustiçada política ou socialmente?
- O amor aos inimigos descarta o uso de resistência ou violência em todas as situações? O que significa, *na prática*, incorporar os ensinamentos sobre a não violência no sermão?
- Que práticas espirituais são necessárias para que indivíduos e igrejas vivam a mensagem do Sermão do Monte no mundo contemporâneo?

Leitores que usam essa abordagem do texto empregam diversos métodos e possuem uma variedade de objetivos e práticas. Tanto o método diacrônico quanto o sincrônico podem ser apropriados, e outros podem igualmente ser usados. Praticantes da exegese existencial julgam a adequação de qualquer método específico com base em sua capacidade de alcançar o objetivo global da exegese — o seu *telos*. Esse alvo pode ser descrito como algo bastante geral, tal como a transformação ou formação espiritual, ou algo mais específico, como libertação ou um encontro com Deus.[17]

---

[17]Para um estudo posterior, leia Stephen Fowl, "Theological and Ideological Strategies of Biblical Interpretation" [Estratégias teológica e ideológica de interpretação bíblica] em *Scripture* [As Escrituras] (ed. Gorman), 163-76.

[DISSERTAÇÃO: ALGUNS TIPOS DE EXEGESE EXISTENCIALISTA]

A abordagem existencialista do texto bíblico pode ser dividida em dois tipos básicos, aqueles que operam com uma confiança fundamental no texto ou consentimento a ele, e aqueles que operam com uma suspeição básica sobre o texto. Exegese teológica, *lectio divina*, interpretação missional, crítica canônica e incorporação são tipos de abordagens existencialistas, citadas anteriormente que são marcadas fundamentalmente por fé/consentimento. A crítica ideológica, defesa militante e exegese liberacionista são abordagens marcadas por suspeição.

Fé/consentimento

A abordagem existencialista mais antiga é a da exegese teológica ou interpretação teológica, que está passando por uma grande renovação.[18] Praticantes da exegese teológica leem o texto primeiramente como um veículo confiável, fonte fonte, ou testemunho da revelação e da vontade de Deus, que são discernidos especialmente em leitura comunitária e conversação. Esses intérpretes leem a Bíblia como um meio de formação religiosa, tanto de atitude quanto de comportamento, experimentando o processo exegético, em certo sentido, como um encontro com Deus. Essa abordagem pode fazer uso de qualquer um dos métodos diacrônicos e sincrônicos ou de todos eles, mas também envolve, muitas vezes, a expansão dos contextos nos quais o texto é lido e os tipos de métodos utilizados. Isto ocorre porque o texto bíblico é entendido como mais do que um artefato histórico ou um trabalho literário; é visto como um texto sagrado, uma Escritura.

Exegetas teológicos podem também ter em conta os propósitos de Deus — a missão divina (*missio Dei*) — na história da salvação, a encarnação, ou o mistério pascal (a morte

---

[18] Um estudo mais completo da interpretação teológica pode ser encontrado no capítulo 8.

e ressurreição de Jesus) como contextos de interpretação. Os praticantes da interpretação missional leem o texto bíblico especificamente como testemunhas dos propósitos de Deus no mundo e como um convite para participar dessa atividade divina.

Exegetas teológicos muitas vezes praticam alguma forma de *crítica canônica*, levando em conta o contexto canônico — o lugar do texto na Bíblia como um todo, como o livro religioso da comunidade — considerando que uma abordagem puramente diacrônica e histórico-crítica a veria como anacrônica (sendo que toda a Bíblia não existia como um livro quando um documento bíblico em particular foi composto). Eles também apelam para a tradição ou "regra de fé" (i.e., estrutura confessional ou crença ortodoxa como o Credo de Niceia) como um contexto para guiar a uma exegese apropriada. Em todo caso, a interpretação teológica amplia o contexto de interpretação bíblica para além do contexto histórico e literário imediato para incluir o cânon e/ou confissão da Igreja.

Além disso, defensores da exegese teológica algumas vezes apelam para uma forma *pré-moderna* ou *pré-crítica* de leitura judaica e cristã da Bíblia, a qual permite uma variedade de sentidos do texto. Essas formas adicionais, que podem incluir a interpretação alegórica, permitem significados que são às vezes aplicados em sentido espiritual ou simbólico, não literal.[19] A renovação atual do interesse na "interpretação quádrupla da Escritura" é especialmente importante. Essa forma medieval de interpretar a Bíblia insiste que os textos escriturísticos

---

[19]Deve-se notar que alguns exegetas teológicos contemporâneos zelosamente defendem o abandono dos métodos mais modernos ou da crítica, especialmente o histórico-crítico, para a exegese bíblica (aqueles desenvolvidos em grande parte desde o Iluminismo), em favor da exegese pré-moderna ou pré-crítica (pré-Iluminismo). Tais métodos antigos (incluindo, por exemplo, a leitura alegórica do texto), tiveram sua importância apropriada nos seus dias, e ainda têm muito que nos ensinar. É improvável, no entanto, que possamos ou devamos simplesmente voltar às formas pré-modernas de leitura e ignorar as contribuições da ciência moderna. Ironicamente, alguns defensores de abordagens pré-críticas empregam entendimentos filosóficos bastante modernos de linguagem e significado para justificar sua rejeição aos métodos críticos modernos.

permitiam significados adicionais (normalmente três) ao sentido "literal" ou "básico". Embora os métodos correntes usados sejam diferentes dos seus parceiros medievais, as questões levantadas sobre tais métodos são as mesmas: o que devemos crer (fé), esperar (esperança) e fazer (amar)?[20]

Uma exegese teológica introdutória menos acadêmica é a antiga prática reverenciada de leitura espiritual ou *lectio divina* (literalmente, leitura divina ou sacra). Em alguns círculos esse termo pode ser pouco familiar, mas práticas similares podem ser chamadas de leitura devocional. *Lectio divina* é uma forma de leitura da Bíblia que usa a contemplação e meditação no contexto de oração em um encontro com Deus e com sua Palavra para um indivíduo ou uma comunidade. Como o objetivo da leitura espiritual é contemplação e formação (crescimento espiritual), e não informação ou análise, os métodos exegéticos podem parecer supérfluos. Mas eles não são. Meditar em um texto significa "debruçar-se sobre ele"[21] e requer fazer-lhe perguntas de forma semelhante às que são feitas pelos exegetas que usam alguns métodos sincrônicos, e até mesmo diacrônicos.

Finalmente, muitas abordagens recentes à Bíblia salientam que, uma vez que o objetivo final da exegese bíblica não é informação, mas transformação, a verdadeira exegese só é realizada quando indivíduos e comunidades se envolvem na incorporação ou aplicação do texto. A leitura comunitária, poderíamos dizer, pretende tornar-se uma "exegese viva" do texto. (Teremos mais a dizer sobre tudo isso no capítulo 8.)

Suspeição

Uma abordagem existencialista muito diferente, e bem mais recente, é conhecida como crítica ideológica. Os

---

[20]Isto corresponde às interpretações medievais geralmente denominadas alegóricas (sobre a doutrina), anagógicas (em relação à esperança futura) e tropológica (a respeito do comportamento). Para uma discussão introdutória, veja Carole C. Burnett, "The Interpretation of the Bible Before the Modern Period" [A interpretação bíblica antes do período moderno] em *Scripture* [As Escrituras] (ed. Gorman), 133-45.

[21]Veja, e.g., M. Robert Mulholland Jr. *Invitation to a Journey: A Road Map for Spiritual Formation* [Convite para uma jornada: um mapa do caminho para formação espiritual] (Downers Grove, Ill.: InterVarsity, 1993), 114.

adeptos da crítica ideológica veem o texto como um testemunho de relações de poder que podem ser prejudiciais, especialmente para certos grupos de pessoas marginalizadas. Muitas vezes, usando métodos sociocientíficos recentemente desenvolvidos, eles procuram descobrir e eventualmente desarmar as relações de poder opressivo que o texto tanto menciona quanto sanciona. O texto é lido e, em seguida, "ignorado" como um meio de declaração e de ser liberto da opressão.

Crítica pós-colonial, um tipo de crítica ideológica, é a análise de textos por aqueles que foram afetados ou sensibilizados pelos efeitos da colonização. Ela se concentra especialmente na presença tanto das afirmações e críticas do império quanto da colonização na Bíblia, e sobre as formas em que a Bíblia foi lida (ou está atualmente sendo lida) para subscrever várias formas de imperialismo e colonização. A crítica pós-colonial inclui a crítica da interpretação de textos bíblicos dos colonizadores poderosos.

Em algum lugar entre a exegese teológica e a ideológica, mas geralmente contendo um espírito de suspeição, está a crítica militante e sua manifestação mais comum, a exegese liberacionista. Esse tipo de exegese é frequentemente teológico à medida que pode trazer um objetivo ético ou teológico e critérios para o processo da leitura. O aspecto defendido ou a libertação buscada é, muitas vezes, embora nem sempre, entendida como o propósito de Deus na autorrevelação. Os textos são julgados pela sua capacidade de libertar (ou para ser usado de forma mais geral para a defesa) ou não. Como crítica ideológica, a exegese liberacionista muitas vezes recorre a métodos e modelos sociocientíficos e está preocupada com nome e endereço da opressão. Similarmente, algumas formas de crítica pós-colonial engajam-se no ativismo e o fazem por razões explicitamente teológicas.

A ABORDAGEM DESTE LIVRO

Neste ponto, o que pode fazer o leitor comum e atento da Bíblia? A gama de opções pode parecer esmagadora. O que precisamos é de um modelo de exegese que tenha em conta todas essas abordagens, mas não exija a posse de um doutorado em estudos bíblicos (ou em história, sociologia e linguística). Precisamos de um modelo que reconheça as características comuns dos textos bíblicos como dispositivos comuns de comunicação humana, ao mesmo tempo também reconhecendo a importância das características distintamente "sagradas" dos textos bíblicos.

A abordagem defendida neste livro é um tanto eclética e ainda assim integrada, com base nos conhecimentos e métodos de todas as três abordagens básicas já mencionadas, mas observando que não existe uma maneira "certa". Na verdade, a abordagem deste livro é compatível com os três grupos de métodos em uso hoje e pode servir como base para um trabalho mais detalhado ou sofisticado, que faz uma abordagem mais profunda sobre os outros.[22]

No entanto, uma das três abordagens, a primeira, ou sincrônica, tem predominância neste livro, especialmente em relação à abordagem diacrônica ou histórico-crítica. A razão mais importante é que todos os exegetas, sejam iniciantes ou profissionais, lidam diretamente com a forma final do texto. É esse o texto que os leitores leem, os pregadores pregam e os ouvintes ouvem. Outra razão é que as outras duas abordagens podem exigir habilidades técnicas, históricas e linguísticas, ou perspectivas teológicas, sofisticadas que nem todos os leitores possuem. Além disso, o valor (e até mesmo a possibilidade) de um método puramente histórico-crítico tem sido questionado por muitos nos últimos anos. Finalmente, mesmo aqueles cujo principal objetivo na leitura do texto da Escritura é a formação espiritual, o estabelecimento de doutrina e prática, ou libertação humana, deve ler de uma maneira em que se possa estar atento à forma e ao conteúdo das palavras e das imagens do texto. De fato, abordagens existencialistas geralmente usam muitos dos métodos sincrônicos de exegese bíblica.

---

[22]Para um estudo teórico abrangente voltado à interpretação que procura integrar todas as três abordagens discutidas aqui, veja Sandra M. Schneiders, *The Revelatory Text: Interpreting the New Testament As Sacred Scripture* [O texto revelador: interpretando o Novo Testamento como Escritura Sagrada] (2ª ed.; Collegeville, Minn.: Liturgical, 1999), esp. 97-179. Uma abordagem holística similar, com um formato mais acessível, pode ser encontrada em W. Randolph Tate, *Biblical Interpretation: An Integrated Approach* [Interpretação bíblica: uma abordagem integrada] (3ª ed.; Peabody, Mass.: Hendrickson, 2008).

Dito tudo isso, eu seria negligente se não reconhecesse que, apesar do tanto que gosto de análise textual criteriosa como uma tarefa em si mesma, meu próprio objetivo final na leitura das Escrituras é teológico — e acredito que isso é bom igualmente para muitos leitores deste livro. Em minha experiência, uma abordagem eclética, mas em grande parte sincrônica, serve melhor para esse *telos* existencialista.

As diretrizes apresentadas no restante deste livro se baseiam em várias pressuposições. A principal delas é a presunção de que a Bíblia deve ser lida em seus vários contextos — essas coisas que a acompanham, ou seguem "com" (do latim, *con*) o próprio texto. Esta suposição e o método de interpretação que origina tenta levar muitos fatores em conta:

- que a Bíblia é o trabalho de muitas pessoas, escrita durante um período de mais de mil anos, em muitas situações históricas específicas e diversas (os contextos históricos, sociais e culturais);
- que cada passagem bíblica está localizada dentro de um contexto maior que contribui para os objetivos do trabalho (contexto literário e retórico);
- que a Bíblia, como outros textos sagrados, dá expressão à sede da humanidade pelo sentido e o valor da vida (contexto humano);
- que para cristãos e judeus a Bíblia é a revelação única e autorizada e/ou testemunha da atividade de Deus na história (contexto bíblico/canônico e religioso);
- que todos os leitores da Bíblia, não importa quão principiantes ou sofisticados sejam, a interpretam a partir de seu próprio contexto social e visão de mundo, e essa localização social e intelectual afeta a forma como eles a compreendem (contexto contemporâneo).

Cada um desses contextos tem impacto significativo na interpretação dos textos bíblicos, e o leitor atento precisa estar ciente de todos eles.

Um corolário para a última hipótese também deveria ser notado aqui: por causa das experiências únicas do leitor e de sua "localização", ele terá uma visão sobre a Bíblia que ninguém mais possuirá. Cada leitor pode aprender a reunir uma perspectiva literária e histórica, bem como adquirir uma experiência pessoal para compreender o texto escrito de forma única e individual, contribuindo para o diálogo contínuo sobre o texto. Ainda que um indivíduo isolado não seja um intérprete ideal das Escrituras, não pode haver diálogo sem contribuições individuais para a discussão.

Ao mesmo tempo, entretanto, existem salvaguardas necessárias para garantir que a exegese de alguém sobre a Bíblia não seja realmente uma *eis*egese — leitura que *introduz* algo no texto (no grego, *eis* significa "dentro").[23] Um bom método exegético é uma dessas salvaguardas. Outras incluem ferramentas básicas de conhecimento bíblico e pesquisa (dicionários bíblicos, mapas, concordâncias etc.), e o resultado de pesquisas e reflexões produzidas por eruditos bíblicos e outros intérpretes da Bíblia (em comentários, artigos etc.). Essas publicações podem dar resposta a questões básicas (quem? o quê? quando? onde?) durante o processo exegético. Por exemplo, podem responder a inquirições básicas como "Quem foi Josias?" ou "O que é um denário?" Mais importante ainda é que os recursos acadêmicos podem verificar, aperfeiçoar e corrigir seu trabalho, após você ter feito sua própria exegese. Assim, um aspecto importante do processo é a confirmação e a correção de suas próprias descobertas e conceitos, o aprimoramento e ampliação de suas ideias através de diálogo e pesquisa.

UMA VISÃO GERAL DO MÉTODO

Até agora fizemos um exame lógico e teórico. O restante deste livro é em grande parte dedicado aos aspectos práticos de exegese — ler e escrever cuidadosamente sobre a Bíblia. Uma leitura aprofundada e atenta ou a exegese de uma passagem bíblica requer um processo. O processo proposto neste livro apresenta sete elementos básicos. Eles estão aqui brevemente descritos e serão desenvolvidos mais detalhadamente nos capítulos subsequentes.

Para propósitos de leitura de um texto bíblico, os elementos desse processo não podem e não devem ser sempre cegamente seguidos; esses passos são, ao contrário, *elementos* de uma leitura atenta ou exegese. O processo real de ler e interpretar é mais parecido com

---

[23]Alguns poderão argumentar que *toda* exegese é realmente uma eisegese. Esse ponto de vista pode ser compreensível, mas é desnecessariamente cínico.

um círculo do que com um contorno à medida que você se move para trás e para frente, de uma parte para o todo, do texto para o contexto, do significado original para a relevância contemporânea e assim por diante. Esse processo é por vezes designado como um "círculo hermenêutico", sendo a hermenêutica a arte da interpretação. A interpretação é realmente um processo mais do que linear; tem sido adequadamente descrito como um processo de "ir em frente seguindo em círculo".[24] A imagem de um círculo, porém, não significa sugerir a falta de progresso, como andar num círculo vicioso sem fim, do qual nunca se escapa. (Alguns intérpretes têm sugerido que uma imagem melhor seria a de uma espiral, uma ação que se torna mais e mais restrita.)[25] Outra analogia útil é a da tecelagem: exegese é a tecelagem de um conjunto de fios ou elementos únicos, mas inter-relacionados de uma leitura cuidadosa do texto. No entanto, será extremamente benéfico pensar atentamente através de cada um dos elementos específicos, ou passos, do método.

Para o propósito de *escrever* sobre um texto bíblico (i.e., uma dissertação exegética), o método seguinte pode ser usado com sucesso em seu todo, para produzir interpretações escritas de alta qualidade. Também pode ser alterado de acordo com as necessidades ou a vontade individual de estudantes e instrutores.

Os sete elementos do método são:

- **Pesquisa** — preparação e visão geral ou introdução.
- **Análise contextual** — consideração dos contextos histórico e literário do texto.
- **Análise formal** — da forma, estrutura e movimento do texto.
- **Análise detalhada** — das várias partes do texto.
- **Síntese** — do texto como um todo.

---

[24]Frederick C. Tiffany e Sharon H. Ringe, *Biblical Interpretation: A Roadmap* [Interpretação bíblica: um mapa do caminho] (Nashville: Abingdon, 1996), 68-69.
[25]Veja Grant R. Osborne, *The Hermeneutical Spiral: A Comprehensive Introduction to Biblical Interpretation* [A espiral hermenêutica: uma abrangente introdução à interpretação bíblica] (rev. ed.; Downers Grove, Ill.: Inter-Varsity, 2006). Osborne acredita que um cuidadoso estudo do gênero, texto etc. nos levará cada vez mais perto do significado que o autor tinha em mente e do seu significado para nós, e assim a espiral vai se "estreitando cada vez mais".

- **Reflexão** — sobre o texto atual.
- **Aprimoramento e ampliação** — da exegese inicial.[26]

É importante observar que alguns exegetas consideram os elementos de reflexão como suplementares da própria exegese. Eles podem sugerir que qualquer conceito pessoal ou reflexão teológica sobre um texto não são científicos, na melhor das hipóteses; e na pior delas, são um convite para a eisegese. Entretanto, Rudolf Bultmann, o grande teólogo bíblico alemão, na primeira metade do século 20, disse que não há exegese sem pressuposições.[27] Todos chegamos ao texto com interesse nele, até mesmo com um objetivo específico. Textos bíblicos nos compelem a perguntar não apenas "por quê?", mas "e então?" Podemos ser críticos históricos e literários, ou ter o desejo de sê-lo, mas todos somos seres humanos em busca de um encontro com verdades e realidades para as quais o texto sacro aponta.

Recusar-se a considerar uma a reflexão responsável sobre o texto como um aspecto da exegese é uma visão míope desnecessária. A maioria dos exegetas tem os olhos em "dois horizontes" — o mundo ao redor do próprio texto bíblico, e o mundo de sua própria experiência pessoal e comunitária. Isso é, ao mesmo tempo, normal e apropriado, embora haja três formas de envolver esses dois horizontes, que são mais responsáveis que outras. Exegetas que não têm interesse no significado contemporâneo dos textos bíblicos são, naturalmente, livres para se abster de refletir sobre eles. Entretanto, muitas pessoas,

---

[26]Embora a ordem de apresentação possa ser diferente, os principais elementos da exegese são muito semelhantes à leitura atenta feita por críticos literários, como já relacionadas: *gênero e contexto implícito*, ou o que temos chamado análise da *forma* e consideração do *contexto histórico e literário*; núcleo intelectual, ou que costumamos chamar de *síntese*; *estrutura e unidade*, ou o que denominamos *estrutura* e *movimento*; *literatura* ou *textura* poética, ou ainda podemos chamar de *análise detalhada*; e *perspicácia*, ou algo como *reflexão*. Para um processo similar ao proposto neste livro, embora apresentado de forma um pouco menos técnica e numa sequência diferente, veja Tiffany e Rige, *Biblical Interpretation* [Interpretação bíblica].

[27]Rudolf Bultmann, "Is Exegesis without Presuppositions Possible?" [É possível a exegese sem preposições?] em *Existence and Faith: Shorter Writings of Rudolf Bultmann* [Existência e fé: breves escritos de Rudolf Bultmann] (trad. Schubert Ogden; New York: Meridian, 1960), 342-51. Anthony Thislton (*New Horizons in Hermeneutics* [Novos horizontes em hermenêutica] indica que as "pressuposições" de Bultmann eram referências a um "pré-conhecimento" como uma relação na vida com o assunto dos textos e não especificamente às crenças ou doutrinas estabelecidas que não permitem alteração nenhuma.

mesmo que não se considerem pessoalmente religiosas, acham difícil evitar fazer reflexões sobre literatura clássica, religiosa ou qualquer outra. Não temos de estar comprometidos com leitores espirituais ou teólogos liberais para legitimar esse interesse, todavia não precisamos esconder nossos envolvimentos com o texto quando o abordamos num ambiente acadêmico. (Embora, naturalmente, seja fácil e em geral considerado mais apropriado ser explícito sobre tais comprometimentos quando se é filiado a uma instituição religiosa específica, não há nenhuma razão, especialmente num contexto pós-moderno, para não expressar ideias e compromissos com uma instituição secular, desde que isso seja feito com humildade intelectual e com respeito às opiniões dos outros.)

ALGUMAS OBSERVAÇÕES SOBRE O PROCESSO

A seguir, três observações a respeito da execução deste método como um todo. Primeiramente, os leitores podem começar o processo por qualquer um dos cinco passos (exceto, por definição, com a síntese), incluindo reflexão ou contexto contemporâneo, mas o processo não estará completo até que todos os elementos sejam considerados e estejam interligados. Num trabalho de exegese, esses elementos devem estar cuidadosamente interconectados e sistematicamente apresentados.

Em segundo lugar, os elementos apresentados aqui são fundamentalmente os mesmos usados pela maioria dos eruditos bíblicos profissionais (embora alguns hesitem em incluir o sexto elemento, a reflexão), bem como os críticos literários. Embora o trabalho dos eruditos bíblicos e literários seja mais técnico, assim como os temas usados para descrevê-lo (veja Apêndice A), eles basicamente fazem as mesmas perguntas acerca do texto, assim como dos contextos em que surgiram, usando esses sete elementos.

Em terceiro lugar, o leitor dos textos bíblicos que segue o processo básico apresentado neste livro pode tanto contribuir para o prosseguimento do diálogo acerca da Bíblia quanto se beneficiar desse diálogo. Esse último ponto implica algo sobre o modo como os alunos, pregadores e outros estudiosos procedem ao se envolver exegeticamente com o texto. A grande tentação é transformar um trabalho exegético em um relatório de pesquisa que simplesmente apresenta ao leitor os principais pontos de vista dessa ou daquela passagem, verso ou palavra-chave. Estudantes que sucumbem a essa tentação muitas vezes são intimidados pela vasta quantidade e pela natureza técnica dos estudos bíblicos, especialmente em comparação com seu pouco conhecimento e falta de habilidade. Então eles cometem o erro de pensar que se apenas tiverem lido todos os mais importantes comentários e artigos finalmente compreenderão a passagem. Infelizmente, alguns instrutores reforçam essa noção.

É muito melhor para todos os leitores — estudantes, pregadores e outros leitores sérios — adquirir o hábito de primeiro ler atentamente o texto por conta própria. Mesmo os mais leais defensores e praticantes dos métodos histórico-críticos mais complexos destacam isto:

> Antes de buscar fontes secundárias, tais como comentários, alguém deveria tentar formular uma análise provisional do texto.[28]

Ao trabalhar no texto por você mesmo, guiado por um cuidadoso método exegético, você aprenderá a se envolver com o próprio texto, e não simplesmente com os intérpretes e interpretações do texto. Você também estará preparado para lidar com o texto de forma responsável na ausência de fontes secundárias. Você usará essas fontes para expandir, corrigir e refinar sua própria exegese inicial, de forma que o capacite a aprender e contribuir para o diálogo sobre o texto em sua própria forma pessoal e única mais eficazmente do que aqueles que começam com interpretações do texto em vez de usar o próprio texto.

Por essa razão, o último passo no processo exegético é chamado de "Aprimoramento e ampliação da exegese". Embora esse seja um passo discreto no processo exegético, *ele não representa uma seção do trabalho exegético em separado.* Ao contrário, um trabalhado de exegese deveria constantemente, por meio de cada uma de suas partes, entrelaçar seus próprios pontos de vista com as ideias e influências corretivas de outros. Essa ampliação e o refinamento da exegese de alguém deve ocorrer em cada elemento do processo.

Ao escrever um trabalho de exegese que segue os elementos desse processo, um estudante deve escrever de forma precisa e concisa, pois o processo de investigação e diálogo irá descobrir uma grande quantidade de informações e perspectivas a respeito do texto. Algumas vezes

---

[28]Hans Conzelmann e Andreas Lindemann, *Interpreting the New Testament: An Introduction to the Principles and Methods of N.T. Exegesis* [Interpretando o Novo Testamento: uma introdução aos princípios e métodos de exegese do NT] (trans. Siegfried S. Schatzmann; Peabody, Mass.: Hendrickson, 1988), 38.

os estudantes são tentados a dedicar quase metade de seu trabalho escrito à análise contextual ou análise contextual e formal, negligenciando a análise detalhada. Embora o contexto e a forma sejam muito importantes, eles não podem tomar o lugar de um exame cuidadoso e profundo. O seguinte guia geral é fornecido para um trabalho de exegese de 15 páginas (aproximadamente quatro mil palavras); também seus percentuais equivalentes para o documento inteiro podem, portanto, ser úteis:

- **Pesquisa/introdução** — uma página ou menos, cerca de 250 palavras (aproximadamente 5% do trabalho).

- **Análise contextual/histórica e contexto literário** — duas a três páginas, ou cerca de 500 a 800 palavras (aproximadamente 10 a 20% do trabalho).

- **Análise formal/forma, estrutura e movimento** — uma a duas páginas, ou cerca de 250 a 600 palavras (aproximadamente 5 a 15% do trabalho).

- **Análise detalhada** — de oito a dez páginas, ou cerca de 2.000 a 2.700 palavras (aproximadamente 50 a 65% do trabalho).

- **Síntese** — uma página ou menos, cerca de 250 palavras (aproximadamente 5% do trabalho).

- **Reflexão** — De uma a três páginas ou algo em torno de 750 palavras (se incluídas, até uns 20% do trabalho).

Essa é outra forma de dizer que, em geral, cerca de metade a dois terços do trabalho serão dedicados à análise detalhada. Outro modo de imaginar o trabalho é dividi-lo em três partes principais: um "prelúdio" para a análise detalhada (passos 1-3), a própria análise detalhada, e um "poslúdio" (passos 5 e 6). O passo 7 (ampliação e refinamento) está envolvido ao longo do trabalho.

Variações sobre essa regra são inevitáveis. Ajustes apropriados devem ser feitos se a passagem apresentar problemas peculiares em uma determinada área, se uma reflexão for omitida ou expandida, e assim por diante. A divisão das partes para trabalhos curtos ou longos pode ser calculada proporcionalmente seguindo essas orientações.

Além de decidir como alocar espaço em seu trabalho de exegese, você precisará determinar quão precisamente deverá abordar a pesquisa e a própria tarefa de redigir. O objetivo principal deste livro é explicar e ilustrar os vários elementos do processo de exegese. Muito desse processo envolve um tempo significativo a ser usado em leituras, em reflexão, para fazer anotações e para "brincar com" o texto — muito semelhante a qualquer outro trabalho. Algumas sugestões sobre como fazer isso são oferecidas ao longo do livro. Adicionalmente, o Apêndice B, "Diretrizes práticas para escrever um trabalho de pesquisa exegética", apresenta uma descrição passo a passo de cinco fases na preparação de um trabalho escrito. Esse apêndice serve como um sumário prático de todo o livro.

SEGUINDO EM FRENTE

Os capítulos 3 a 9 deste livro introduzem, cada um deles, um elemento em particular de exegese. Teoricamente, ao dominar um desses capítulos, o leitor até poderia executar esse aspecto exegético mesmo numa ilha deserta. Leitores que aprendem todo o processo exegético se qualificam como exegetas autônomos. Algumas sugestões sobre o processo são apresentadas no capítulo 10. O capítulo 11 trata da ampliação e do refinamento de cada elemento específico do processo exegético, com o uso de outros recursos e ferramentas. Em outras palavras, o capítulo 11 é para aqueles que retornaram da ilha deserta para a civilização e novamente dispõem de biblioteca, computador, colegas de leitura e outros recursos disponíveis. No final deste livro há apêndices que contêm informações complementares resumidas, bem como três amostras de trabalhos escritos de exegese.

Agora que examinamos brevemente a tarefa da exegese, estamos preparados para estudar cada um dos passos mais acuradamente. Porém, antes de fazer isso, precisamos levar em consideração o texto que é o foco de nossa exegese, a própria Bíblia. Esse é o assunto do próximo capítulo.

Concluímos este capítulo introdutório com uma citação extraída da crítica literária. Podemos substituir as palavras "exegeta" e "exegese" por "crítico" e "explicação":

> Um crítico é um guia turístico ou companheiro de viagem. Seu alvo é ajudar o leitor a ver o que é realmente apresentado no [texto]. Uma boa explicação é como uma lente que focaliza o texto.[29]

---

[29]Ryken, *Words of Delight* [Palavras de encanto], 208.

┌   ┐
REVISÃO E ESTUDO
└   ┘

Resumo do capítulo

- Exegese, uma palavra derivada do verbo grego "levar para fora", é uma cuidadosa análise histórica, literária e teológica do texto.

- Exegese é investigação, diálogo e arte.

- Há três abordagens para a exegese: sincrônica, diacrônica (histórico-crítica) e existencialista (que inclui tanto perspectivas teológicas quanto ideológicas).

- O método defendido neste livro é eclético e integrado, mas dá prioridade à abordagem sincrônica, com um objetivo final teológico. Ele destaca a importância dos contextos.

- Os sete elementos de exegese e os passos para escrever um trabalho de exegese são: 1. Pesquisa (preparação para leitura ou introdução); 2. Análise contextual (do contexto histórico e literário do texto); 3. Análise formal (da forma, estrutura e movimento do texto); 4. Análise detalhada; 5. Síntese; 6. Reflexão; 7. Aprimoramento e ampliação da exegese.

- Exegetas perspicazes preparam sua própria exegese cuidadosa inicial do texto antes de consultar os especialistas.

Sugestões práticas

1. Sempre acho útil, e tenho requerido muitas vezes, que os que estudam façam uma cópia impressa das passagens bíblicas designadas à exegese para poderem "brincar com o texto" ou "pensar no papel". Isso significa imprimir o texto em uma folha de papel com margens largas e fazer marcações — sublinhando frases-chave, marcando elementos recorrentes, desenhando linhas entre os itens, escrevendo observações nas margens e anotando questões que devem ser estudadas. Se você tem acesso a versões eletrônicas dos idiomas originais ou traduções, você pode transferir o texto [para seu computador] e fazer um novo arranjo dele como desejar. (Sugiro linhas com espaço duplo em corpo 12 em uma coluna centralizada de 7,5 cm.)

2. Ao iniciar o processo de exegese, lembre-se de que há muita coisa que pode ser dita ou que foi mencionada sobre a Bíblia, algo esclarecedor e útil, algo de valor duvidoso ou estranho. Primeiro, observe e registre tudo o que venha à mente. Ao se mover no círculo hermenêutico ou entrelaçar as várias vertentes do processo exegético, você vai começar a separar o joio do trigo e olhar para o que realmente expressa uma leitura cuidadosa do texto que está examinando. Ocasionalmente, enquanto lê e toma notas, você vai concluir o mesmo que outros intérpretes já disseram. No final, se escrever um trabalho sobre exegese, terá que decidir sobre o que é essencial ou não, incluindo tanto suas próprias ideias quanto as dos outros. O que você irá apresentar será como a proverbial ponta do iceberg em relação a tudo o que descobriu. Você poderá perguntar a si mesmo: "De tudo o que eu poderia dizer sobre tal texto neste trabalho, o que realmente expressa e apoia a total interpretação do texto que está emergindo e o que está me atraindo?"

3. Quando você começar a escrever um trabalho exegético, não procure usar métodos que estejam além de sua capacidade. Um aluno principiante não deve tentar fazer, digamos, crítica tradicional sem ter as habilidades para fazê-lo, ou discutir as complexidades da gramática e vocabulário do hebraico tomando como base uma Bíblia interlinear. Em vez disso, use seus pontos fortes. Desenvolva e use as habilidades que qualquer leitor criterioso precisa ter: observar, questionar, fazer conexões, reconhecer padrões e assim por diante. Isso o conduzirá por um longo caminho.

Para estudo adicional e prática

1. Faça uma leitura atenta de um editorial ou uma charge política (de preferência, com múltiplas discussões). O que é tópico? O que motivou o editorial ou a charge? Como é estruturado? Que palavras-chave, imagens e temas aparecem neles? Que fontes ou autoridades, se houver alguma, são citadas? Qual é o ponto principal? É eficaz? Como e por quê? Como você reage a ele? Ele faz com que você pense ou aja de forma diferente?

2. Revise o capítulo 11, seção 1, p. 207, "Recursos para a compreensão da tarefa" e examine ao menos um dos livros relacionados.

CAPÍTULO 2

O TEXTO

> A tradução real é, em grande parte, uma interpretação.
>
> — *James Moffatt, tradutor bíblico (1870-1944)*

Como um texto é escolhido para a exegese?

Que traduções e edições da Bíblia são as melhores para a exegese?

No capítulo anterior consideramos a tarefa da exegese de forma geral. Antes de examinarmos os vários elementos ou passos do processo exegético mais profundamente, precisamos avaliar o texto bíblico que será o objeto de nossa exegese. Este capítulo começa com a discussão de como escolher a passagem para a exegese. Então segue com uma breve nota sobre a Bíblia em sua língua original e "Bíblias interlineares". Embora muitos exegetas trabalhem com uma tradução, mesmo que tenham conhecimento de hebraico e grego, a maior parte deste capítulo considera uma boa tradução para propósitos de exegese e examina várias traduções da Bíblia. Também proponho uma discussão a respeito de edições da Bíblia (Bíblias de estudo).[1]

ESCOLHENDO UM TEXTO BÍBLICO PARA A EXEGESE

Uma das decisões mais difíceis e importantes para o exegeta é escolher qual passagem bíblica será o foco de uma investigação exegética

---

[1] Os leitores que conhecem os idiomas originais da Bíblia ou estão desejosos para seguir em frente em relação ao próprio método exegético podem querer pular as discussões das edições bíblicas de estudo a seguir e ir diretamente para o capítulo 3, após a leitura da parte inicial deste capítulo.

em particular. Para algumas pessoas, naturalmente, não há decisões a tomar. Um professor pode indicar um texto em particular para um estudante, ou uma tradição religiosa pode designar um texto para um pregador (normalmente por meio de um lecionário ou de leituras que sigam um calendário). A maior parte dos exegetas, porém, especialmente aqueles que produzem trabalhos de exegese, faz o mesmo tipo de escolha. Mesmo pregadores cristãos, cujas igrejas lhes atribuem textos via lecionários, precisam escolher qual das leituras designadas deve usar como base para sua pregação, e procurar fazer uma ligação entre as leituras em conjunto.²

Não há um termo genérico atribuído para o texto que está sendo estudado no processo exegético. O termo *perícope* (palavra grega para *seção*, relacionada com o verbo "cortar") é geralmente restrita a um segmento de uma narrativa bíblica literária. Alguns eruditos inclinados à linguística têm introduzido o termo *discurso* e *unidade do discurso*, mas esses termos ainda não ganharam aceitação geral. Os termos *texto* e *passagem*, ambos suficientemente genéricos e amplamente usados, são apropriados para a maioria dos propósitos, com o termo *perícope* apropriado para textos narrativos de livros como Reis, Crônicas, os Evangelhos e Atos.

É apropriado para alunos principiantes escolher um texto que seja de seu interesse, mas provavelmente eles queiram evitar "nadar em águas profundas", o que significa se lançar num texto extraordinariamente difícil ou controverso.³ Estudantes mais experientes podem querer explorar um texto que tanto pode entusiasmá-los quanto confundi-los, deixá-los irritados ou fazê-los desistir. Pode ser uma passagem que tenha um profundo sentido pessoal ou eclesial, ou alguma sobre a qual uma complexa doutrina ou prática é fundamentada. Pode ser um texto que parece capturar ou violar o caráter de um escritor bíblico, em particular, ou de uma comunidade religiosa. Pode ser um texto que ofenda o potencial exegeta, de modo que ele ou ela rejeite as reivindicações ou perspectivas do texto. Em relação ao texto mais

---

²Os membros de igrejas que usam ou adaptam o *Lecionário Comum Revisado* (LCR) deveriam notar que a primeira (Antigo Testamento) e a terceira (Evangelho) leituras para cada domingo são escolhidas por sua temática ou outra relação entre elas, enquanto a segunda (geralmente epístola) é completamente independente das outras duas, exceto em alguns dias especiais. O mesmo é válido para o Lecionário Católico Romano, no qual o RCL foi baseado.

³Devo essa analogia muito apropriada a meu aluno Bill Garrison.

difícil e controverso, porém, o mais importante para os exegetas é reconhecer seus preconceitos — para eles mesmos e talvez até para seus leitores — após realizar a exegese.

Em todo caso, os exegetas devem estar preparados para conviver com tais textos por algum período de tempo. Estudantes, em particular, poderiam perguntar: "É neste texto que eu desejo investir uma parte significativa do meu tempo, energia e de mim mesmo?" "Estou interessado no que outros disseram sobre este texto?" (E falando de forma prática: "Estou disposto a sacrificar uma parcela de minhas notas do curso em um projeto relacionado a esse texto?")

Um trabalho exegético considera uma passagem como uma completa unidade de tamanho administrável. Em geral, a passagem não deveria ser uma simples frase ou versículo, nem um capítulo inteiro, muito menos um livro todo da Bíblia. Uma regra de ouro para um trabalho desse é algo entre cinco e vinte versículos, dependendo do comprimento e profundidade do trabalho, das expectativas do professor, do caráter da passagem a ser examinada e do livro em que ela se encontra. Em um trabalho de exegese entre dez e quinze páginas, uma passagem com oito a doze versículos permite cerca de uma página de discussão (ou menos) por versículo, depois que outros aspectos da exegese forem abordados. É possível, naturalmente, escrever um trabalho pequeno sobre uma extensa passagem ou um trabalho mais longo sobre uma passagem bem menor. Exegetas iniciantes deveriam sempre consultar seus instrutores.

Igualmente importante é a questão dos pontos iniciais e finais. Primeiramente, deve-se levar em conta que quase todos os textos surgem no meio de um texto longo, de modo que eles não são uma parte completa por si mesmos. No entanto, uma das unidades básicas do pensamento e da expressão humana parece ser algo como um parágrafo ou estrofe. Essas unidades, bem como unidades maiores de pensamento e expressão que consistem de parágrafos e estrofes ligados entre si, muitas vezes começam e terminam com marcadores que indicam uma diferença ou mudança do que vem antes e depois.

Exegetas deveriam aprender a buscar indicações de começo e fim das unidades de pensamento e expressão na Bíblia. Deveriam escolher textos que têm um começo e um encerramento bem definido, comunicando assim uma sequência coerente de pensamento e ação. Como disse um erudito, um texto para a exegese deve ser "pelo menos relativamente autossuficiente, pretendendo alcançar um efeito específico".⁴ Algumas vezes, o começo e o final da unidade contêm marcações lógicas (como "portanto") ou marcações cronológicas (como "em seguida"). Por vezes, uma unidade pode ser identificada pela forma como seu elemento principal difere do texto circundante. Uma indicação comum de uma unidade independente é a presença de *inclusio*, na qual uma palavra, frase ou tema encontrados no início ecoam no final. Outra indicação da presença de uma unidade independente é o *quiasmo*,⁵ no qual os pensamentos são organizados num padrão A-B-B'-A' com ideias iniciais espelhadas inteiramente na segunda metade do texto. Algumas vezes há uma peça central ou ponto de apoio no meio dessa estrutura.⁶

Um dos erros mais óbvios que devem ser evitados é escolher uma passagem que comece e termine no meio de um pensamento ou momento dramático. Identificar as unidades é uma questão de julgamento. Consultar as divisões do texto na Bíblia ou em um comentário pode ser um ponto inicial útil. Os exegetas não devem ser obrigados, no entanto, pela decisão de editores e comentaristas anteriores, nem mesmo pela presença dos números de versículos e capítulos que não fazem parte do próprio texto. Os estudiosos introduziram essas ferramentas para identificar e localizar os textos, mas ao fazê-lo cometeram alguns erros. Por exemplo, eles dividiram 1Coríntios de modo que 11:1 começa um novo capítulo, quando 11:1 claramente é a conclusão do capítulo 10. Se cada tradução bíblica ou comentário que você consultar não indicar a integridade e unidade que você observa num conjunto de versículos, sua contribuição para o diálogo sobre a passagem pode se constituir numa parte, identificando seu *status* como uma unidade — especificamente se o *status* pode ser plausivelmente arguido e se mostrar significante para a compreensão do texto.

A BÍBLIA EM SEUS IDIOMAS ORIGINAIS

Se você consegue ler o texto bíblico em seus idiomas originais, você deveria, obviamente, produzir o máximo possível em seu trabalho exegético, podendo usar o hebraico e o grego. As principais edições

---

⁴Werner Stenger, *Introduction to New Testament Exegesis* [Introdução à exegese do Novo Testamento] (ed. John W. Simpson Jr.; trans. Douglas W. Stott; Grand Rapids: Eerdmans, 1993), 24.
⁵Do grego, letra *chi*, X.
⁶Uma discussão posterior dessas pequenas estruturas de textos pode ser encontrada no capítulo 5.

críticas de grego e hebraico estão relacionadas na seção 2 do capítulo 11.

Preparar seu próprio trabalho de tradução do texto original, com o melhor de sua habilidade, também é útil. Você poderá ir modificando o trabalho de tradução ao longo do processo exegético. Várias obras publicadas podem ainda ajudar, é claro, indicando possíveis interpretações e orientando-o em meio aos labirintos de dificuldades gramaticais e vernaculares.

Um meio termo popular entre a tradução em linguagem corrente e uma Bíblia hebraica ou o Novo Testamento grego é a "Bíblia interlinear", em que uma tradução muito rústica de cada palavra é colocada acima ou abaixo da linha do texto hebraico ou grego. Para os leitores que têm alguma familiaridade com o idioma original e usam essa ferramenta como forma de arejar seu pensamento, isso pode ser útil se empregado com cautela. Entretanto, um pequeno conhecimento de hebraico e grego pode ser perigoso, e se tal conhecimento for combinado com a interpretação em linguagem peculiar corrente, encontrada em uma Bíblia interlinear, pode ser algo desastroso. Pessoas que conhecem superficialmente as línguas originais deveriam ficar longe das Bíblias interlineares e se concentrar em boas traduções e sólidas pesquisas para sua exegese.

É de conhecimento geral que não possuímos os originais reais da Bíblia. O que temos são manuscritos que não passam de cópias de cópias (e assim por diante), e esses manuscritos não concordam plenamente uns com os outros. No entanto, em sua maior parte, dispomos de mais e melhores cópias dos textos bíblicos do que de outros documentos da antiguidade.

A arte e a ciência do estudo desses manuscritos, bem como das mais antigas traduções da Bíblia, são chamadas crítica textual. Um dos objetivos desse campo de estudo é determinar a leitura mais provável de cada palavra da Bíblia, dentre as diversas variantes textuais em cada caso. Os juízos de críticos textuais sobre essas variantes aparecem em edições críticas da Bíblia em seus idiomas originais, e uma porcentagem muito pequena deles pode, às vezes, ser encontrada no rodapé de algumas traduções.

Exegetas principiantes deveriam ficar alertas em relação a esses aspectos, pois serão discutidos em comentários mais técnicos e outras obras, e eles por vezes afetam o significado de maneira muito relevante. Por exemplo, alguns manuscritos de João 1:18 se referem a Jesus Cristo como "Filho unigênito", enquanto outros mencionam "Deus unigênito", querendo, talvez, dizer "o único unigênito, que é Deus".

Compreender como essas diferenças podem surgir e como os eruditos argumentam sobre isso tudo é tão fascinante quanto desafiador. Alguns livros sobre o assunto estão relacionados na seção 2 do capítulo 11. Em geral, exegetas principiantes terão de confiar no julgamento dos críticos textuais e tradutores e devem se abster de fazer uma crítica textual amadora. Porém, exegetas mais experientes deveriam compreender o suficiente sobre crítica textual para realmente tomar suas próprias decisões em suas críticas do texto.

TRADUÇÕES BÍBLICAS (VERSÕES) E EDIÇÕES (BÍBLIAS DE ESTUDO)

Nem todos se podem dar ao luxo de dominar os idiomas antigos antes de fazer exegese. Para quem não conhece hebraico, grego e aramaico bíblico (ou não se lembra!), sua primeira ferramenta deveria ser uma boa tradução da Bíblia. Uma ajuda adicional é uma edição acadêmica e anotada da Bíblia, ou uma "Bíblia de estudo". Muitos exegetas iniciantes não compreendem por que um professor recomenda uma tradução ou edição da Bíblia e critica outra, assim, a seção a seguir procura explicar os desafios de produzir uma boa tradução e edição bíblica, além de comentar algumas que estão disponíveis.

Traduções

Uma tradução ou versão bíblica é uma forma acadêmica de traduzir as histórias e pensamentos de pessoas que viveram em antigas culturas e que falavam línguas do passado em linguagem moderna, que é falada por pessoas que vivem em culturas contemporâneas muito diferentes. A tradução, assim como a exegese, é mais uma arte do que uma ciência exata. Cada tradução é por si mesma uma interpretação. Portanto, em certo sentido, cada tradução bíblica é uma espécie de exegese simplificada, representando inúmeros juízos e decisões. O caráter interpretativo e artístico das traduções se deve a diversos fatores, muitos dos quais encontramos quando levamos em consideração os variados elementos da exegese. A análise de palavras, construções gramaticais, contextos e outros fatores da exegese, e também da tradução, raramente é algo simples, exigindo sempre agilidade intelectual e sensibilidade.

O primeiro fator, a sintaxe, tem a ver com as próprias palavras, com os itens léxicos e como são combinados. Algumas palavras têm um espectro de função ou significado muito limitado. Além disso, a função de muitas palavras muda quando são combinadas nas frases com outras palavras, ou quando são usadas para servir particularmente em funções retóricas.

Por exemplo, a palavra *casa* tem significados bem diferentes nos seguintes casos: "a casa de meu amigo"; "casa de má reputação"; "casa de Davi"; "casa abafada ou muito quente" e "casa de oração". Do mesmo modo, a palavra "deus" tem função diferente nas seguintes frases: "Oh, meu Deus, estou profundamente triste por ter te ofendido"; e "o deus deste século". Mesmo uma simples frase como em Efésios 1:4,5: "e em amor" (ou "em amor") pode alterar a interpretação do texto dependendo de onde é encaixada na passagem (como divergem as diferentes traduções). Como veremos mais detalhadamente no capítulo 6, uma palavra ou frase tem uma gama de significados possíveis; o contexto estreita essa amplitude.

Para complicar ainda mais a situação, surge o fato de que o sentido de algumas palavras dos idiomas antigos ainda permanece obscuro, e a estranha combinação de palavras em expressões idiomáticas (tais como "jogar areia nos meus olhos") podem transformar individualmente itens lexicamente claros em frases totalmente obscuras. O sentido de tais palavras e frases pode algumas vezes ser apenas imaginado, usando-se o contexto como guia. Em outras palavras, o significado não é estático, mas dinâmico e dependente do contexto.

O segundo fator, portanto, é o contexto literário e retórico, bem como histórico, social e cultural. O significado das palavras individuais, para não mencionar todas as combinações de itens lexicais, depende de contexto literário e retórico mais amplo para os objetivos do texto. Diferentes escritores usam as palavras de maneira diferente, e o mesmo escritor pode usar a mesma palavra de modos diferentes para fins diversos. Além disso, os itens lexicais utilizados por esses autores apontam para realidades históricas, sociais e culturais fora do próprio texto — itens extratextuais — que devem ser notadas e compreendidas.

O terceiro fator é a limitação inerente em toda tradução. O idioma em questão pode não ter uma palavra ou frase para expressar com precisão o significado de uma palavra ou frase no idioma original. Mesmo que os itens lexicais apropriados existam no idioma a ser traduzido, a combinação resultante das palavras pode ser complicada até mesmo a ponto de ser equivocada. Uma boa sintaxe hebraica pode gerar uma sintaxe horrível no idioma traduzido, assim como uma boa sintaxe no idioma atual pode destruir a poesia ou outras formas artísticas de um lindo texto hebraico. Além disso, o idioma moderno, que é alvo da tradução, evolui. Por exemplo, o português falado hoje no Brasil difere acentuadamente do português falado em Portugal no século 17. Acrescente-se a isso o fato de que frequentemente o tradutor e/ou leitor em potencial da tradução não tem nenhuma identidade cultural com algo mencionado ou descrito no texto. Por exemplo, como alguém pode atribuir um significado da palavra *neve* para pessoas que nunca a experimentaram pessoalmente, mas somente por meio da mídia?

Uma "boa" tradução para a exegese

Os tradutores, como deve ter ficado evidente até agora, têm uma tarefa difícil. Uma boa tradução da Bíblia exige um conhecimento profundo de idiomas e culturas da antiguidade, bem como uma profunda compreensão sobre como preencher as lacunas culturais entre aquele tempo e hoje. Entende-se, portanto, que uma tradução produzida por uma equipe de estudiosos respeitados, com anos de estudo e pesquisa será um trabalho muito superior a uma obra que tenha sido produzida por apenas um indivíduo ou por uma equipe pouco qualificada.

O que fica claro, entretanto, é que o produto final criado por essa equipe acadêmica deve ter semelhança entre si. Essa falta de clareza se deve a diferenças filosóficas acerca da natureza e propósito da tradução. Deveria uma tradução ter como objetivo principal fazer a versão de *palavras* ou de *ideias* para o idioma em questão? Essas duas opções algumas vezes têm sido chamadas, por um lado, de tradução palavra por palavra ou literal e, por outro lado, de tradução ideia por ideia, livre ou por equivalência dinâmica.[7] As duas opções, de fato, representam os extremos de um espectro, e qualquer tradução existente pode ser alocada em algum lugar ao longo desse espectro. Alguns tradutores

---

[7]Leitores leigos da Bíblia algumas vezes fazem distinção entre uma versão e uma paráfrase, sendo esta última entendida mais ou menos como uma equivalência dinâmica: uma releitura menos exata, que tem o objetivo geral de apresentar um texto mais compreensível na linguagem contemporânea. Alguns linguistas contemporâneos contestariam essa distinção, em parte porque toda tradução é um tipo de interpretação. Para nossos propósitos, iremos definir como tradução qualquer apresentação bíblica baseada no texto original hebraico, grego e aramaico, sem se importar quão "dinâmica", ou mesmo parafrásica, ela seja.

argumentam que uma tradução mais literal apresenta o benefício de permitir ao leitor mais espaço para fazer sua própria interpretação das palavras do texto, enquanto outros acreditam que a tradução com base nas ideias tem maior probabilidade de ter o mesmo efeito sobre os leitores modernos como o fez nos tempos antigos.

Cada uma dessas posições, contudo, tem seus próprios problemas específicos. Uma tradução literal das palavras de uma expressão idiomática não teria significado ou um significado muito diferente para alguém que não usa essa expressão em seu idioma. Por exemplo, se um tradutor fizesse a versão da frase da língua portuguesa "dar uma volta" para outro idioma usando a palavra equivalente a "dar" em português, sua suposta tradução literal poderia erroneamente transmitir a ideia de que o sujeito da frase está doando algo chamado "volta". Esse fenômeno linguístico do dia a dia revela que há sempre uma medida de interpretação envolvida em tradução, mesmo que deva ser literal.

Da mesma forma, é altamente problemático supor que uma tradução livre, que tem por objetivo transmitir a ideia geral de um texto, possa ter o mesmo efeito sobre as pessoas que viviam em um contexto social e circunstâncias culturais muito diferentes. Por exemplo, se os tradutores decidem designar a posição política dos reis de Israel como "presidentes" ou "primeiros-ministros" porque o público leitor atual tem uma referência pessoal com essas figuras políticas, e não especificamente com reis, sua alegada tradução de equivalência dinâmica não irá passar aos leitores contemporâneos uma ideia similar ao significado que "rei" tinha para o povo de Israel.

A despeito desses problemas que lhes são inerentes, existem ambos os tipos de traduções — ou ao menos existe o espectro de traduções que eles definem. Os linguistas, hoje, preferem os termos *equivalência formal* e *equivalência funcional* aos termos literal e equivalência dinâmica. Traduções de equivalência formal enfatizam a similaridade nas formas linguísticas (como estruturas gramaticais e de vocabulário) entre o idioma original e a língua para a qual está sendo traduzido. Traduções de equivalência funcional, por outro lado, dão ênfase à similaridade funcional (significado) entre os dois idiomas.[8]

---

[8] Um exemplo da diferença entre esses dois tipos de traduções pode ser visto no caso da expressão francesa "au revoir". Uma abordagem de equivalência formal para a tradução pode enfatizar o significado literal das duas palavras ("até [o tempo de] ver [um ao outro] novamente") e usar a expressão "até nos vermos outra vez". Uma abordagem de equivalência funcional simplesmente usaria a expressão "até logo!" ou "adeus", dependendo do contexto.

Os tradutores bíblicos obviamente tratam da questão da tradução formal *versus* tradução funcional de modo diferente, produzindo assim formas diversas de tradução. Por exemplo, o princípio empregado pelos tradutores da *New Revised Standard Version* (NRSV) é "tão literal quanto possível, tão livre quanto for necessário". Isto representa compromisso com uma tradução majoritariamente de equivalência formal. No lado oposto, o alvo da *New Living Translation* que é a herdeira acadêmica da bastante popular *Living Bible* [Bíblia Viva], era produzir uma equivalência funcional, traduzindo as ideias, procurando ser ao mesmo tempo acurada tanto no significado quando no estilo.

Nenhuma tradução é perfeita, e diferentes tipos de tradução cumprem distintos papéis. Para propósitos de exegese baseada no texto em português da Bíblia (em oposição aos idiomas originais), uma tradução fundamentada na teoria da equivalência formal é melhor por duas razões: 1. Ela permite ver mais das ambiguidades originais no texto e, portanto, elas devem ser observadas, investigadas e interpretadas pelo exegeta; 2. Geralmente apresenta uma palavra-chave recorrente no texto bíblico original com a mesma palavra traduzida em português. Todavia, traduções de equivalência formal são, por vezes, responsáveis por versões de expressões estranhas que não soam bem em português e podem ser interpretadas incorretamente em relação ao texto original, dando preferência à forma sobre a função (significado). Mas traduções de equivalência formal, por outro lado, frequentemente (1) simplificam em demasia textos ambíguos ou complexos e (2) substituem pelo idioma contemporâneo o idioma bíblico antigo, resultando muitas vezes em inconsistências ou interpretações errôneas de itens importantes. Não importa quão capacitados sejam os tradutores, o efeito dessas estratégias na exegese é prejudicial: uma interpretação tem preferência sobre outra. Isso pode ser normal para o leitor casual, mas não para um exegeta consciente.

Uma possível estratégia para contornar esse problema é usar mais de uma tradução. Examinar várias traduções pode realmente ser muito útil, mas essa abordagem é um pouco superestimada e pode levar a conclusões errôneas. Cada tradução ainda representa juízos exegéticos, e as semelhanças e diferenças não devem ter um peso indevido. Usuários criteriosos de várias traduções devem ver as diferenças não como opções igualmente válidas, mas como possíveis interpretações do texto, cada uma delas com seus pontos fortes e fracos que devem ser analisados. Em outras palavras, as traduções sugerem (e não necessariamente todas) um conjunto de possíveis interpretações de textos específicos. Tão somente um trabalho criterioso de exegese possibilita ao leitor avaliar várias opções. É equivocada a ideia de que uma tradução é preferível a outra porque, superficialmente, é "mais fácil de ser entendida" ou parece "fazer mais sentido".

A escolha de uma tradução para o uso em exegese

A discussão a seguir avalia os pontos fortes e fracos das traduções populares para fins de exegese. Em cada uma das quatro categorias, listei várias versões por ordem de qualidade geral. Essa avaliação se baseia nos critérios já mencionados: teoria da tradução subjacente; qualificações do(s) tradutor(es), incluindo o conhecimento de línguas e contextos bíblicos; e legibilidade do resultado final para leitores do inglês contemporâneo.[9] Apenas as versões que contêm os dois Testamentos são discutidas. Muitos comentários contemporâneos se baseiam em uma ou mais dessas traduções, mesmo que os autores tenham trabalhado com os idiomas originais.

Versões preferenciais para exegese

A *New Revised Standard Version* (NRSV), completada em 1989, é a sucessora da versão RSV e segue o princípio da equivalência formal, que seus tradutores identificam nas palavras "tão literal quanto possível, tão livre quanto necessário". A comissão de tradutores acadêmicos de alto nível, comandada por Bruce Metzger, fez diversas e importantes mudanças de estilo na RSV. Uma delas foi a eliminação de formas arcaicas de pronomes e verbos. Outra mudança mais significativa foi a introdução da linguagem de gênero para os seres humanos sempre que os pronomes ou destinatários implicavam tanto homens quanto mulheres ou qualquer pessoa, sem referência ao gênero. Isso foi conseguido, por exemplo, pluralizando pronomes masculinos singulares para "eles"; substituindo "irmãos" por "irmãos e irmãs"; e substituindo "homem(s)" por "mortal(is)". Essa foi uma pequena concessão ao

---

[9] Não faremos aqui juízo das versões em português classificando-as como "preferenciais para a exegese", "úteis para a exegese, mas com precaução" e "não aceitáveis como base para exegese, mas úteis para outros usos". Deixaremos essa avaliação para os professoras da área, salvo algumas raras indicações. No entanto, caso o leitor queira conhecer mais sobre as versões em português, indicamos a leitura do livro *Introdução à interpretação bíblica*, de William W. Klein, Craig L. Blomberg e Robert L. Hubbard Jr. (Rio de Janeiro: Thomas Nelson Brasil, 2017), p. 238-243 [N. E.]

princípio da equivalência dinâmica. Ocasionalmente, no entanto, o resultado é exegeticamente problemático, por exemplo, quando Paulo usa a palavra "irmão(s)" e ela é substituída não por "irmãos e irmãs", mas por "crente(s)" ou "amigo(s)".

A tradução resultante, baseada nas melhores edições críticas disponíveis de ambos os Testamentos (incluindo os livros apócrifos/deuterocanônicos) e, em sua maioria, respeitando o princípio da equivalência formal, é excelente como base para a exegese em língua inglesa. Claro que não é uma tradução perfeita, mas é de toda forma a melhor hoje disponível em inglês, especialmente para um estudo aprofundado.

A *New American Bible* (NAB) é, nos Estados Unidos, a tradução padrão feita por e para os católicos romanos. Contém, portanto, os livros deuterocanônicos (aqueles que os protestantes chamam de apócrifos). Produzida por uma equipe de eruditos bíblicos católicos de alto nível, ela surgiu em 1970. O Novo Testamento foi revisado em 1986 e os Salmos, em 1991, em consulta a estudiosos não católicos; um Antigo Testamento totalmente revisado ainda está em andamento. Os tradutores da NAB deliberadamente optaram por rejeitar uma abordagem de equivalência funcional e seguir uma política de equivalência formal em lugar da tradição seguida pela RSV. Duas das razões para essa decisão foram promover um estudo mais aprofundado da Bíblia e evitar a subjetividade (talvez idiossincrasia fosse uma palavra melhor) na tradução. Embora a NAB seja desconhecida por muitos não católicos, e sua linguagem e vocabulário estejam muitas vezes à margem da linguagem mais convencional, observada nas mais conhecidas traduções bíblicas como a KJV e RSV/NRSV, ela é, de modo geral, uma tradução muito boa.

A *Today's New International Version* (TNIV) é a sucessora da popular NIV, também sem incluir os apócrifos. Foi lançada entre 2002 (NT) e 2005 (toda a Bíblia). Foi preparada por tradutores evangélicos associados à Sociedade Bíblica Internacional e publicada pela Zondervan (assim como a NIV). A nova versão difere da NIV em cerca de 7% do texto, mas notadamente por ter uma linguagem mais inclusiva em termos de gênero (acuidade de gênero — o termo usado). Mais sensível a uma variedade de questões de tradução, a TNIV é melhor do que a NIV para a exegese, mas deve provavelmente ser usada juntamente com a NRSV.

A *New English Translation*, ou a NET Bible (NET), é uma versão originalmente projetada para publicação eletrônica. Com o objetivo de oferecer uma leitura agradável, precisa, elegante e "acurada no gênero", essa Bíblia contém mais de 60.000 notas de estudo, texto crítico e notas de tradutores. Os downloads gratuitos estão disponíveis em: <http://www.bible.org/netbible>. Publicada a partir de 1996 pela Biblical Studies Foundation [Fundação de Estudos Bíblicos], sob a liderança de Daniel Wallace, o AT e NT da NET estão completos (a partir de agora, estão planejadas revisões a cada cinco anos) e também disponíveis em forma impressa (edição de 2005), com uma versão em CD-ROM inclusa. A tradução dos apócrifos está em andamento, e os resultados estão disponíveis apenas *online*. O próprio texto é mais direcionado para a equivalência funcional (mas, de modo geral, deixa os textos já ambíguos ainda mais ambíguos), enquanto as notas dos tradutores fornecem uma equivalência mais formal. As notas dos tradutores explicam também as razões das decisões interpretativas que produziram a tradução. O resultado geral é bastante útil para a exegese se a tradução e as notas forem consultadas.

Versões úteis para exegese, com precaução

A *Revised Standard Version* (RSV) foi lançada em partes, entre 1946 e 1977, e a primeira versão completa, sem os apócrifos, surgiu em 1952. Seguiu a tradição da *King James Version* (KJV) e suas revisões do final do século 19. O comitê de alto nível de tradução contínua, que era ecumênico em sua composição, assegurou a aceitação ampla da forma final da RSV por muitas das principais comunidades cristãs. Os tradutores da RSV trabalharam com uma abordagem de equivalência formal para a tradução em uma época em que a equivalência funcional não era uma opção aceitável. O resultado foi uma excelente tradução de equivalência formal (autodenominada "literal") oferecida pelo melhor grupo acadêmico da época e baseada nas melhores edições críticas do texto disponível. Nas últimas décadas, obviamente, a erudição bíblica, a teoria da tradução e o uso da língua inglesa mudaram consideravelmente, resultando na necessidade de uma atualização da RSV. (Por exemplo, a RSV manteve o uso da KJV de pronomes arcaicos em referência a Deus.) A versão foi suplantada pela NRSV e outras revisões, mas ainda é utilizável, com algum cuidado, como base para exegese do texto em inglês.

A *New International Version* (NIV), a tradução a Bíblia hoje mais vendida do mundo, foi lançada pela Sociedade Bíblica Internacional em 1973 (NT) e 1978 (Bíblia completa). Pretendia ser em parte, como a NASB (ver a seguir), uma alternativa protestante evangélica à RSV, para aqueles que se sentiam insatisfeitos com a KJV. Sua equipe de tradutores era excelente, usando as edições críticas padrão do texto e não os textos menos confiáveis que eram a base da KJV. Uma equipe de revisores ajudou no processo de tradução o a fim de deixá-la com a leitura mais agradável. A NIV combina as equivalências formal e funcional na sua abordagem. Seu prefácio revela que a "primeira preocupação" dos tradutores foi a "exatidão da tradução e sua fidelidade ao pensamento dos escritores bíblicos", e que eles "se esforçaram por realizar mais do que uma tradução palavra por palavra" com o objetivo de conseguir "a comunicação fiel do significado dos escritores bíblicos". Eles o fizeram por meio de "modificações frequentes na estrutura de frases e constante consideração pelo significado contextual das palavras".

Ocasionalmente, a perspectiva teológica dos tradutores (ou talvez dos revisores e editores) apresenta um colorido à tradução de forma bastante corajosa (uma espécie de teoria da equivalência funcional no trabalho), mas, em geral, a NIV capta bem a substância e/ou o espírito do texto. Com algumas exceções notáveis, no entanto, suas interpretações não correspondem à qualidade da tradição RSV-NRSV. Além disso, suas modificações de sintaxe e atenção ao contexto introduzem maior grau de interpretação na tradução do que a RSV-NRSV. A NIV surgiu antes que a inclusão de gênero se tornasse uma questão importante na tradução da Bíblia. A tentativa de uma edição com inclusão de gênero (NIVI) no final da década de 1990 foi rejeitada nos Estados Unidos, embora apareça na Grã-Bretanha. A versão seguinte, a *Today's New International Version* (ver menção anterior), retomou a questão do gênero.[10]

A *New American Standard Bible* (NASB) foi publicada pela conservadora fundação evangélica Lockman Fundation em 1971, com uma atualização em 1995 (às vezes abreviada como NAS95, NASBU ou NASU). A atualização melhorou a legibilidade da versão de muitas maneiras, mais evidentemente eliminando vocabulários desatualizados, incluindo pronomes arcaicos. É uma Bíblia escolhida por certos círculos e completamente desconhecida por outros. A NASB/NASU é

---

[10]A correspondente em português, *Nova Versão Internacional* (NVI), usou os mesmos princípios de tradução da NIV, mas é uma tradução feita das línguas originais para o português. Não se trata, portanto, de tradução de tradução. Veja mais a respeito em *Introdução à interpretação bíblica*, de William W. Klein, Craig L. Blomberg e Robert L. Hubbard Jr. (Rio de Janeiro: Thomas Nelson Brasil, 2017), p. 238-243. [N. E.]

uma tradução de equivalência formal que segue a tradição KJV-ASV (*American Standard Version*), às vezes é caracterizada por apresentar um "literalismo engessado". O editor afirma que a tradução "palavra a palavra" é a "mais literal" em inglês e que "em nenhum momento os tradutores tentaram interpretar as Escrituras por meio da tradução".[11] Assim, afirmam transmitir a Palavra de Deus melhor do que qualquer outra tradução inglesa.

No entanto, toda tradução é interpretação e a atualização da NASB segue a tradição da KJV de fornecer palavras inglesas em itálico para termos que não constam nos originais hebraico e grego. Todas as traduções devem "preencher os espaços em branco", por assim dizer (embora usar itálico para as adições não seja mais a norma), mas fazê-lo é claramente um ato de interpretação. Assim a NASB/NASU não é tão literal quanto reivindica. Além disso, sua equipe de tradução não é do mesmo calibre acadêmico quanto as que trabalharam na NIV, TNIV ou NRSV. No todo, porém, a atualização da NASB é geralmente uma tradução de equivalência formal aceitável.

A ***Revised English Bible*** (REB) é a desastrosa revisão de 1989 da *New English Bible* (NEB) dos anos 1960 e início dos anos 1970. Seu estilo vívido é distintamente britânico e apresenta frequentemente uma leitura forçada por causa de seus contornos de linguagem ao tentar evitar os excessos de sua antecessora. Linguisticamente, ela segue um tipo de meio-termo entre equivalência formal e funcional. Embora possa ser usada como último recurso para a exegese, ela é melhor usada não como a base principal para uma exegese, mas como uma segunda tradução relevante e uma fonte para interpretações bem formuladas de decisões exegéticas padrão.

A ***English Standard Version*** (ESV), a versão inglesa padrão (ESV), publicada em 2001, foi concebida por seus tradutores evangélicos conservadores e sua editora, Crossway Books, como outra revisão (de equivalência formal) da RSV, que seria diferente tanto da NRSV quanto das tentativas de fazer a NIV mais inclusiva em gênero. Além de eliminar os pronomes arcaicos da RSV, fazendo pequenos ajustes para aumentar a inclusividade de gênero e consistência na tradução de palavras, bem como tornar a leitura mais agradável, os tradutores não fizeram, de maneira geral, grandes mudanças na RSV. Na verdade, o estilo da RSV é às vezes imprudente e desnecessariamente conservador.

---

[11] Veja a seguinte página em Lockman Foundation, disponível em: <http://www.lockman.org/nasb>.

A ***Holman Christian Standard Bible*** (HCSB) é a Bíblia completa sem os apócrifos, publicada entre 1999 e 2004 por tradutores conservadores Batistas do Sul (dos EUA), parcialmente em reação aos esforços de tradução evangélica considerados linguística e teologicamente imprecisos sobre questões de gênero. Os tradutores tentaram combinar equivalência formal e funcional (que eles chamam de "equivalência ótima"). Além dos objetivos de exatidão e legibilidade no inglês contemporâneo e dentro do quadro da equivalência ótima, os tradutores procuraram "afirmar a autoridade da Escritura como a Palavra de Deus e defender sua verdade absoluta contra agendas sociais ou culturais que comprometeriam sua precisão". De acordo com essa afirmação, os tradutores tentaram preservar os supostos ensinamentos da Bíblia sobre papéis masculinos e femininos distintos. Entre outras coisas, o resultado é, naturalmente, menos inclusivo do que a NRSV ou a TNIV. Apesar da competência linguística e acadêmica geral dos tradutores, sua agenda reacionária e a consequente influência teológica na tradução a torna de algum valor para a exegese somente se for usada com um significativo grau de cautela.

Versões não aceitáveis como base para exegese, mas úteis para outros usos

As versões informadas a seguir, embora não aceitáveis como base para exegese, têm méritos específicos que podem ajudar no processo interpretativo, e alguns desses méritos podem ser observados.

A ***New Living Translation*** (NLT) apresenta uma significativa e vasta melhoria em relação à *Living Bible* (ver a seguir), publicada em 1996 pela mesma editora evangélica, a Tyndale House. A NLT foi produzida por uma equipe de excelentes estudiosos bíblicos, usando as melhores edições críticas disponíveis das línguas originais, e guiados por um princípio explícito de equivalência funcional. Esse princípio gerou algumas críticas, resultando numa abordagem um pouco mais formal de equivalência na segunda edição surgida em 2004. A sensibilidade dos tradutores ao contexto cultural levou-os a produzir itens lexicais referentes à medição (peso, distância, tempo, valor monetário etc.) e aos costumes cotidianos e realidades da vida em expressões idiomáticas inglesas semelhantes. A NLT coloca o equivalente contemporâneo do texto e as palavras originais em uma nota de rodapé, ao contrário de traduções de equivalência formal, que geralmente fazem exatamente o oposto. Independentemente de concordarmos ou não com as equivalências funcionais dos tradutores, o resultado da exegese é que muitos julgamentos exegéticos foram feitos e muitos costumes culturais interpretados. A NLT original pode e deve ser consultada como um texto interpretativo, porque é geralmente muito perspicaz, mas não deve ser usada como base para uma exegese cuidadosa. A segunda edição inclui novas notas e mudanças de tradução, refletindo uma mistura de preocupações formais e funcionais. Embora tenha passado por uma melhoria, ela também deve ser usada com alguma cautela e não como a base primária para a exegese.[12]

A *New Jerusalem Bible* (NJB), publicada em 1985, é a revisão completa da Bíblia de Jerusalém de 1966 (JB), a tradução inglesa de uma tradução francesa das línguas originais. Os franceses tenderam para o fim funcional do espectro de tradução, e os ingleses que a traduziram seguiram o exemplo. Como tradução de uma tradução, e relativamente não formal, a JB nunca deveria servir de base para um trabalho de exegese. Os tradutores da JB trabalharam diretamente a partir dos idiomas originais, mas o produto ainda tende para o fim funcional do espectro. É, portanto, uma ferramenta útil para explorar e expressar opções exegéticas, mas não deve servir como base para a exegese.[13]

A *Contemporary English Version* (CEV) surgiu em 1995, publicada pela American Bible Society. Abraçando a filosofia da equivalência funcional, a CEV tenta especialmente interpretar textos bíblicos sensíveis de forma mais apropriada e precisa, especialmente as referências aos judeus no Novo Testamento. Os tradutores argumentam que termos como "os judeus" são melhor interpretados, dependendo do contexto, por frases como "os líderes religiosos" ou "o povo". O próprio princípio, bem como sua aplicação, causa problemas para aqueles que trabalham com exegese, pois faz alguns juízos exegéticos muito significativos e discutíveis. Como no caso da *Good News Bible* (veja a seguir), assim também com

---

[12] A *Nova Versão Transformadora* (São Paulo: Mundo Cristão, 2016) é baseada na NLT. Depois de ter o texto traduzido do inglês (chamada de "tradução básica"), uma equipe de especialistas usou o aparato crítico ("ferramentas de tradução e exegese") do Antigo e do Novo Testamento para realizar as alterações que aproximassem essa versão dos originais. Veja mais a respeito em *Introdução à interpretação bíblica*, de William W. Klein, Craig L. Blomberg e Robert L. Hubbard Jr. (Rio de Janeiro: Thomas Nelson Brasil, 2017), p. 238-243. [N. E.]

[13] A *Bíblia de Jerusalém* (São Paulo: Paulus, 2002) em português não é tradução da versão francesa, mas foi traduzida das línguas originais (apenas as introduções e notas foram traduzidas da edição francesa de *La Bible de Jérusalem*). Nesse caso, pode-se considerar a edição brasileira como aceitável para a exegese. [N. E.]

a CEV: podem ser consultadas como uma possível interpretação do texto, exegética e estilisticamente, mas não devem ser usadas como base para a exegese. Dessas duas traduções, a CEV é talvez a melhor.

A *Good News Bible* (GNB) também foi produzida pela Sociedade Bíblica Americana, começando com o Novo Testamento (*Today's English Version*), em 1966, e a Bíblia completa, em 1971. Os tradutores, que eram bastante sofisticados em seu conhecimento bíblico e linguístico, empregaram uma teoria de equivalência funcional e direcionaram sua tradução para pessoas com vocabulário um pouco limitado. No entanto, seus pontos fortes para o público-alvo são fraquezas para a exegese. Se consultada, deve ser vista como uma possível interpretação exegética e estilística do texto. Não deve ser a única base para um estudo sério.

A *The Message* [*A Mensagem*, em português] surgiu primeiramente como um Novo Testamento da NavPress em 1993, com a Bíblia completa (faltando os apócrifos) em 2002. Agora disponível em várias edições, ela é o projeto de tradução do reverendo Eugene Peterson, um pastor presbiteriano com um relevante grau de perspicácia acadêmica (resultante, em parte, de estudos de pós-graduação na Universidade Johns Hopkins). O objetivo louvável de Peterson é pastoral — transformar o texto bíblico em linguagem contemporânea, operando com uma clara teoria da equivalência funcional. O resultado é uma exegese, mas não se deve usar o próprio texto como base para a exegese. Como o trabalho de um pastor-erudito anterior, o britânico autointitulado "parafraseador" JB Phillips, *A Mensagem* é provavelmente mais útil aos exegetas como um exemplo de como se pode exprimir com bom senso expressões idiomáticas contemporâneas a partir de um trabalho baseado nos textos originais ou em outras traduções em inglês, e por meio de pesquisa. Algumas das interpretações idiomáticas de Peterson, no entanto, são bastante estranhas.[14]

Versões inaceitáveis para exegese

A *King James Version* (KJV), ou a *Authorized Version* (AV), foi concluída em 1611 por uma equipe de tradutores convocada pelo rei Tiago I da Inglaterra. De modo geral, eles seguiram uma teoria implícita de

---

[14]Para conhecer mais a respeito da correspondente versão em português, *A Mensagem*, veja *Introdução à interpretação bíblica*, de William W. Klein, Craig L. Blomberg e Robert L. Hubbard Jr. (Rio de Janeiro: Thomas Nelson Brasil, 2017), p. 238-243. [N. E.]

equivalência formal, mas, infelizmente, trabalharam com manuscritos bíblicos em sua maioria tardios e menos confiáveis. Desde 1611, muitos manuscritos mais antigos e melhores da Bíblia foram descobertos, e a pesquisa moderna na área da crítica textual (que inclui comparar e contrastar manuscritos para produzir uma "edição crítica" do texto original) nos deu uma base diferente de textos originais para traduzir do que a usada pelos tradutores da KJV. Isso significa que uma exegese baseada nessa versão poderá, por vezes, analisar uma ou mais palavras, frases ou versículos que não aparecem no texto bíblico original.

Além disso, a pesquisa bíblica e linguística progrediu significativamente durante os últimos 400 anos, fornecendo inúmeros dados e perspectivas para traduzir o texto com mais precisão. Durante o mesmo período, a língua inglesa transformou-se grandemente, fazendo com que a maioria da linguagem da KJV se tornasse obsoleta. Tomados em conjunto, esses fatores indicam que a versão *King James* é completamente inaceitável como base para o estudo erudito da Bíblia. A *New King James Version* (NKJV), lançada em 1979 (NT) e 1982 (AT), atualiza a linguagem obsoleta e tenta oferecer uma tradução mais sofisticada linguisticamente do que a KJV. Entretanto, por se basear na mesma tradição problemática do manuscrito, também é inaceitável para a exegese.[15]

A *Living Bible* (LB) [A *Bíblia Viva*, em português], produzida na década de 1960 e publicada em 1971, é uma paráfrase da *King James Version*, não baseada nas línguas originais. Reflete a perspectiva teológica e a falta de treinamento bíblico acadêmico de seu produtor, Kenneth Taylor. Embora essa paráfrase tenha tornado a Bíblia acessível a muitos, ela não possui nenhum valor acadêmico. Sua sucessora, a *New Living Translation*, já foi discutida anteriormente.[16]

---

[15]Tendo em vista que as versões intituladas "corrigida" de João Ferreira de Almeida foram baseadas na mesma família de manuscritos usada na KJV, a conclusão do autor poderia ser aplicada a essas versões de igual modo. Outras traduções Almeida, como a *Atualizada*, uma versão da *Corrigida* com base no texto crítico, mantém os que seriam textos acrescentados, mas os colocam entre colchetes, indicando tratar-se de acréscimos ao original, como é o caso, por exemplo, de João 5:4 e 1João 5:7,8, entre outros casos controversos. Veja mais a respeito em *Introdução à interpretação bíblica*, de William W. Klein, Craig L. Blomberg e Robert L. Hubbard Jr. (Rio de Janeiro: Thomas Nelson Brasil, 2017), p. 238-243. [N. E.]

[16]Sua correspondente paráfrase no Brasil é a *Bíblia Viva*, sucedida pela *Nova Bíblia Viva* (São Paulo: Mundo Cristão, 2010). Veja mais a respeito em *Introdução à interpretação bíblica*, de William W. Klein, Craig L. Blomberg e Robert L. Hubbard Jr. (São Paulo: Thomas Nelson Brasil, 2017), p. 238-243. [N. E.]

Para resumir a discussão anterior, podemos listar essas versões em quatro categorias: (1) aquelas que são as melhores como base para a exegese (NRSV, NAB, TNIV, NET); (2) aquelas que podem ser úteis para a exegese, se usadas com cautela (RSV, NIV, NASU, REB, ESV, HCSB); (3) aquelas que fornecem interpretações exegéticas ou estilísticas úteis, mas que não devem servir de base para a exegese (NLT, NJB, CEV, GNB, *The Message*); e (4) aquelas que são inaceitáveis para a exegese (KJV/AV, NKJV, LB).

Preferidas para exegese	Úteis para exegese com precaução	Não aceitáveis para exegese, mas úteis para outros propósitos	Inaceitáveis para exegese
NRSV	RSV	NLT	KJV (AV)
NAB	NIV	NJB	NKJV
TNIV	NASB	CEV	LB
NET	REB	GNB	
	ESV	The Message	
	HCSB		

Dentre todas essas traduções, a NRSV é provavelmente a que melhor pode ser usada para a exegese, mas mesmo essa versão deve ser necessariamente comparada com outras traduções.

Uma publicação de grande utilidade, ***The Complete Parallel Bible*** (Nova York: Oxford University Press, 1993), apresenta quatro principais traduções em colunas paralelas (NRSV, REB, NJB, NAB). Esse formato poderá frequentemente alertar o leitor para as principais opções de tradução/exegese do texto. (Para outras Bíblias paralelas, veja na seção 2, "Recursos para a compreensão do texto" no capítulo 11.)

Edições (Bíblias de estudo)

A maioria dos editores licenciados para publicar as várias traduções das Escrituras imprime uma variedade de edições da Bíblia. Algumas são edições simples, contendo apenas as notas fornecidas pelos tradutores. Outras adicionam títulos de seção, referências cruzadas a outros textos bíblicos, guias de pronúncia, concordâncias abreviadas (listas de palavras-chave e suas referências bíblicas), glossários e outras ajudas para os leitores. Há ainda outras, que chamaremos de Bíblias de estudo, que fornecem algumas ou todas as ajudas acima mencionadas, bem como introduções a cada livro da Bíblia. Incluem também notas de rodapé explicando a essência de histórias e argumentos, aclarando referências históricas e culturais, apresentando opções e dificuldades de tradução e exegéticas, listando referências cruzadas relevantes e oferecendo um breve comentário interpretativo. Algumas até fornecem artigos gerais sobre a Bíblia e estudo bíblico, e questões para estudo e reflexão.

Essas Bíblias de estudo são, no entanto, de qualidade variável — ainda mais do que as traduções com as quais estão associadas. Algumas são produzidas por pessoas e editoras bem-intencionadas, mas academicamente não qualificadas. Outras são direcionadas para o campo espiritual ou devocional, produtos de empresas dignas que, no entanto, não devem ser confundidos com o incentivo à exegese acadêmica.

O grande valor de uma Bíblia acadêmica de estudo é que ela fornece ajuda rápida e confiável (embora não infalível!), "sensível ao contexto". Todo estudante sério da Bíblia deve usar uma regularmente. Para fins de exegese, é claro, uma Bíblia de estudo não fornece detalhes suficientes, mas pode ser sugestiva para uma variedade de questões exegéticas (especialmente contexto, estrutura e síntese). Ela também permite que os leitores examinem uma parte específica de um livro bíblico, um livro inteiro ou uma série de livros com algum grau de facilidade, da mesma forma como eles podem usar um roteiro anotado fornecido por um dos clubes de viagem. Por fim, ela normalmente fornece aos leitores uma série muito útil de referências cruzadas de uma vez, levando-os a textos paralelos importantes e a possíveis fontes, em escritos anteriores.

Existem várias Bíblias de estudo particularmente úteis para se escolher. Muitas delas aparecem em vários formatos (brochura, capa dura, para estudantes, eletrônicas etc.) com uma variedade de preços, mas todas têm uma excelente relação custo-benefício. Essas Bíblias de estudo estão agrupadas aqui de acordo com as afiliações religiosas daqueles que as produziram: judeus, ecumênicos/interdenominacionais, católicos e evangélicos protestantes. Uma Bíblia de estudo espiritualmente orientada também merece sua inclusão e, portanto, é descrita no final.

Judaicas

The Jewish Study Bible (Nova York: Oxford University Press, 2004), editada por Adele Berlin, Marc Zvi Brettler e Michael Fishbane, é um estudo acadêmico da tradução do Tanak (para os cristãos, o Antigo Testamento) produzido pela Jewish Publication Society. Representa um amplo espectro da erudição judaica: ortodoxa, conservadora e reformada. Cada livro bíblico tem uma introdução bastante substancial, um esboço e notas textuais e interpretativas. As notas interpretativas variam em sua extensão, desde comentários breves que ocupam cerca de 5% da página até os bem mais longos, que ocupam metade da página. Há também 21 ensaios sobre vários temas que vão desde os antecedentes bíblicos a abordagens judaicas, interpretação e uso bíblico, até métodos críticos modernos de estudo bíblico. O volume também inclui tabelas e mapas coloridos.

Essa é uma Bíblia de estudo de primeira classe para estudantes e outros interessados na interpretação da Bíblia do Antigo Testamento/Hebraico como as Escrituras judaicas e não como parte do cânon cristão. Suas apresentações, notas e artigos são úteis para estudantes sérios de qualquer tradição religiosa.

Ecumênicas/interdenominacionais

A *New Oxford Annotated Bible* (com ou sem os apócrifos; 3ª edição ampliada; Nova York: Oxford University Press, 2007) da tradução NRSV, é a sucessora do mesmo título produzido para a RSV, que combinou a Oxford Annotated Bible e The Oxford Annotated Apocrypha. Com a publicação da NRSV, as anotações e artigos foram revisados e atualizados por uma equipe ecumênica de estudiosos de alto nível, tendo Michael D. Coogan como editor-chefe. A terceira edição (1991) foi uma revisão completa; essa edição ligeiramente aumentada revisou as introduções aos livros bíblicos. As introduções para cada livro são geralmente breves (uma página ou menos), mas perspicazes. As notas também são muitas vezes breves (média de 10 a 20%), embora em alguns documentos, particularmente no Novo Testamento, elas consumam, em média, um terço da página.

Os maiores enfoques dessa Bíblia de estudo talvez sejam as outras ajudas que oferece, particularmente as introduções às várias seções da Bíblia (Pentateuco, Livros Proféticos, literatura apocalíptica etc.), bem como os artigos gerais sobre temas como "Características da poesia hebraica" e "formas literárias nos Evangelhos". Tabelas, diagramas e mapas completam o volume, alguns dos quais foram acrescentados para essa edição, assim como um glossário.

De um modo geral, essa é uma boa Bíblia de estudo. Sua qualidade é de primeira, mas sua concisão a torna menos desejável do que algumas outras.

A *HarperCollins Study Bible* (com os apócrifos; totalmente revisada e atualizada; Nova York: HarperCollins, 2006), com texto da NRSV, foi produzida para a editora pelos membros da Sociedade de Literatura Bíblica, a maior e mais importante associação mundial de estudiosos bíblicos profissionais, sob a liderança de Wayne Meeks (primeira edição, 1993) e depois Harold Attridge (segunda edição). As apresentações (geralmente 2 a 3 páginas) e notas (geralmente cerca de 25 a 35% da página, mas às vezes 50%) refletem uma gama de opiniões acadêmicas contemporâneas, de uma ampla variedade de tradições de fé cristã e judaica. A nova edição tem artigos gerais breves, mas úteis (não havendo nenhum na edição original) e contém algumas tabelas úteis e mais de 25 mapas. Embora as anotações sejam muito responsáveis e confiáveis, elas tendem a se concentrar apenas em assuntos históricos e literários, negligenciando preocupações teológicas, ainda que a edição revisada seja muito mais atenta à intertextualidade (ecos da Escritura dentro da própria Escritura). Cerca de 25% do material na edição de 2006 é revisto ou novo.

A *New Interpreter's Study Bible* (Nashville: Abingdon, 2003) publicada sob a liderança do editor-geral, Walter J. Harrelson, é uma excelente Bíblia de estudo, semelhante à HarperCollins Study Bible. Baseada na NRSV (incluindo os apócrifos), essa Bíblia de estudo apresenta introduções, esboços e notas para cada livro bíblico, além de dissertações e notas especiais sobre certas passagens e tópicos. O material introdutório para cada livro tem de cerca de duas a quatro páginas de extensão, enquanto as notas ocupam cerca de 25 a 50% de cada página. Alguns artigos (sobre inspiração bíblica, autoridade e interpretação), um breve glossário e dezenove mapas coloridos aparecem no final do volume. A versão em CD-ROM inclui os cinco volumes do *Interpreter's Dictionary of the Bible* (bastante atualizado), mapas e os artigos gerais do recente e muito valioso comentário *The New Interpreter's Bible*.

Católica

A *Catholic Study Bible* (2ª ed.; Nova York: Oxford University Press, 2006), editada por Donald Senior e John J. Collins, é mais que um livro de estudo, ou até mesmo uma biblioteca, num só volume. Embora produzida exclusivamente por estudiosos católicos romanos, não é teologicamente tendenciosa e pode ser usada com grande proveito por qualquer estudante. O texto bíblico é o da NAB. Cada introdução a um livro bíblico (geralmente de 1 a 2 páginas) é complementada no início por um guia de leitura para o livro. Os guias de leitura, que foram todos revisados desde a edição original de 1990, são excelentes, fornecendo introduções mais longas ao autor de cada livro, com contextos histórico, sociopolítico, estrutura, conteúdo, teologia e relevância espiritual. Cada guia de leitura conclui com uma breve bibliografia. As breves introduções e guias de leitura são complementadas por artigos gerais novos ou expandidos sobre vários aspectos do estudo bíblico, sobre cada uma das principais divisões da Bíblia, arqueologia e geografia bíblicas. Além dos mapas, o volume contém tabelas de lecionários, indicando que textos são lidos em todo o calendário litúrgico da Igreja Católica.

As notas, também revisadas, ocupam de 10 a 60% da página, com uma média de menos de 20% para o Antigo Testamento, mas de 35 a 40% para o Novo Testamento. Essas notas contêm uma análise cuidadosa da estrutura e teologia do texto e oferecem copiosas referências cruzadas. A segunda edição também contém barras laterais sobre tópicos especiais. De um modo geral, essa é a melhor Bíblia de estudo no mercado. Suas notas são equilibradas e perspicazes, enquanto seus guias de leitura colocam os comentários detalhados em amplas perspectivas históricas, literárias e teológicas.

A *Saint Mary's Press College Study Bible* (Winona, Minn.: Saint Mary's, 2007) é uma Bíblia de estudo atraente, indicada para o estudante de graduação ou outro iniciante. Ela contém o texto da NAB e suas notas extensas; introduções aos livros bíblicos escritas para esse volume; 90 artigos breves sobre temas como justiça social e espiritualidade; e muitos bons gráficos; fotos em cores e mapas, diagramas etc.

Protestante evangélica

A *NIV Study Bible* (edição totalmente revisada; Grand Rapids: Zondervan, 2002), editada por Kenneth L. Barker e associados, é uma nova versão de um recurso lançado inicialmente em 1985 e 1995. Foi produzida pela primeira vez por iniciativa de alguns dos tradutores originais da NIV. As muitas notas (em média 30%, mas frequentemente 50% da página) às vezes refletem a "teologia evangélica tradicional" dos colaboradores. Um tema importante das notas é a "inter-relação das Escrituras", uma preocupação legítima que às vezes resulta no desenho de paralelos e conclusões teológicas que alguns podem considerar questionáveis, especialmente em notas sobre textos do Antigo Testamento que são vistas como apontando para o Novo.

Além das notas, a Bíblia de Estudo da NIV tem introduções para cada livro (a maioria reflete as visões tradicionais de autoria e data, como a autoria mosaica do Pentateuco); esquemas detalhados dentro das introduções; um sistema de referência cruzada para textos e temas; dezenas de mapas e tabelas relacionadas a vários livros; alguns breves ensaios; índices; e uma concordância muito substancial.

O grande destaque dessa Bíblia de estudo tem sido suas úteis tabelas e notas, além da inclusão de uma concordância. As introduções e notas na edição revista são melhoradas, com forte ênfase nas características teológicas e literárias do texto. Infelizmente, no entanto, as introduções ainda são defensivas (a partir das perspectivas tradicionais) no tom, bem como as notas ocasionalmente muito tendenciosas em uma direção teológica. Utilizado com a consciência da perspectiva teológica e do pensamento dos colaboradores, essa Bíblia de estudo pode ser útil para fornecer uma pesquisa geral, mas seus julgamentos precisam de equilíbrio para um estudo acadêmico sério.

Em 2006, a Baker e a Zondervan adaptaram a *NIV Study Bible* ao texto da TNIV, publicando a ***TNIV Study Bible.***

Com abordagem similar à da Bíblia de estudo da NIV e da Bíblia de estudo TNIV, existe um recurso exclusivo chamado NIV Archaeological Study Bible [Bíblia de estudo arqueólogico NVI] (Grand Rapids: Zondervan, 2006). Produzida em colaboração com o Seminário Teológico Gordon-Conwell, uma instituição evangélica conservadora, esse estudo bíblico com gráficos bem produzidos focaliza contextos históricos, culturais e literários, com artigos complementares, centenas de fotografias, uma concordância, um glossário e um CD-ROM. Seu tom frequentemente apologético, enfatizando a confiabilidade histórica da Bíblia, também precisa do equilíbrio de outras perspectivas.

A *NET Bible*, que é tecnicamente uma tradução, já foi descrita anteriormente neste capítulo. Embora não seja uma Bíblia de estudo completa, suas várias edições incluem um ou mais dos seguintes recursos: 60.000 notas de estudo, de texto e de tradutores; mapas coloridos de satélite; uma concordância.

Bíblias de estudo com direcionamento espiritual

Há, naturalmente, muitas Bíblias "devocionais" com introduções e anotações no mercado, mas poucas delas são produzidas por estudiosos acadêmicos bíblicos ou por teólogos. A ***Renovaré Spiritual Formation***

Bible (São Francisco: HarperSanFrancisco, 2005), no entanto, se destaca como uma tentativa de preencher a lacuna entre a excelência de estudos acadêmicos e a espiritualidade. Editores e colaboradores incluem conhecidos estudiosos e teólogos bíblicos. O texto é o da NRSV, com os apócrifos, e as introduções e notas são complementadas por dezesseis ensaios. Embora não seja uma escolha apropriada principalmente para uso acadêmico, essa Bíblia de estudo vale a pena ser consultada para outras finalidades.

Resumo

Por fim, infelizmente, a melhor Bíblia de estudo (*The Catholic Study Bible*) não contém a melhor tradução inglesa para propósitos de exegese (a NRSV). Portanto, os estudantes deverão decidir entre a tradução que melhor se encaixa em seus propósitos e então usar a Bíblia de estudo que a complementa — ou vice-versa.

REVISÃO E ESTUDO

Resumo do capítulo

- Os estudantes devem escolher uma passagem para exegese que seja de seu interesse e que componha uma unidade completa, com extensão viável e que tenha começo e fim bem estabelecidos.

- Cada tradução é uma interpretação, um tipo de exegese simplificada.

- A tarefa de uma tradução é dificultada por vários fatores complicadores característicos da linguagem.

- As duas abordagens básicas de tradução são equivalência formal e equivalência funcional.

- Estudantes que não conhecem os idiomas originais deveriam usar a melhor versão possível, preferencialmente uma tradução de equivalência formal como base para seu trabalho exegético.

- As Bíblias de estudo são um importante auxílio, embora todas tenham suas limitações.

Sugestões práticas

1. Trate todas as traduções, mesmo as melhores, como opções cuidadosamente pesquisadas, não como a verdade final.

2. Se você não conhece os idiomas originais, use uma tradução de equivalência formal como base para sua exegese e use outras versões para suprir possíveis traduções ou interpretações de vários elementos — qualquer uma das quais tem de ser confirmada por numa exegese criteriosa.

3. Adquira uma boa Bíblia de estudo para seu uso diário e para auxílios básicos nos estágios iniciais da exegese.

Para estudo adicional e prática

1. Escolha dois textos favoritos e leia-os pelo menos em três diferentes traduções. Quais as diferenças que você notou entre as traduções? As diferenças são significativas? Em sua opinião, a ênfase ou o significado diferem de tradução para tradução?

2. Compare o tratamento dessas duas passagens em duas diferentes Bíblias de estudo e anote suas observações acerca das diferenças de interpretação.

3. Revise o capítulo 11, seção 2, p. 215 "Recursos para a compreensão do texto".

PARTE 2

Os elementos

CAPÍTULO 3

1º elemento

PESQUISA

> Imagine-se como um detetive à procura de pistas sobre um tema central ou ideia [do texto], sempre alerta para encontrar qualquer coisa que possa tornar as coisas mais claras.
> — Mortimer J. Adler and Charles Van Doren, How to Read a Book [Como ler um livro]

Numa primeira leitura, o que parece estar em curso no texto?

A cuidadosa leitura e análise de qualquer texto, seja um livro, ensaio ou poema, requer uma pesquisa inicial do conteúdo do documento. Essa pesquisa prepara o leitor, alertando-o a respeito dos aspectos importantes do texto em consideração no processo de leitura atenta. É válido também para a leitura da Bíblia. Este pequeno (porém importantíssimo capítulo) introduz algumas simples estratégias para a pesquisa sobre uma passagem escolhida em seu contexto. Importantes sugestões para dar suporte a essa parte do processo exegético são encontradas na seção 3 do capítulo 11.

PESQUISA E PERGUNTA

Quando eu ainda estava no Ensino Fundamental, nosso professor nos deu uma orientação muito eficaz para ler — na verdade, um processo — com o objetivo de "atacar" um capítulo num livro didático. Ele usava a abreviatura PPLER, que são as iniciais de: *pesquisa, pergunta, leitura, exposição* e *revisão*. O ponto inicial era, obviamente, a "pesquisa", o exame do terreno, por assim dizer. Trata-se de uma visão geral dos conteúdos do texto escolhido por você no contexto dele.

De modo semelhante, hoje aprendemos a navegar no equivalente eletrônico de um texto, o *website*, pesquisando seu sumário antes de mergulhar nas muitas páginas do site. Um rápido exame na página inicial, com sua barras e *links*, nos proporciona uma visão panorâmica dos principais temas do site.

Diferentemente dos livros de texto ou ensaios publicados em jornais e revistas, a Bíblia (com exceção de Salmos) não apresenta os nomes dos temas originais nos capítulos, títulos ou subtítulos que possam indicar os conteúdos específicos de uma seção — e certamente não tem barras de navegação! Os títulos de seção encontrados em muitas Bíblias são o trabalho — muitas vezes apropriados, outras, nem tanto — dos editores de cada versão ou edição em particular. Assim, o primeiro passo na interpretação é ler a passagem diversas vezes, ignorando os títulos das seções — ou pelo menos, reconhecendo que eles apenas fizeram parte do trabalho de outros leitores. Você pode querer dar à passagem seu próprio título preliminar.

Muitos acham útil ler o texto em algumas traduções diferentes (assim como em grego ou hebraico, se houver conhecimento para isso). Pode ser interessante ler o texto em voz alta, recordando que muita literatura bíblica foi, na verdade, ouvida antes de ser escrita. Além disso, é importante ler o texto dentro do seu contexto (ou pelo menos a parte mais ligada a ele), ler o livro todo ou a parte principal do livro onde o texto está inserido.

Ao ler, você deve anotar as observações e perguntas que lhe vêm à mente. Essas notas podem ser sobre o lugar do texto inserido no livro bíblico, a situação histórica e social do autor ou dos leitores, alusões a textos bíblicos ou itens extratextuais na passagem (nomes de lugares, eventos históricos e pessoas etc.), a forma e o conteúdo da seleção e assim por diante. Este é o passo da "pergunta" do processo PPLER.

É também de grande utilidade, nesse estágio inicial, ler uma breve introdução ao livro bíblico no qual a passagem está inserida, especialmente se você estiver fazendo uma leitura "sem compromisso" — isto é, à parte do contexto de discussão em classe ou de uma tarefa de leitura. Algumas edições de estudo da Bíblia oferecem boas introduções desse tipo. Outras boas fontes podem ser um breve artigo de um livro introdutório, um dicionário bíblico ou comentário de um só volume. (Tudo isso é discutido na seção 3 do capítulo 11.) A leitura desses itens provavelmente irá levantar perguntas adicionais que você gostará de investigar na medida em que sua exegese segue adiante.

Entretanto, *não* leia muitos comentários sobre o próprio texto neste ponto do processo exegético. Primeiro faça seu próprio trabalho!

Você pode querer, mesmo assim, usar o comentário de um volume ou uma fonte similar a fim de obter uma compreensão básica dos temas e questões de interpretação do seu texto, antes de prosseguir para uma leitura mais aprofundada.

Exegetas que conhecem os idiomas originais deveriam também fazer uma tradução provisória do texto nesta etapa. O processo de tradução em si irá produzir todo tipo de questões para a investigação exegética.

PRIMEIRAS IMPRESSÕES: HIPÓTESES

Ao fazer e completar suas primeiras leituras do texto e de seus contextos, você começará a formular algumas impressões iniciais de seus significados. Pergunte a si mesmo: "Qual é o tema desse texto? Que perspectiva temática ele apresenta? Que papel ele pode representar no livro como um todo?" Neste ponto, responder a essas perguntas geralmente é pouco mais do que formular hipóteses — mas é um importante passo inicial no processo de exegese. O grande teórico da interpretação, Paul Ricoeur, disse que não há regras para formular hipóteses. Entretanto, o processo de pesquisa e pressuposição irá guiá-lo para continuar com uma investigação sistemática à medida que você prosseguir para os passos seguintes do processo.

Ademais, embora não haja regras rígidas para as hipóteses, Ricoeur também nos recorda que esse encontro inicial com o texto em seu contexto oferece uma boa oportunidade para os leitores reconhecerem qualquer entendimento prévio — ou preconceito a respeito — do texto. Você conhece esse texto? Você já o viu ou ouviu sobre ele antes? Esse tópico lhe traz quaisquer lembranças ou sentimentos, sejam positivos ou negativos? Essa etapa inicial é também uma oportunidade para examinar sua própria posição socioteológica — seu próprio *status*, gênero, cultura e crenças religiosas — e ver como isso pode afetar sua relação inicial e permanente com o texto.

O processo de fazer "pressupostos" deve resultar na formulação de sua tese de trabalho sobre o significado do texto. Essa tese deverá ser constantemente revisada e reformulada à medida que seu trabalho de exegese segue em frente. Eruditos e bons exegetas procuram com empenho fatos e detalhes que possam refutar suas hipóteses. Na verdade, portanto, sua interpretação final do texto poderá ser inteiramente contrária às hipóteses iniciais.

ESCREVENDO A INTRODUÇÃO

Num trabalho escrito de exegese, assim como em qualquer outro, a primeira parte deve se constituir em uma breve apresentação dos conteúdos e da tese, ou do ponto principal do trabalho. Sua descrição do conteúdo, começando com uma hipótese, será elaborada e refinada através do processo exegético. Ao finalizar a apresentação da tese na introdução, ela já deverá ser mais do que uma hipótese. Embora qualquer processo de interpretação bíblica deva ser feito com humildade e com um grau adequado de timidez, um bom trabalho apresenta uma tese clara e faz vigorosamente sua defesa.

Por vezes, esse é um aspecto complexo para o exegeta iniciante compreender ou implementar. Por isso é fácil pensar que produzir um texto sobre a Bíblia seria como escrever um artigo para uma enciclopédia — apenas relatar os fatos, por assim dizer.

Todavia, um trabalho escrito de exegese não é uma série de factoides, nem diz respeito a boas observações a respeito do texto, porém não relevantes; ao contrário, a exegese consiste numa série de observações inter-relacionadas que contribuem para uma interpretação em conjunto do texto como um todo. Isso implica em que, se muitas pessoas (não importa se forem estudantes principiantes ou eruditos experientes) estão trabalhando no mesmo texto, suas observações serão ligeiramente, ou radicalmente diferentes entre si. Também significa que se a *mesma* pessoa trabalha com o texto ao longo do tempo, em contextos diferentes do ponto de vista pessoal, eclesial ou político, suas interpretações podem, com toda probabilidade, conter diferenças entre si. (As variações de interpretações possíveis de uma passagem bíblica são ilustradas no capítulo 7 sobre a síntese.)

Um trabalho escrito de exegese, portanto, começa com uma tese — uma afirmação que precisa ser desenvolvida e demonstrada. Falando de modo prático, a abertura do trabalho pode conter ênfases em relação a uma ou mais dentre suas seções principais, mas ele terá seu maior destaque especialmente nas seções referentes a contexto e síntese. De fato, a tese é realmente uma apresentação antecipada da síntese. Por essa razão, naturalmente, a introdução será escrita depois que o processo de interpretação estiver completo. Um trabalho de exegese sem uma tese indica que o escritor não chegou a nenhuma conclusão, mas simplesmente expôs uma determinada quantidade de informações ou ideias. Isso não é uma exegese real, tampouco aceitável como um trabalho escrito, quer seja em nível de graduação quer de pós-graduação.

Uma observação final. Alguns exegetas hoje também sentem a necessidade de identificar sua posição socioteológica na introdução de um trabalho escrito ou numa dissertação mais extensa. Embora, em princípio, isso não seja questionável, sendo feito de maneira cuidadosa, a introdução de um trabalho escrito de exegese não é o lugar adequado para uma extensa autodescrição ou confissão feita pelo autor.

⌐ ¬
REVISÃO E ESTUDO
L ┘

Resumo do capítulo

- O processo inicial da pesquisa e questionamento do texto no seu contexto oferece ao leitor um "reconhecimento do terreno" e encoraja a busca de observações preliminares e perguntas para a investigação.

- A pesquisa inicial inclui assumir uma pressuposição sobre o significado do texto.

- Certamente, em exegese, um pressuposto deve ser trabalhado e refinado (ou, ocasionalmente, até mesmo descartado!) no decorrer de um trabalho criterioso, e substituído por algo bem estudado, claramente articulado e (em um trabalho escrito) convictamente apresentado como tese.

- A introdução de um trabalho escrito de exegese, finalizado na conclusão do processo exegético, apresenta a tese da dissertação à luz dos resultados do processo exegético.

Sugestões práticas

1. Comece relembrando as ideias e perguntas geradas em seu primeiro contato com o texto.

2. Tenha em mente que um pressuposto não é uma má estratégia de leitura — desde que você permita que suas primeiras impressões sejam refinadas, ampliadas e corrigidas.

3. Uma vez formulado um pressuposto ou uma tese de trabalho, comece a notar o apoio potencial a essa evidência, assim como os desafios para suas hipóteses. Esteja preparado para fazer correções.

Para estudo adicional e prática

1. Usando uma Bíblia com divisões em seções ou títulos de capítulos, leia as seguintes passagens bem conhecidas, observando os títulos dados pelos editores e escrevendo seus próprios títulos.

Passagem	Título do editor	Seu título
Gênesis 1:1—2:3		
Êxodo 12:29-42		
Lucas 15:11-32		
João 3:1-21		

2. Reveja o capítulo 11, seção 3, p. 222, "Recursos para pesquisa do texto".

3. Escolha um comentário bíblico de um só volume e aprenda o quanto puder sobre o livro de Isaías e o conteúdo básico dos capítulos 40—55 em 15 minutos. Então leia Isaías 40:1-11 e faça um pressuposto inicial da essência de sua mensagem.

4. Leia cuidadosamente as instruções no exemplo do trabalho de exegese no final do livro, no Apêndice C.

CAPÍTULO 4

2º elemento

ANÁLISE CONTEXTUAL
O contexto histórico, literário e canônico do texto

> Um texto sem seu contexto é um pretexto.
> — *Anônimo*
>
> O diabo pode citar as Escrituras para seus propósitos.
> — *William Shakespeare*, O mercador de Veneza
>
> Oh, eu sabia como todas as tuas
> luzes se combinam,
> E as configurações de sua glória!
> Vendo não somente como todos os
> versículos resplandecem,
> Mas todas as constelações
> da sua história!
> — *George Herbert*, "As Sagradas Escrituras (II)"

Em que situação histórica, sociopolítica e cultural a passagem foi escrita?

Como as passagens se relacionam com tudo o que as precede e as sucede, e com o documento como um todo?

A Bíblia simplesmente não "caiu do céu", nem foi escrita numa linguagem especial com uma forma única de literatura por uma estranha classe de seres humanos não afetados por seu contexto social e histórico. Não, a Bíblia foi escrita por pessoas reais, vivendo em contextos específicos da história, para tratar do indivíduo em particular e das necessidades da comunidade. (Isso *não* implica necessariamente, porém, que a Bíblia seja *meramente* um livro humano. Judeus e cristãos têm sempre acreditado que a Bíblia foi o resultado de alguma combinação entre os esforços divino e o humano.) Uma análise estrita do texto bíblico requer, no mais alto grau possível, uma cuidadosa atenção ao seu contexto histórico e literário.

De fato, o contexto é tão crucial para a interpretação que não é exagero dizer que se você altera o *contexto* de uma palavra, frase ou parágrafo, você também altera o *conteúdo* desse texto. Algumas vezes, o efeito é relativamente mínimo, mas frequentemente pode ser muito significativo. Por exemplo, o significado transmitido por uma pessoa ao gritar "fogo!" será muito diferente dependendo das circunstâncias em que ela profere essa palavra: enquanto está fugindo de uma casa que está sendo engolida pelas chamas, ou assentada em um cinema que não está pegando fogo, ou ainda ao lado de uma fileira de homens armados com rifles diante de um homem solitário com os olhos vendados. O significado de uma simples palavra é claramente dependente do seu exato contexto.

Neste capítulo iremos considerar os contextos histórico (incluindo sociopolítico e cultural) e literário (incluindo o retórico) de um texto. Também observaremos brevemente o assunto do contexto canônico do texto — seu lugar na Bíblia como um todo.

CONTEXTO HISTÓRICO, SOCIOPOLÍTICO E CULTURAL

As pessoas e as comunidades são constituídas, principalmente, por três coisas:

- Os eventos significativos que vivenciam (pessoal ou indiretamente através de histórias) e repassam.
- Os relacionamentos públicos e individuais nos quais estão envolvidas.
- Os valores que adotam, conscientemente ou não.

Esses três aspectos da vida humana — nossos contextos histórico, sociopolítico e cultural — são também, obviamente, aspectos da vida nos "tempos bíblicos". De todos os elementos de exegese, a compreensão dos contextos histórico, social e cultural — aos quais iremos nos referir coletiva e abreviadamente como "contexto histórico" — é o aspecto mais difícil para os não acadêmicos (e mesmo para os acadêmicos!).[1] Reconstruir os contextos históricos dos escritos bíblicos é uma tarefa interminável, na qual estudiosos bíblicos profissionais, historiadores e outros acadêmicos estão envolvidos. Sua reconstrução histórica é um trabalho árduo, porque, em parte, se trata de uma arte e também de uma ciência. Também porque está sempre mudando à medida que novas descobertas e novas teorias avançam; alguns leitores da Bíblia concluem que o contexto da vida real, envolvendo os escritos bíblicos, devem ser ignorados. Alguns ainda poderiam argumentar que colocamos a nós mesmos e nossas leituras em perigo se tornarmos nossa interpretação dependente dos contextos histórico, social e cultural.

Este livro afirma que o empenho para compreender as civilizações da Bíblia e os textos em particular é necessário, embora difícil. Os textos são muitas vezes produtos de ocasiões específicas, compostos e designados para certas necessidades; negligenciar esses contextos é mais nocivo do que o risco de cometer erros em nossa leitura histórica. As pessoas se comunicam dentro de uma rede social, localizada numa cultura em particular e numa situação política, em um ponto específico do tempo. Nosso objetivo, em parte, é descobrir a rede social em que escritores e ouvintes/leitores do texto original teriam feito sua produção ou tido contato com o texto. Para tornar esse desafiador processo ainda mais complexo, existe o fato de que os autores e ouvintes/leitores do texto podem ter vivido em contextos sociais diferentes e com diversas pressuposições coletivas! O mesmo se aplica aos autores das fontes subjacentes ao texto.

Deve-se notar que, frequentemente, não se pode reconstruir um quadro exato nem ao menos aproximado da "ocasião" em que o texto bíblico foi produzido.[2] Isto significa que nem sempre podemos discernir precisamente qual evento, em que ano exatamente, ou mesmo

---

[1] Não há um termo ideal para indicar a complexa realidade na longa expressão "contexto histórico, sociopolítico e cultural". Para aqueles que destacam a dimensão sociopolítica ou sociocultural, "histórico" é algumas vezes usado para se referir apenas aos eventos, com pouca atenção às realidades políticas, valores culturais e redes de relacionamentos sociais. Por achar que o termo "contexto social" é inadequado e os termos "contexto sociopolítico", "contexto sociocultural" e "sociorretórico" são um pouco incômodos, escolhi usar o termo "contexto histórico", mas eu o coloco no seu sentido mais amplo possível.

[2] Uma situação específica do autor e leitores/ouvintes de uma passagem bíblica ou documento tem sido geralmente denominada "ocasião" do texto. Mais recentemente, tem sido referida com "situação retórica".

que tipo de evento e em que circunstância se desenvolveu a redação de uma passagem. Isto não descarta, porém, a necessidade de buscar o contexto histórico de um texto mais amplamente compreendido. Nos textos bíblicos encontramos referências ao mundo histórico, político, religioso e simbólico em que os escritores e leitores/ouvintes viveram. Para compreender esses mundos, um exegeta necessita, por exemplo, saber algo sobre as antigas alianças no Oriente Próximo, as atitudes daqueles povos antigos em relação à morte, honra e vergonha, ou à ideologia imperial romana. Esses contextos podem ser conceitualmente e até mesmo cronologicamente bastante amplos, mas eles acrescentam muito à nossa compreensão do texto, mesmo quando não há nenhuma maneira de identificar uma data e a ocasião exata do texto.

O leitor médio pode não saber em detalhes as complexas histórias das nações antigas, comunidades de fé, e indivíduos, que são de interesse dos estudiosos bíblicos e historiadores. A maioria das pessoas somente pode contar com trabalhos técnicos ou com publicações mais populares feitas por esses estudiosos. Esse material pode ser encontrado em livros, dicionários bíblicos, comentários, revistas acadêmicas e certas publicações escritas por eruditos e leigos. (Alguns desses trabalhos estão relacionados na seção 4 do capítulo 11.) Estudiosos modernos adotam não somente abordagens tradicionais da história, mas também enfoques relativamente novos que estão em débito com as ciências sociais, como a sociologia e antropologia cultural. Alguns estão interessados primariamente em *descrição social*, ou *o quê*, enquanto outros estão voltados para *análise social* ou *por quê*, em geral utilizando padrões e procedimentos extraídos de ciências sociais. O objetivo de todas essas abordagens é entender o máximo possível os contextos bíblicos dos textos — o ambiente social e político em que os textos foram escritos, os valores culturais expressos ou desafiados pelo texto, e assim por diante.

Ao ler o texto bíblico, naturalmente lhe surgirão questões sobre esse tipo de assunto. Elas devem ser cuidadosamente anotadas para investigação. Usando um ou mais desses recursos mencionados anteriormente, você deve tentar responder a essas perguntas, bem como tentar descobrir o que for possível sobre a situação histórica, social e cultural em que o autor e os leitores viveram. Pergunte a si mesmo:

- Quais são as principais características do povo (muitas vezes referido como "comunidade") a quem foi dirigida a passagem?

O que se pode saber a respeito de sua história, de sua posição social, crenças e práticas?

- Que eventos antigos, realidades políticas, lugares, costumes, valores e crenças são mencionados ou aludidos nos textos (algumas vezes chamados "pano de fundo" ou "realidades extratextuais") podem ser descobertos, os quais possam ajudar na compreensão do texto?[3]
- Que circunstâncias, ou que tipo de situações, podem ter levado o autor a escrever o texto?

A última dessas questões pode ser a mais desafiadora, pois discernir a ocasião ou a situação retórica do texto é muitas vezes algo complicado. De fato, algumas vezes, mesmo o contexto histórico mais amplo, no qual o texto foi escrito, não pode ser conhecido com certeza. Por exemplo, um mesmo salmo do Antigo Testamento pode ser datado no décimo século a.C. por alguns estudiosos, enquanto outros o colocam no quinto século. Alguns acreditam que certas cartas do Novo Testamento tiveram origem na metade do primeiro século e outros pensam que são derivadas do trabalho de copistas da metade do segundo século. Autores e destinatários são bem disputados entre os estudiosos de muitos livros bíblicos, incluindo os livros do Pentateuco, os Livros Históricos, os Evangelhos e as diversas Cartas. Em alguns casos, o que costuma ser chamado de "resultados comprovados do criticismo" não são mais inteiramente assegurados.[4]

No entanto, o exegeta precisa explorar as opções acadêmicas para situar historicamente o texto e, no mínimo, identificar as referências no texto para determinar as realidades extratextuais. Muitas dessas referências — por exemplo, questões ligadas à realeza, às alianças no antigo Oriente Próximo, ou fazer banquetes de casamento no Império

---

[3] Ao escrever um trabalho de exegese, o autor sempre se depara com decisões sobre em que parte discutir tais assuntos — na análise contextual ou na análise detalhada. Em geral, a análise contextual deve apenas considerar aspectos históricos, sociais e culturais que afetam toda a passagem, e não deve ser muito extensa. A discussão de realidades extratextuais não associadas ao texto como um todo deve ser feita na análise detalhada, a qual requer discussão mais aprofundada de certos aspectos do contexto mencionados primeiramente na análise contextual.

[4] Na segunda metade do século 20, por exemplo, estudiosos fizeram afirmações ousadas sobre a natureza das comunidades individuais para as quais os quatro Evangelhos foram dirigidos. As "certezas" acadêmicas agora estão sendo cada vez mais discutidas e até mesmo abandonadas.

Romano — poderiam realmente ser temas discutidos na análise detalhada. Mas observá-las nesse estágio geralmente pode ajudar o exegeta a discernir a situação retórica que parece ter motivado o texto em questão.

Em suas tentativas de discernir o contexto histórico, seja cuidadoso para não ir além da evidência. Muitas vezes, por exemplo, exegetas supõem que uma palavra ou frase na narrativa do texto sobre Israel ou Jesus aludem a uma crença em particular, a uma situação ou problema na comunidade que existiu posteriormente, para a qual o texto foi escrito. Embora a existência de tais conexões seja possível, e até mesmo provável, o peso da prova fica a cargo do exegeta, para demonstrar conexões específicas. Um importante exemplo de algo semelhante é a ocorrência de três referências no Evangelho de João aos crentes em Jesus que foram expulsos das sinagogas (João 9:22; 12:42; 16:2). Muitos estudiosos têm argumentado ou suposto que essas referências refletem mais a situação dos discípulos no tempo em que o Evangelho foi escrito do que a conjuntura vivida por eles na época de Jesus. Esses argumentos e suposições agora estão sendo questionados.

Um problema pertinente é algumas vezes chamado de "leitura espelhada", uma tentativa de reconstruir as crenças e práticas de uma comunidade na base do que é dito não apenas *sobre* ela, mas também *para* ela, especialmente em alguma carta do Novo Testamento. Por exemplo, a presença de uma recomendação para que haja amor entre irmãos/irmãs não significa necessariamente que aquela comunidade estivesse livre de atritos e ódio. O exegeta cauteloso quer estar certo de que tais reconstruções não resultem numa exegese construída sobre um castelo de cartas.

Você deve também ser cuidadoso em não permitir que questões introdutórias de estudos bíblicos — quem, o quê, quando e onde dos escritos bíblicos — o desviem da tarefa principal da exegese. Seu trabalho em exegese é se envolver com o texto e não rever debates acadêmicos acerca do livro no qual o texto está localizado. Não transforme a primeira parte (ou qualquer parte) de sua exegese num trabalho meramente de listagem de possíveis posições de estudiosos.

Mesmo assim, apesar dessas palavras de advertência, é essencial para a exegese compreender tanto quanto possível os contextos histórico, social e cultural. Por exemplo, você não conseguirá captar a ironia ou a mensagem da história do Bom Samaritano (Lucas 10:25-37) a menos que entenda algo sobre as relações entre judeus e samaritanos no primeiro século. Nem poderá compreender a visão de Ezequiel sobre os ossos secos retornando à vida (Ezequiel 37) sem o conhecimento da destruição espiritual e política do seu povo, o exílio para Babilônia e o consequente desespero.

Ao preparar a exegese bíblica de um texto você não pode e não deve ler (ou escrever) um livro sobre uma longa história que relate ou fazer uma revisão do contexto histórico do seu texto, mas pergunte a si mesmo: "Quais são os fatos essenciais e questões relacionadas a essa passagem (e sobre o livro em que ela é encontrada) que me ajudarão a interpretá-la?" Você deve focar esses pontos principais em sua pesquisa e, ao escrever um trabalhado de exegese, apresente para seu leitor tanto os aspectos mais amplos na discussão do contexto histórico quanto uma análise detalhada. Um círculo hermenêutico está em curso: quanto mais você aprende sobre o contexto, mais específicas suas perguntas se tornam, e mais capacitado você estará para tratar do que de fato importa.

CONTEXTO LITERÁRIO E RETÓRICO

Costuma-se dizer que um texto sem contexto é um pretexto — uma desculpa para que a suposição de alguém possa ser confirmada pelo texto. Em outras palavras, muitas interpretações equivocadas da Bíblia são devidas à negligência do contexto literário. Para compreender uma passagem, você precisa tentar ver se ela se encaixa numa unidade literária (ou várias) mais ampla do que naquela em que ocorre: por exemplo, o capítulo, a seção do livro bíblico e o livro como um todo. O contexto literário, portanto, envolve os contextos (plural). O texto é muitas vezes semelhante ao centro de vários círculos concêntricos, cada um deles representando uma seção maior do livro bíblico. Esses contextos são geralmente considerados *próximos* ou *imediatos*, contextos restrito e amplo.

O contexto próximo, ou imediato, é aquele que antecede e sucede a passagem. O contexto amplo é a divisão do livro bíblico no qual ela ocorre e, então, no livro como um todo. Por exemplo, o contexto imediato da história do encontro de Nicodemos com Jesus (João 3) inclui os eventos narrados e interpretados no capítulo, especialmente no capítulo 2, assim como o encontro subsequente de Jesus com a mulher samaritana, no capítulo 4. O contexto amplo inclui a primeira metade do Evangelho, muitas vezes chamado "o livro dos sinais" (João 1:19—12:20, seguindo o prólogo), além do Evangelho de João como um todo.

Uma ajuda útil, quase necessária, na tarefa de análise contextual, especialmente para o contexto amplo, é um esboço (mesmo que breve) do livro da Bíblia em que a passagem está inserida. Esboços podem ser encontrados em muitas edições da Bíblia e em dicionários bíblicos, textos introdutórios e comentários. Entretanto, o ideal é que os estudantes construam seus próprios esboços dos livros bíblicos que estão estudando.

Somado ao contexto literário, o texto também tem um contexto *retórico*. A retórica é a arte efetiva (e, portanto, muitas vezes persuasiva) de falar e escrever. De acordo com Cícero, o propósito da retórica é o ensino, o prazer, e mexer com ouvintes e leitores. Assim, o contexto retórico faz referência ao lugar da passagem na estratégia global do documento no sentido racional, artístico e/ou influência e persuasão emocional. O contexto retórico é uma função do contexto literário, porém é mais que isso. Analisar o contexto literário significa perguntar *onde* o texto está localizado; analisar o contexto retórico significa perguntar *por que* o texto está aí situado. A questão fundamental é saber que *efeito* o texto produziu, ou pode ter produzido, sobre os leitores em virtude de sua condição dentro um discurso maior. Por exemplo, a relação de João 3 com os pequenos e os mais extensos segmentos de textos mencionados anteriormente poderá afetar o modo como entendemos a narrativa do encontro de Nicodemos com Jesus.

O exegeta com conhecimento médio, e mesmo o erudito bíblico não podem esperar compreender todo os meandros da crítica retórica. Será útil conhecer algumas das estruturas básicas da retórica indicadas no próximo capítulo, mas talvez a mais importante ferramenta para a análise retórica é a imaginação disciplinada. Pergunte sempre a você mesmo, ao olhar para o texto: "Por que *isto* e por que *aqui*? Se eu sou ouvinte/leitor, o que eu sinto que esse texto está tentando fazer comigo?"

Ao considerar os contextos literal e retórico, então você vai fazer a si mesmo perguntas, tais como:

Para o contexto imediato

- Qual é o assunto do parágrafo ou dos dois parágrafos que precedem esta passagem? Como esse material conduz à passagem em questão?
- O material que segue o texto é conectado diretamente a ele ou ajuda a explicá-lo?

- Essa passagem trabalha em conexão com seu contexto imediato para alcançar um objetivo retórico em particular?

Para contextos amplos

- Em que lugar essa passagem ocorre dentro da estrutura do livro? De que seção mais ampla ela faz parte? Que significância tem essa posição?
- O que "aconteceu" (tanto na narrativa quanto no argumento etc.) no livro até aquele momento e o que vai acontecer depois?
- Qual parece ser a função do texto na seção e no livro como um todo? Como essa passagem mostra que serve ao propósito do trabalho com um todo?

Breves observações sobre o contexto literário-retórico de dois textos bíblicos podem ser úteis aqui, como exemplos de como o contexto imediato e o contexto amplo podem instruir a compreensão de uma passagem específica.[5] Algumas vezes é mais útil começar pelo contexto amplo do livro todo e seguir em direção ao mais restrito, por assim dizer; e, outras vezes, é mais conveniente começar pelo contexto mais próximo e trabalhar na direção do mais amplo. Seguem exemplos de cada forma:

Um estudo de Gênesis 15:1-6, o famoso texto em que Deus promete a Abrão (mais tarde, Abraão) que teria descendentes como as estrelas e então avalia a resposta de fé como justiça de Abraão, só tem sentido à luz do seu contexto mais amplo e imediato. Gênesis é um livro sobre origens, dividido nitidamente em duas partes principais: a origem do mundo e das pessoas, bem como dos problemas (capítulos 1—11), e a origem de Israel através da aliança divina prometida e cumprida (capítulos 12—50). A primeira seção da segunda parte tem seu foco em Abraão e é chamada algumas vezes de "círculo de Abraão" (Gênesis 15:1-6). Portanto, Gênesis 15:1-6 surge próximo ao começo de um círculo maior e da parte principal do livro. Todavia, essa pequena narrativa deve também ser lida em conexão com partes mais próximas

---

[5] Dentre todos os livros bíblicos, somente o livro de Salmos (uma coleção de hinos) apresenta realmente algo parecido com uma série independente de textos isolados, sem um contexto global. Deve-se notar, entretanto, que os estudiosos têm dado, recentemente, mais atenção à estrutura e organização do livro de Salmos e também aos contextos literários desses salmos individuais.

da grande história: o chamado de Deus a Abraão e a promessa original de Deus (Gênesis 12:1-9); o desdobramento da história de Abraão até o final do capítulo 14; a ratificação da aliança em um ritual, incluindo a circuncisão (15:7-21; capítulo 17); e a falta de fé que conduziu ao nascimento de Ismael (capítulo 16) — tudo antes de a promessa feita em 15:1-6 ser cumprida com o nascimento de Isaque (capítulo 21).

Um exame de 1Coríntios 13, o capítulo do "amor" lido nos casamentos, exigiria uma análise da estrutura e do conteúdo da carta para discernir sua função dentro do documento. O capítulo 13 está inserido no meio de uma discussão sobre o uso e o abuso dos dons espirituais no corpo de Cristo (capítulo 12), especialmente o controvertido dom de falar em línguas (capítulo 14). Grande parte da segunda metade da carta (capítulos 8—14) aborda especificamente várias questões relacionadas à adoração, e o capítulo 13 provê uma maneira de agir para os membros fiéis do único corpo de Cristo, em meio às "guerras de adoração". Em 1Coríntios, de modo mais extenso, Paulo trata acerca de várias formas confusas na prática do Evangelho em Corinto, e o amor desprendido parece claramente ser parte da solução para um conjunto de variados problemas (e.g., divisionismo nos capítulos 1—4 e comportamento litigioso em 6:1-11). Na verdade, pode-se arrazoar que, para Paulo, o amor é a principal solução para o conjunto de questões em Corinto.

Deve ficar claro que o processo de análise do contexto literário envolve trabalho difícil. Significa ler cuidadosamente mais do que a pequena passagem que você está procurando entender ou analisar. Porém, é necessário fazer um trabalho intenso se você realmente quiser compreender alguma coisa do significado original do texto bíblico e interpretar o texto com responsabilidade. (Assim, aqueles que usam um lecionário para pregar devem ser especialmente fiéis em ler na Bíblia as passagens da semana e não apenas no lecionário.) Nos casos em que pouco ou nada pode ser dito com certeza a respeito do contexto histórico, o contexto literário e retórico — que são sempre muito importantes — tornam-se ainda mais indispensáveis.

Com muita frequência, sua subsequente análise do texto fará com que você modifique suas conclusões iniciais sobre o contexto literário e retórico — mais do que você teria esperado até então.

CONTEXTO CANÔNICO

Para aqueles que leem a Bíblia teologicamente, um dos contextos dentro dos quais um texto deve ser considerado é a própria Bíblia, ou cânon, como um todo — o contexto canônico. Isso não quer dizer que os intérpretes teológicos devam ignorar o contexto histórico e literário já discutidos aqui, mas que eles podem também suplementar ou expandir esses contextos ao ver o texto como parte de um livro chamado Bíblia.[6]

Se decidir levar em consideração o contexto canônico, você deverá fazer para si mesmo perguntas como as seguintes:

- Que papel (caso exista) esse texto e/ou temas primários e personagens desempenham no restante das Escrituras?
- Qual é, especificamente, a relação (caso exista) entre esse e outros textos no outro Testamento (Antigo ou Novo)?
- Com quais outras passagens bíblicas ou temas seu texto se harmoniza ou se relaciona?
- Com quais outros textos bíblicos ou temas seu texto parece estar em conflito? Pode essa tensão ser resolvida?
- Isso significa considerar que o contexto canônico permite ao exegeta colocar textos bíblicos em diálogo uns com os outros.

Por exemplo, ao considerar o contexto canônico de Gênesis 15:1-6, discutido antes, você pode querer observar o papel da promessa de Deus a Abraão e a resposta de fé do patriarca como uma razão significativa em uma ou mais partes das Escrituras: e posteriormente no livro de Gênesis, em Êxodo e Deuteronômio, em 1 e 2Crônicas, em Atos e nas cartas de Paulo. Por outro lado, se você está procedendo a uma exegese do uso que Paulo faz sobre Abraão, em Romanos 4, você não apenas deve considerar as narrativas de Gênesis (Paulo também o faz), mas também querer abordar (e talvez até mesmo tentar resolver!) o aparente conflito entre a perspectiva da "fé somente" de Paulo e a perspectiva da "fé com as obras" de Tiago.

Essas preocupações canônicas não devem importuná-lo enquanto exegeta, mas também não devem ser descartadas como irrelevantes para os objetivos maiores da exegese quando feita para fins teológicos. Num trabalho escrito de exegese, a discussão do contexto canônico pode ser colocada na seção da análise contextual e/ou em outro

---

[6]Para consideração posterior de interpretação teológica e do papel das considerações canônicas, veja o capítulo 8.

lugar, conforme o caso; muitas vezes ela se encaixa na parte final, na reflexão teológica. Num sermão ou homília baseada numa sólida exegese, a atenção ao contexto canônico é especialmente relevante para os ouvintes, que muitas vezes gostariam de saber como um texto ou tema se encaixa num contexto maior, no grande plano de Deus.

CONCLUSÃO

Um texto sem um contexto — um texto isolado de seus variados contextos (plural) — é potencialmente uma arma perigosa. Uma exegese responsável reconhece a dificuldade em descobrir esses contextos tanto históricos quanto sociais, culturais, literários, retóricos ou canônicos, mas se recusa a desistir da tarefa. As alternativas para se empenhar num trabalho complexo requerido por esse elemento de exegese são muito custosas.

REVISÃO E ESTUDO

Resumo do capítulo

- O processo exegético inclui a difícil, mas necessária tarefa de discernir os contextos históricos, sociais e culturais do texto.
- Analisar o contexto literário significa perguntar onde o texto está situado em seu contexto próximo, bem como no mais amplo.
- Considerar o contexto retórico significa perguntar por que o texto está naquele lugar e que efeito tem sobre os leitores/ouvintes em função de sua localização.
- Considerar o contexto canônico significa pensar sobre o papel do texto na Bíblia como um todo, e sobre sua relação com outras porções da Bíblia.
- Um texto sem contexto é um pretexto.

Sugestões práticas

1. Ao considerar os contextos histórico, sociopolítico e cultural, que podem envolver uma grande quantidade de informações, pergunte sempre a si mesmo: "De tudo o que eu poderia aprender e dizer a respeito desses contextos, quais são os fatos relevantes e questões relacionadas a esta passagem que poderão influenciar minha interpretação do texto?" Ao escrever um trabalho, elimine, ou pelo menos resuma bastante, todas as demais informações.

2. Ao considerar os contextos literário e retórico, pergunte a si mesmo: "Por que eu preciso saber (e dizer, numa dissertação) sobre a condição literária e retórica do texto que poderá aumentar minha compreensão do texto em si?" Ao trabalhar através do texto, continue questionando: "Por que *isto* e por que *aqui*?"

3. Ao considerar o contexto canônico, tenha em mente que a Bíblia contém diversas vozes, mesmo que complementares, e que os autores bíblicos nem sempre conheceram as obras de seus "colaboradores", mesmo seus contemporâneos ou quase contemporâneos.

Para estudo adicional e prática

1. O texto de Isaías 9:1-7, que contém as palavras "Porque um menino nos nasceu" é celebrado no oratório "Messias" de Handel e lido por ocasião do Natal como uma profecia do nascimento de Jesus. Releia rapidamente os nove primeiros capítulos de Isaías e consulte um comentário bíblico condensado para encontrar algumas informações sobre o contexto histórico original do texto do oitavo século a.C. (Essa tarefa, a propósito, levanta a questão significativa de quanto a definição de um texto bíblico está ligada ou depende de seu contexto original.)

2. Leia Marcos 3:1-6, uma história no início da narrativa do Evangelho de Marcos que termina de forma chocante com os fariseus tramando a morte de Jesus. A seguir, leia cuidadosamente Marcos 1—2 (e outras partes de Marcos, se o tempo permitir) e busque em um dicionário bíblico ou enciclopédia um artigo a respeito dos fariseus. Com base em sua leitura, explique em poucos parágrafos a importância do contexto literário e social para se compreender o intenso conflito entre Jesus e os fariseus retratado nessa história.

3. Revise o capítulo 11, seção 4, p. 229, "Recursos para análise contextual".

4. Leia as seções sobre contexto histórico e literário no trabalho de exegese usado como modelo no final do livro, Apêndice C.

CAPÍTULO 5

3º elemento

ANÁLISE FORMAL
Forma, estrutura e movimento do texto

> Deixe o caos esbravejar!
> E a nuvem se formar!
> Vou esperar pela forma.
>
> — *Robert Frost*

> É impossível participar de qualquer jogo sem conhecer profundamente as leis que o regem, e você falhará se fizer uma tentativa.
>
> — *Emily Post*, Etiquette [Etiqueta], *capítulo 31 "Games and Sports"*

Qual é a forma literária desse texto?

Qual é o gênero literário do documento em que o texto está inserido?

Como a passagem está estruturada?

Como o texto se move desde o início até o fim?

Muitas pessoas, especialmente quando fazem uma leitura casual, simplesmente "se jogam" num texto, seja um artigo de jornal, um livro, um apelo para arrecadação de fundos ou uma carta de amor. Se, porém, um leitor lê apenas isoladamente cada uma das palavras, frases ou parágrafos, sem dar atenção ao modo como todas as partes são interligadas, é bem possível que "se perca a floresta por causa das árvores". Além disso, tanto quanto sabemos de nossa experiência diária, os diferentes tipos de mídia impressa ou eletrônica devem ser lidos tendo em mente diferentes princípios de interpretação, como as regras de um jogo.

Neste capítulo iremos considerar a forma e o modelo dos textos. Vamos olhar como os textos bíblicos são dispostos. Isto envolve levar em consideração a redação do texto em si, bem como o tipo de escritos no qual ele se encontra. Também requer um estudo da estrutura do texto e seu "movimento" desde o início até seu final. Como afirma um crítico literário, os elementos do projeto — estrutura, padrões, e assim por diante — representam a beleza artística de um texto e sua função ou o impacto pretendido.[1] O termo geral que usaremos para a cuidadosa consideração da forma literária, estrutura e movimento de um texto é: *análise formal*.

FORMA LITERÁRIA

A análise formal começa com a questão da forma literária da passagem — a que espécie ou tipo de escrita ela pertence. Especialistas em estudo da Bíblia e outros eruditos usam vários termos para se referir a que tipo de literatura o texto pertence: *forma literária, estilo, gênero* e até mesmo *subgênero*. Quaisquer que sejam os termos utilizados em cada caso, isso representa um conjunto de textos com características distintivas comuns e com princípios geralmente reconhecidos, ou convenções, para sua interpretação. Algumas pessoas, incluindo a mim mesmo, preferem usar o termo *gênero* para grandes unidades (e.g., livro profético, carta e Evangelho), *subgênero* para categorias mais específicas de gênero (e.g., carta de amizade) e *forma* (e.g., oráculo profético, parábola, história de milagre, agradecimento). Outros, entretanto, usam o termo *gênero* para se referir tanto a pequenas quanto grandes unidades. Em cada caso, porém, o princípio é o mesmo. Com respeito ao formato ou aos aspectos de forma, muitos escritos compartilham traços comuns com outros trechos textuais.

Para nossos propósitos, devemos considerar ambas as formas literárias específicas do texto em análise e o gênero literário mais amplo no qual o texto está inserido. Enquanto reconhecemos diferentes usos de terminologia, neste livro usaremos o termo *forma* estritamente para indicar a forma literária (tipo) de um texto pequeno e específico (normalmente a própria passagem em estudo), e *gênero*

---

[1] Ryken, *Words of Delight* [Palavras de encanto], 91.

para indicar a forma literária (tipo) do documento completo no qual a passagem está contida.²

A partir da experiência comum, entendemos que é importante conhecer a forma literária do texto, porque ela afeta o modo como nós o lemos e interpretamos. Por exemplo, quando lemos um jornal, reconhecemos (consciente ou inconscientemente) que a página de abertura, os quadrinhos, as colunas de aconselhamento (como "Comportamento"), os anúncios e os editoriais são diferentes tipos de literatura e assim devem ser interpretados. Entendemos, mesmo que inconscientemente, que cada tipo de "literatura" no jornal tem suas próprias características e regras de interpretação. Esperamos que o editorial opine, e buscamos isso; não esperamos isso, porém, em uma notícia de primeira página. Aceitamos uma hipérbole em um anúncio; mas não a toleramos no relato de um crime.

De modo semelhante, quando estamos navegando na internet esperamos encontrar diferentes tipos de *websites* e *blogs*, e desenvolvemos apropriadas estratégias de leituras para os vários assuntos. Por exemplo, há diversos tipos de blogs. O título do *blog*, sua aparência e formato (estrutura) e, naturalmente, seu conteúdo revelam sua característica — e propósito — que por sua vez sugere a maneira de navegar ou interpretar os "fatos" narrativos e perspectivas interpretativas que encontramos. Há *blogs* "puros", diários pessoais *online* nos quais esperamos e admitimos uma mistura de narrativas e revelações pessoais. Um pouco diferente dos *blogs* de "notícias de família", nos quais esperamos e admitimos um pouco de hipérbole e orgulho familiar. Então existem os *blogs* de notícias referentes a lugares específicos (e.g., uma escola, uma cidade, ou uma empresa), que levamos a sério, mas dificilmente esperaremos que sejam uma CNN, e provavelmente esperamos encontrar um pouco de propaganda. Em relação aos blogs de interesses pessoais, procuramos por alguma combinação de especialidade, entusiasmo e defesa do assunto, mas provavelmente não investiremos muito de nossa emoção se discordarmos da postagem. Então há os *blogs* ideológicos, cuja função é expressar uma perspectiva particular de cunho social ou político; podemos nos aproximar deles com um pouco mais de precaução e até mesmo desconfiança, sem falar do modo mais exaltado quando discordamos. E, claro, há os *blogs* comerciais

---

²Isso significa também que não utilizaremos a palavra *forma* para indicar uma estrutura específica ou esboço de um texto. Reservaremos a palavra *estrutura* para esse aspecto do texto.

e semicomerciais, dos quais esperamos hipérboles, e praticamos uma saudável suspeição ao encontrarmos reivindicações exageradas.

O modo como lidamos nesses encontros diários com diferentes tipos de literatura, a partir de recursos impressos e eletrônicos, é uma útil analogia para a leitura da Bíblia. Ela não é, vista de uma perspectiva, um único livro; é uma biblioteca. Os livros da Bíblia pertencem a diferentes gêneros (e.g., narrativas históricas; coleções de hinos, provérbios, visões, oráculos e cartas[3]) e dentro dos livros há também uma variedade de formas (e.g., pequenas histórias, poemas, parábolas, provérbios, sermões, leis). Leitores atentos da Bíblia devem procurar identificar os gêneros literários e formas dos textos que estão estudando e buscar compreender os princípios de interpretação que governam cada tipo. Fazer algo menos que isso é como confundir quadrinhos com uma página de abertura, ou um *blog* comercial com uma postagem pessoal.

A exegese, por causa de seu foco estar em um texto pequeno, está mais envolvida com a forma de um texto em particular do que com o gênero do documento em que está inserido. No entanto, a questão de gênero não pode ser ignorada. Precisamos perguntar:

- De que tipo de composição é o documento (livro bíblico) no qual nosso texto se encontra?
- Existem princípios gerais para a interpretação desse tipo de escrito que precisem ser utilizados?

Por exemplo, as pessoas podem causar todo tipo de estrago na interpretação dos livros de Daniel e Apocalipse quando não percebem que esses são escritos *apocalípticos* que livremente usam generosos simbolismos e devem ser lidos mais como poesia ou mesmo uma série de ideogramas políticos do que como uma narrativa histórica ou imagens de um vídeo sobre o futuro.

Uma vez que tenha determinado o gênero literário do documento — e alguma pesquisa pode ser necessária para determinar e revelar como isso afeta a interpretação — você está pronto para examinar a forma da sua passagem específica. A primeira pergunta a respeito da forma literária é: a passagem é *prosa* ou *poesia*? Prosa é a linguagem

---

[3] Há vários tipos de cartas e fragmentos de cartas na Bíblia ("subgêneros") — cartas de amizade, cartas de recomendação, cartas parenéticas (conselhos), e assim por diante.

comum falada ou escrita no dia a dia, seja formal ou informal. A poesia é um texto falado ou (geralmente) escrito em forma métrica, cheio de imagens e muitas vezes estruturado em segmentos chamados versos ou estrofes. Não precisa apresentar rima, embora possa fazê-lo. Poesia bíblica é muitas vezes chamada de "rima de pensamento", mostrando textos que consistem em frases paralelas que são similares ou opostas umas às outras no seu significado.[4]

Se a passagem estudada estiver em forma de prosa, é uma narrativa histórica? Uma narrativa simbólica? Um discurso? Parte de uma carta? Se for um discurso ou parte de uma carta, a passagem apresenta um argumento? Uma definição? Uma explanação? Instrução moral? Uma apologia (defesa própria)? Uma oração?

Se o texto se apresenta em forma de poesia, contém ele alguma linguagem rítmica ou poética, ou todo o texto é poema ou hino? Sendo um hino ou salmo, que tipo de hino é? As possibilidades incluem louvor, instrução, confissão e lamento.

Sua resposta a essas questões irá afetar o modo como você lê e interpreta o texto. Assim como você não lê e interpreta as variadas seções de um jornal ou os vários tipos de *blogs* da mesma forma, não deve ler todas as partes da Bíblia de maneira semelhante. Seria um erro, por exemplo, ler um poema bíblico evocativo do mesmo jeito que você lê uma narrativa histórica em prosa! Portanto, ao determinar o tipo literário de um texto bíblico, você deve tratar os detalhes do texto de modo apropriado, especialmente tomando o cuidado, por exemplo, de não interpretar uma linguagem poética ou simbólica (e.g., "a face de Deus" ou "o cordeiro que foi morto") literalmente.

Os livros da Bíblia, individualmente, às vezes incorporam uma surpreendente variedade de formas. Em alguns casos, elas não são apenas esteticamente impressionantes, mas podem também sinalizar diferentes ênfases teológicas dentro do livro. Por exemplo, em 2Coríntios, os capítulos de abertura (1—7) contêm extenso conteúdo apologético (autodefesa) mesclado com mensagens conciliatórias. Os capítulos 8 e 9 consistem em dois breves apelos, fundamentados teologicamente, para arrecadação de fundos. Os capítulos 10—13 contêm falas altamente carregadas de retórica, incluindo o famoso "discurso tolo" (11:1—12:13), que está recheado de ironias, mas igualmente contém percepções teologicamente profundas acerca de fraqueza e

---

[4] Por exemplo, Mateus 7:7: "Peçam, e lhes será dado; busquem, e encontrarão; batam, e a porta lhes será aberta."

sofrimento. Essas mudanças na forma e na ênfase teológica podem algumas vezes corresponder a diferentes períodos históricos na vida do escritor(es) bíblico(s) e/ou do público. Seriam as várias formas e ênfases teológicas em 2Coríntios indicativas de que essa carta seria uma junção de vários fragmentos de diferentes cartas de Paulo dirigidas aos coríntios (a mais antiga e mais diacrônica visão acadêmica)? Ou seriam o simples trabalho de um escritor muito talentoso e retoricamente poderoso, que emprega uma variação literária dentro de uma única carta com vários propósitos diferentes (a mais nova e mais sincrônica visão acadêmica)?

A ampla variedade de formas literárias exemplificadas em 2Coríntios pode ser encontrada igualmente em outros livros bíblicos. Por exemplo, o livro de Salmos contém muitos diferentes tipos de salmos (e.g., louvor, lamento, confissão). Os Evangelhos contêm genealogias, hinos de louvor (como o "*Magnificat*", Lucas 1:46-55), narrativas de nascimento, parábolas, discursos, histórias de cura, relatos de milagres sobre a natureza, narrativas de paixão (relatos elaborados do sofrimento e morte de Jesus), história de aparições após a ressurreição e outras formas literárias, cada qual contendo um formato bastante normal. No controverso e eclético livro do Apocalipse, encontramos visões, mensagens proféticas e hinos de louvor já nos cinco primeiros capítulos.

Livros proféticos (incluindo Apocalipse, mas também muitos outros escritos do AT) contêm narrativas de chamados, oráculos, relatórios de visões, narrativas históricas e muito mais.

Os primeiros capítulos do livro profético de Jeremias nos oferecem outro exemplo de maravilhosa e intrigante variedade de formas literárias, tanto em prosa quanto em poesia, incluindo:

- Uma introdução em prosa apresentando o contexto histórico do profeta (1:1-3).
- A narrativa de um chamado, parte em prosa, parte em poesia, relatando o comissionamento de Jeremias por Deus (1:4-19).
- Um oráculo poético (mensagem de Deus) em forma de ação judicial (hebraico, *riv*), acusando o povo de Israel e Judá, cheio de imagens provocativas (2:1-37).
- Uma coleção de oráculos em prosa e poesia, novamente cheios de imagens vívidas, sobre o tema do arrependimento ou retorno (hebraico, *shuv*) ao Senhor (3:1—4:4).

Essa combinação de prosa e poesia no começo de Jeremias (e no restante do livro) inclui material escrito em vários pontos durante (e, talvez, depois) o ministério profético de Jeremias. Ao apreciar os vários gêneros literários, nos colocamos em sintonia com as diversas circunstâncias históricas em que Jeremias trabalhou e em que o livro foi composto, com as mensagens teológicas interligadas do profeta, bem como com a arte literária e retórica de compiladores do livro. Em outras palavras, dar atenção à forma pode ser útil para todos os aspectos do trabalho exegético: histórico, literário e teológico.

ESTRUTURA

Depois de muitos anos lendo e escrevendo vários tipos de literatura (incluindo ensaios e trabalhos de pesquisas feitos por estudantes) eu me tornei absolutamente convicto de que a chave para um bom trabalho escrito é a organização, e o segredo para a boa leitura é descobrir essa organização. Em muitas ocasiões, depois de observar e aplicar a matéria deste capítulo sobre forma, estrutura e movimento, os alunos têm dito: "Fica tudo tão claro agora. O restante é fácil. Assim que você vê a estrutura, o movimento, você entende tudo". Isso geralmente é verdade, e mais de um professor de estudos bíblicos acredita que tal discernimento da estrutura do texto é a chave para a exegese. Por outro lado, algumas vezes, a estrutura, como a beleza, está nos olhos do espectador. O restante deste capítulo deve ser estudado com muita atenção.

Alguns trabalhos escritos parecem ter sido compostos de forma anárquica, e, não raro, realmente é esse o caso. A maior parte dos escritores, porém, de forma consciente ou inconsciente, escreve com algum tipo de princípio organizador ou padrão, que se revela em sua escrita. O padrão ou princípio pode ter sido herdado da cultura (como frequentemente o é), ou pode ser algo particular do escritor, ou talvez (e muito frequentemente) uma combinação de tradição e criatividade. Alguns raros tipos de redação, e uns poucos escritores, mesmo com algum treinamento, são basicamente desorganizados e incoerentes. Há um significado e um propósito na atividade do escritor e, igualmente, no produto final — o próprio texto. Discernir a estrutura que expressa essa atividade intencional é, naturalmente, algo desafiador, e, — como se pode esperar —, muitas vezes, é mais arte do que ciência.

A análise formal inclui atenção não somente na forma geral do texto, mas em sua estrutura específica e movimento. Aqui estamos interessados não na estrutura do livro bíblico como um todo (que tem a ver com o contexto), mas com a estrutura da passagem em si, que é o foco da exegese. A *estrutura* da passagem se refere a suas partes, divisões e subdivisões principais, enquanto o *movimento* de uma passagem se refere à progressão do texto, por meio dessas partes, até seu término. Esta parte do estudo se parece com os velhos mapas que guiavam você, passo a passo, mostrando os pontos de passagem e as atrações locais, assim como o sistema GPS de hoje faz. As divisões do texto correspondem às principais intersecções e pontos de interesse ao longo de sua rota, enquanto a descrição do movimento do texto corresponde à indicação do trajeto, bem como os comentários sobre as paisagens e as condições da rodovia entre os pontos de interesse.

A noção de um mapa rodoviário parece algo bem ultrapassado. Um texto, porém, pode ser algo belo, um trabalho de arte. Discernir a estrutura é, em parte, dar atenção à beleza literária, à estética do texto. Discernir a estrutura e o movimento é uma função da análise retórica ou crítica, porque algumas vezes a retórica é definida como "arte literária". Um leitor atencioso será sensível não apenas à localização do texto (contexto), mas também a sua formulação (estrutura e movimento). Ambos os aspectos textuais contribuem para o significado, beleza e efetividade do texto — isto é, para seu poder retórico.

Esboços

Muitos estudantes têm descoberto que é útil elaborar um esboço do texto bíblico com um ou dois níveis (e.g., I, II, III e A, B, C), de modo a discernir e expressar a estrutura do texto e seu movimento. Divisões posteriores nem sempre são necessárias, mas podem ser convenientes. O propósito dessas partes do esboço não é meramente repetir as palavras do texto, mas *resumir* seu contexto e, se possível, seu propósito ou função na passagem. Ao elaborar um esboço, você pode indicar versículos do texto correspondentes a cada parte do esboço.

A primeira parte do esboço de um texto hipotético num livro profético pode ser algo assim:

I. Condenação da injustiça (v. 3-7)
   A. Ódio pelos pobres (v. 3-4a)
   B. Desconsideração para com órfãos e viúvas (v. 4b-6)
   C. Uso de balanças enganosas (v. 7)

II. Anúncio da ira divina (v. 8-10)
   A. Advertência da santa intolerância divina ao mal (v. 8)
   B. Proclamação da vinda do castigo de Deus (v. 9-10)
III. Apelo ao arrependimento para evitar a punição (v. 11-12)

As designações 4a e 4b se referem, respectivamente, à primeira e à segunda parte do versículo 4.

Um esboço da Oração dos Discípulos (Oração do Senhor) de Mateus 6 poderia ser feito da seguinte forma:

I. Os discípulos se dirigem a Deus como um ser pessoal, ainda que santo (v. 9)
   "Pai nosso, que estás nos céus"
II. Adoração dos discípulos (v. 9) *"santificado..."*
III. Pedido dos discípulos pelo mundo (v. 10)
   "Venha o teu Reino; seja feita a tua vontade, assim na terra..."
IV. Pedido dos discípulos para si mesmos (v. 11-13)
   "Dá-nos hoje... perdoa as nossas dívidas... não nos deixes cair..."

Ao preparar um esboço, você deve certificar-se de estar seguindo as convenções normais de um esboço (e.g., não usar "I" sem um "II", não usar "A" sem um "B" etc.). Além disso, a cada nível do esboço, os versículos relevantes devem ser apresentados em sequência, sem nenhuma omissão e repetição no mesmo nível do esboço. (No primeiro exemplo dado, "A", "B" e "C" sob "I" abrangem todos os versículos de 3 a 7 na ordem. Seria incorreto omitir o versículo 6, assim como incluí-lo tanto em "B" quanto em "C".)

Padrões comuns de estruturas

A descoberta de uma estrutura, esquema ou padrão organizacional em um texto é uma arte. Existe apenas uma "resposta certa", uma forma correta de esboçar um texto: duas pessoas podem discernir dois diferentes padrões, mas igualmente legítimos no texto. É importante saber, entretanto, que há diversos padrões de estruturas comuns que ocorrem em muitos textos bíblicos; na verdade, eles ocorrem também em muitos textos fora da Bíblia.

Talvez, o padrão mais básico de estrutura da comunicação humana seja a *repetição*. Repetir uma palavra-chave, uma frase, ou uma função gramatical pode ser uma pista, não apenas para a estrutura do texto, mas também para o objetivo central desse texto, como iremos observar novamente no capítulo 7, a síntese. A repetição de um elemento prévio é algumas vezes a exata repetição e outras vezes uma alusão ou breve menção de algum conceito. Podemos nos referir ao padrão fundamental de repetição como A-X-A-Y-A-Z, no qual X, Y e Z são menções não repetidas. Se a repetição ocorre como um intervalo estruturado em um texto, especialmente se for longo, ele pode ser chamado de refrão (como num poema ou hino).

Outro padrão de estrutura simples e comum de expressão é *contraste* ou *antítese*. O contraste pode envolver ideias, ações, personagens, tempos (e.g., passado e presente) ou outros elementos da experiência e expressão humanas. Podemos nos referir a esse padrão como A [-A] para "A e o oposto a A". Por exemplo:

> Portanto, lembrem-se de que *anteriormente* vocês eram gentios ... e que *naquela época* vocês estavam sem Cristo, separados da comunidade de Israel... Mas *agora*, em Cristo Jesus, vocês, que *antes* estavam *longe*, foram *aproximados* mediante o sangue de Cristo. (Efésios 2:11-13)

Uma forma especializada tanto de repetição quanto de contraste muito comum na Bíblia é o *paralelismo* — a expressão de algo similar, relacionado ou contrastado, de forma paralela. Como observado anteriormente, de modo geral se costuma dizer que a poesia bíblica é chamada de "rima de pensamento", ou paralelismo. Os salmos, por exemplo, estão com frequência estruturados em sequência de afirmações paralelas, com a segunda frase reiterando ou elaborando a frase anterior, ou expressando uma antítese:

> Lava-me de toda a minha culpa
> e purifica-me do meu pecado.
>
> Pois eu mesmo reconheço as minhas transgressões,
> e o meu pecado sempre me persegue.
> (Salmos 51:2-3 NVI; paralelismo sinônimo)
>
> Pois o SENHOR aprova o caminho dos justos,
> mas o caminho dos ímpios leva à destruição!
> (Salmos 1:6 NVI; paralelismo antitético)

Não é apenas uma frase ou um versículo que pode ser estruturado de modo paralelo (sinônimo ou antitético), mas todo um texto ou um seguimento de texto. Podemos nos referir a isso como o padrão A//A'.

Outra forma de paralelismo geralmente marca o começo e o fim de um texto, indicando desse modo que aquilo que se encontra no meio está interconectado. Em muitos textos, uma palavra em particular, uma frase, uma imagem ou uma ideia, tanto introduz quanto conclui um parágrafo ou estrofe, uma história ou argumento. Essa forma de começar e terminar com a mesma fórmula é conhecida como *inclusio* ("inclusão"). Isso pode ser ilustrado no Salmo 8, que começa e termina com a mesma expressão de louvor: "Senhor, Senhor nosso, como é majestoso o teu nome em toda a terra" (v. 1, 9). Também pode ser encontrado em Romanos 5:1-11, em que o *inclusio* é bem claro, mesmo que as palavras-chave que começam ("justificado... paz com Deus") e concluem ("reconciliação") a passagem não são uma repetição exata:

> Tendo sido, pois, *justificados* pela fé, *temos paz com Deus, por nosso Senhor Jesus Cristo, por meio de quem obtivemo*s acesso pela fé a esta graça na qual agora estamos firmes; e nos *gloriamos* na esperança da glória de Deus. (5:1-2)
>
> ...
>
> Não apenas isso, mas também nos *gloriamos* em Deus, *por meio de nosso Senhor Jesus Cristo, mediante quem* recebemos agora a *reconciliação*. (5:11)

Podemos nos referir a isto como um padrão A-B-A'. A função dos elementos do começo e do final funciona como uma estante para livros em todo o restante do texto.

Algumas vezes, um texto caracterizado por *inclusio* é mais estruturado de forma paralela a partir de ambas as extremidades, de maneira que o segundo elemento é de alguma forma paralelo ao elemento seguinte até o último. Podemos nos referir a isso como um padrão A-B-B'-A'. Esse padrão de estrutura é conhecido como *quiasmo*, da letra grega *chi*, que tem alguma semelhança com nossa letra *X* com o som de "q". Considere a forma do Salmo 51:1:

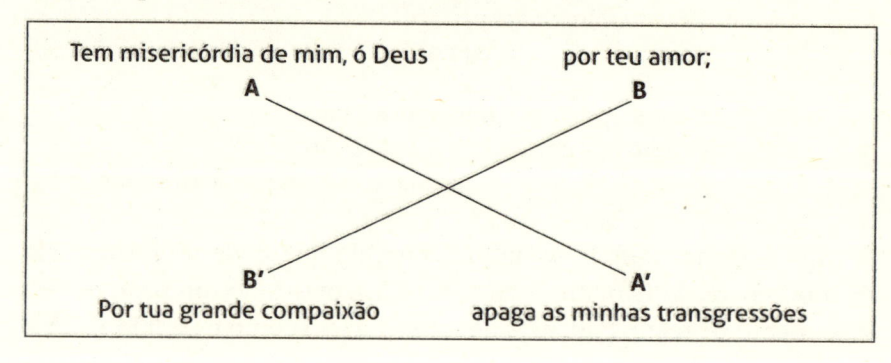

```
Tem misericórdia de mim, ó Deus        por teu amor;
          A                                  B


                        X


          B'                                 A'
Por tua grande compaixão         apaga as minhas transgressões
```

O *X* ou *chi* torna evidente que os elementos de A são unidos por uma linha e os elementos B estão similarmente ligados, como visto há pouco.

Também como um *X*, um texto extenso, estruturado em forma de quiasmo, tem dois ou mais elementos paralelos na sua parte "superior" e na "inferior". Esse padrão pode continuar (por assim dizer) se movendo de ambas as extremidades para a totalidade do texto, de modo que o texto pareça ter uma estrutura paralela complexa e completa, por exemplo: A-B-C-D-E-E'-D'-C'-B'-A'. Algumas vezes ele se refere a um argumento *concêntrico* do texto ou *composição em círculo*. O padrão quiástico ou concêntrico em geral tem um elemento no centro que não apresenta elemento paralelo: esse padrão pode ser representado como A-B-C-B'-A', no qual o elemento C é o ponto central, o centro de gravidade, e a base do texto como um todo.

Ocasionalmente, o que a princípio parece ser um *inclusio* em uma análise mais próxima, mostra-se um padrão concêntrico maior. Por exemplo, o texto de Romanos, citado há pouco, pode ser estruturado em forma de quiasmo:

A Justificação pela fé, paz com Deus por meio de Cristo (v. 1-2a)
  B Esperança de glória (v. 2b-5)
    C A morte de Cristo como manifestação do amor de Deus (v. 6-8)
  B' Esperança certa da salvação futura (v.9-10)
A' Reconciliação com Deus por meio de Cristo (v. 11)

Alguns estudiosos da linguagem e do pensamento humano acreditam que toda expressão humana é naturalmente concêntrica ou quiástica, tendo começo, meio e fim, com diversos elementos paralelos em ambos os lados do centro. De fato, alguns comentários bíblicos propõem que todas as unidades de um livro bíblico, do menor ao maior — incluindo o livro todo — são estruturadas em forma de quiasmo.[5]

---

[5]Por exemplo, Norman Gottwald esboça todo o texto de Isaías 56—66, ou Terceiro Isaías, de forma quiástica (*The Hebrew Bible: A Socio-literary Introduction* [A Bíblia hebraica: uma introdução sócio-literária] [Philadelphia: Fortress, 1985], 508). Peter F. Ellis faz o mesmo com todo o Evangelho de João e suas subdivisões. (*The Genius of John: A Composition-Critical Commentary on the Fourth Gospel* [A genialidade de João: um comentário de composição crítica do quarto Evangelho] [Collegeville, Minn.: Liturgical, 1984]).

O mote de outros acadêmicos é "um pouco de quiasmo segue um longo caminho". Às vezes, dois contornos quiásticos do mesmo texto, ainda que numa passagem relativamente pequena, irão identificar dois diferentes pontos centrais e assim produzir leituras muito diversas do texto.

Muitos textos provavelmente não possuem uma estrutura quiástica avulsa, sendo marcados por *inclusio* e um claro ponto central, sem ter correspondente, um por um, de todos os elementos em ambos os lados do centro. A melhor orientação é, provavelmente, manter-se alerta para a possibilidade de algum tipo de paralelismo em cada texto e, em seguida, proceder com cautela para procurar sinais de sinônimos e paralelismo antitético, *inclusio* e concentricidade ou quiasmo, mas sem forçar um texto a seguir a qualquer um desses padrões ou segui-los de forma rigorosa e consistente.

Há, certamente, outras formas gerais em que os textos, quer antigos quer modernos, podem ser estruturados. Por exemplo, um pensamento introdutório, uma imagem ou personagem, pode ser desenvolvido ou revelado de modo sistemático ou assistemático. Minha própria experiência na lida com textos sugere que um estudo cuidadoso da maioria deles irá revelar algum padrão estrutural, mesmo que o padrão seja apenas uma série de aspectos vagamente relacionados de um item central.

Padrões comuns a certas formas literárias

Em acréscimo aos padrões estruturais genéricos que podem ocorrer em algum texto, muitos gêneros literários seguem certa forma de padrões regulares. O espaço permite apenas uns poucos exemplos.

Exposição

Escritos expositivos ou argumentativos, sejam antigos sejam modernos, normalmente definem uma tese para a qual são oferecidos vários tipos de suporte. O suporte pode incluir argumentos para a própria tese, assim como argumentos oponentes a ela (sua antítese).

Escritores do passado e oradores muitas vezes seguiam um padrão retórico comum ao tentar persuadir e comover seu público:

- **Introdução** — definindo o orador e o tópico (*exórdio*)
- **Narrativa** de eventos relevantes (*narratio*)

- **Tese** ou proposição (*propositio*)
- **Argumentos** para a tese (*probatio*)
- **Refutação** ou contra-argumentos (*refutatio*)
- **Recapitulação e apelo** (*peroratio*)

Dentro desse padrão comum, oradores e escritores podem inserir outros elementos principais (tais como *digressio*, ou digressão) e lançar esparsamente elementos de troca, tais como apelos à razão (*logos*), emoção (*pathos*), tradição, autoridade (incluindo textos sacros) e analogia.

Narrativa

Embora as histórias possam transmitir uma tese ou argumento, o que não é seu objetivo primário, elas não seguem a estrutura de uma peça de retórica. No entanto, histórias ou narrativas geralmente seguem um formato previsível: geralmente têm início, meio e fim. Dentro dessa estrutura básica, elas normalmente seguem um padrão de "ação que cresce e diminui" e pode ser definido como segue:

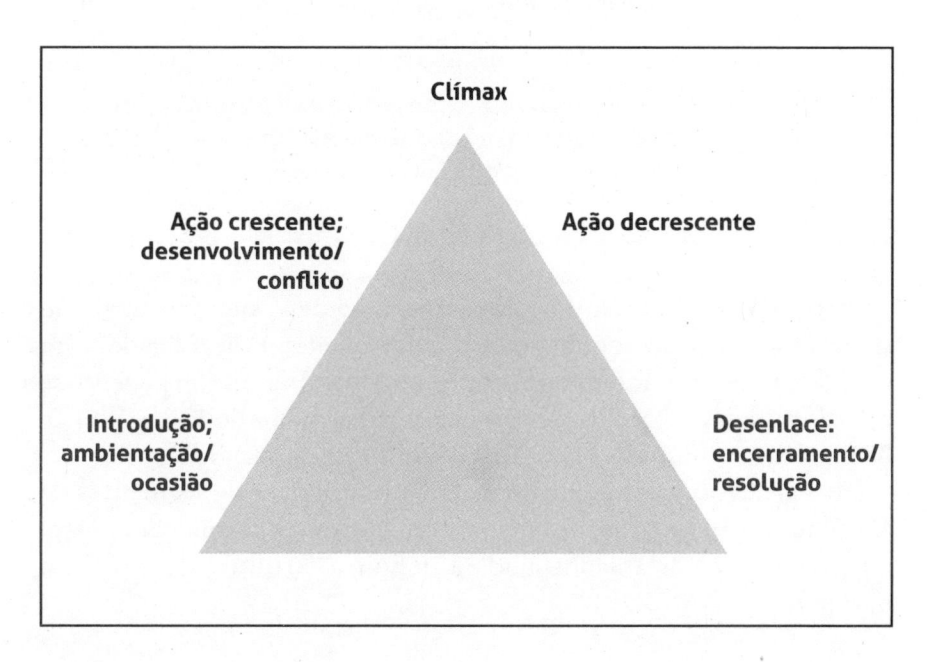

```
                        Clímax

    Ação crescente;              Ação decrescente
    desenvolvimento/
       conflito




    Introdução;                      Desenlace:
    ambientação/                    encerramento/
      ocasião                         resolução
```

Um exemplo dessa sequência pode ser encontrado em Marcos 3:1-6:

> Irado, olhou para os que estavam à sua volta e, profundamente entristecido por causa dos seus corações endurecidos, disse ao homem: "Estenda a mão". Ele a estendeu, e ela foi restaurada.

> Alguns deles [os fariseus] estavam procurando um motivo para acusar Jesus; por isso o observavam atentamente, para ver se ele iria curá-lo no sábado. Jesus disse ao homem da mão atrofiada: "Levante-se e venha para o meio". Depois Jesus lhes perguntou: "O que é permitido fazer no sábado: o bem ou o mal, salvar a vida ou matar?" Mas eles permaneceram em silêncio.

> Então os fariseus saíram...

> E outra vez entrou na sinagoga, e estava ali um homem que tinha uma das mãos mirrada.

> ... e começaram a conspirar com os herodianos contra Jesus, sobre como poderiam matá-lo.

Parte do brilho desta história, naturalmente, é que seu final não resolve totalmente o conflito, mas convida o leitor a "ficar ligado" para saber mais. Assim, indubitavelmente, essa história é um episódio de ação ascendente e conflito dentro da narrativa maior do Evangelho de Marcos como um todo, cujo clímax não foi ainda atingido.

As narrativas são compostas de três tipos básicos de segmentos de texto: narrativa da ação, discurso e comentário. A forma como esses argumentos são arranjados ajuda a definir a estrutura de um texto narrativo.[6]

---

[6] Para padrões típicos ou motivos de enredo arquétipos, veja Ryken, *Words of Delight* [Palavras de encanto], 49.

Tipos específicos de narrativas podem apresentar estruturas particulares. Por exemplo, histórias de cura, como as registradas nos Evangelhos, geralmente seguem este padrão:

1. Descrição da doença
2. Pedido para ser curado/expressão de fé
3. Narrativa da cura
4. Reação da pessoa curada, da multidão e/ou oponentes

Um texto selecionado para exegese pode englobar uma parte ou o todo de um desses padrões. Por exemplo, seu texto pode ser o *propositio* em uma peça retórica escrita, ou talvez seja a apresentação de um conflito numa narrativa estendida. Por outro lado, um texto pode contar a história completa de um milagre que é simultaneamente uma narrativa completa, desde a introdução até o encerramento, e uma *narratio* dentro de um trabalho retórico maior.[7] Para a ênfase, drama ou algum outro efeito, o escritor pode não somente *adotar* um padrão de estrutura típica, mas também *adaptá-la*, isto é, alterá-la, normalmente com um impacto retórico significativo. Além disso, o texto pode seguir um padrão comum de estrutura para sua forma literária e um dos padrões de repetição, contraste ou paralelismo analisados acima.

MOVIMENTO

O modo com o escritor usa ou altera os padrões estruturais é muitas vezes significativo, e a estrutura resultante indica também o *movimento* do texto desde o início até o fim. Identificar a estrutura de um texto é como nominar as partes; discutir o movimento do texto é descrever a relação entre as partes e especialmente como essas relações se desenvolvem passo a passo no modo linear ou diacrônico. Por exemplo, identificar e nominar as partes de Romanos 5:1-11, como esboçado anteriormente, revela uma estrutura quiástica que pode ser

---

[7]Isso não contradiz a informação do capítulo 2 em que trechos selecionados para a exegese devem ser relativamente unidades autossuficientes com claros pontos de partida e término, comunicando uma sequência coerente de pensamento ou ação. Quase todos os textos (e.g., um parágrafo) são parte de um texto maior (e.g., um capítulo), que, por sua vez, é parte de um texto ainda maior (e.g., um livro). Assim, um texto tem várias funções dentro dos textos maiores em que está situado.

descrita como se movendo da experiência *presente* da graça de Deus para a esperança da salvação *futura*, ambas fundamentadas no amor de Deus manifesto na morte de Cristo no *passado* — a essência do texto. O texto então retorna ao objeto de esperança para a salvação *futura*, e termina onde começou, no objeto da experiência *presente* da graça de Deus.

A estrutura e o movimento estão, por certo, intimamente ligados. Por exemplo, quando as várias partes de uma narrativa são identificadas (como no gráfico apresentado anteriormente), partindo da introdução, passando pelo clímax até o encerramento, é difícil não tratar do movimento. Apesar disso, ainda há uma diferença. Simplesmente identificar uma parte da narrativa como o clímax não é necessariamente descrever sua relação com qualquer outra parte da estrutura da narrativa. Pensar sobre o movimento força o exegeta a considerar a dinâmica de um texto — sua energia interna, por assim dizer.

Existem, naturalmente, muitas formas nas quais a passagem pode se mover de seu início para o fim. A seguir, apresentamos alguns padrões, além da narrativa, com um exemplo de cada.[8]

- **Descrição** — identificação geral para detalhes específicos; Levítico 25:1-7, o ano sabático.

- **Explanação** — apresentação do tópico seguido por uma sequência de ideias ou emoções; Isaías 1:2-20, a ação judicial divina.

- **Repetição** — Deuteronômio 27:11-26, as maldições do concerto mosaico.

- **Lógica** — se *ou* desde que... então: Romanos 6, as consequências do batismo.

- **Catálogo** — lista: Gálatas 5:19-23, obras da carne e fruto do Espírito.

- **Comparação/contraste** — Hebreus 9:1-14, os dois sacrifícios.

Para descobrir a estrutura e movimento de um texto, é especialmente útil ver as palavras-chave que expressam as principais ideias e relações entre elas. Para as ideias principais, veja especialmente as palavras que indicam relações entre ações ou ideias. Isso inclui palavras como: "em seguida", "então", "enquanto", "mas", "portanto", "para", "porque",

---

[8] Adaptado de Ryken, *Words of Delight*, 209.

"embora", "para que", e assim por diante. (Esse processo de encontrar as relações entre as partes de um texto é descrito mais completamente no próximo capítulo sobre análise detalhada.) Procure também qualquer evidência ou repetição e/ou contraste, ou tema e variação, ou ponto e contraponto. Como sempre, as descobertas feitas ao examinar os detalhes afetam a compreensão da estrutura do todo e vice-versa — tal é a natureza da exegese como um círculo hermenêutico.

Na história típica de cura com suas quatro partes, esboçadas há pouco, o movimento é da doença para a fé, para a cura total, talvez louvor para alguns e ódio para outros. Outros tipos de histórias também se movem do ruim para o bom no seu encerramento (um padrão narrativo conhecido como "comédia", como a história de José, ou as narrativas da morte e ressureição de Jesus. As histórias também podem se mover de algo bom para ruim (tragédia), como a narrativas de Adão e Eva, a queda do rei Saul, e o sofrimento e morte de Jesus (sem a ressurreição).

Hinos (como os salmos) se movem da contemplação para a adoração ou queixa, do autoexame para a confissão, do temor para a esperança, e assim por diante. Outros textos podem representar uma tese, seguida de provas, culminando com uma advertência ou instrução. Ainda outros podem apresentar um mandamento seguido por uma promessa para aqueles que o obedecem, ou descrever um problema e apresentam uma solução.

Em um trabalho escrito de exegese, é útil igualmente para o escritor e para o leitor se o documento incluir um esboço breve, que indique o conteúdo básico de cada uma das partes que um estudante discirna no texto.[9] (Veja os exemplos do texto de uma profecia fictícia e da Oração do Senhor.) O esboço pode ser seguido por uma breve exposição do movimento do texto. Esse esboço de uma passagem bíblica se torna a súmula para a análise detalhada do texto, que é o próximo passo do trabalho. Embora a consideração da forma, estrutura e movimento exijam muito tempo de estudo e preparação, devem ocupar um espaço relativamente pequeno dentro do trabalho. De outra forma (e isso é um problema comum), ele se torna repetitivo. Entretanto, se você fez um bom trabalho analisando a estrutura e o movimento do texto, *você já terá feito quase metade do trabalho* — porque já foi forçado a começar a análise detalhada!

---

[9]Para mais orientações para escrever um trabalho de pesquisa exegética, veja Apêndice B.

REVISÃO E ESTUDO

Resumo do capítulo

- A análise formal de um texto deve levar em consideração sua forma literária, sua estrutura (divisões e subdivisões) e seu movimento do começo ao fim.

- Há princípios específicos de interpretação apropriados para cada forma de literatura e gênero.

- Padrões comuns de estrutura geral incluem repetição, contraste ou antítese, paralelismo, *inclusio* e quiasmo.

- Algumas formas e gêneros literários têm padrões estruturais comuns para gênero, incluindo grande abrangência de gêneros como o discurso e a narrativa retórica, bem como modalidades específicas, como histórias de milagres.

- Alguns formatos gerais nos quais um texto se move do começo ao fim incluem descrição, explanação, repetição, lógica, catálogo e comparação/contraste.

Sugestões práticas

1. Alguns gêneros literários básicos e os princípios de interpretação que os acompanham são comuns de cultura para cultura, refletindo maneiras humanas universais de comunicação. Portanto, direcione sua experiência com a literatura e a vida em geral, lendo cuidadosamente um texto no que diz respeito a sua forma literária e retórica.

2. Familiarize-se com as formas básicas de literatura na Bíblia. Alguns livros sugeridos sobre o assunto estão relacionados no capítulo 11, seção 5, p. 235-237, "Recursos para uma análise formal".

3. A melhor maneira de discernir a estrutura e o movimento de um texto com algum grau de precisão é "brincar com" ele no papel. Isso pode ser feito marcando e sublinhando porções e estabelecendo as conexões que você descobre, reescrevendo frase por frase do texto em forma de esboço, ou criando algum outro tipo de representação visual do texto como um todo.

Para estudo adicional e prática

1. Leia com atenção o Salmo 19. Em que tipo de literatura ele se enquadra? Prepare um breve esboço de três ou quatro seções principais do salmo, indicando seu conteúdo básico. Descreva em duas ou três frases o movimento do salmo.

2. Leia a breve, porém poderosa, narrativa em Atos 9:1-9 sobre Saulo, conhecido depois como Paulo, o apóstolo. (Para compreender o contexto imediato, faça uma rápida leitura de Atos 6—7 e leia cuidadosamente 8:1-4.) Que tipo de literatura é? Crie um esboço da história, seguindo sugestões desse capítulo e depois descreva em poucas palavras a estrutura e o movimento da história.

3. Prepare um esboço das partes ou "cenários" na história do bezerro de ouro em Êxodo 32. Tente correlacionar as cenas que você identifica com os cinco estágios da sequência de uma narrativa típica, descritos neste capítulo. Descreva o movimento da história e como ele dá forma aos vários personagens dela.

4. Descreva a forma literária, estrutura e movimento de Isaías 1:21-31.

5. Revise o capítulo 11 seção 5, p. 235-237, "Recursos para uma análise formal".

6. Leia com atenção as seções sobre forma, estrutura e movimento (ou estrutura literária) no exemplo de exegese no Apêndice C.

CAPÍTULO 6

4º elemento

ANÁLISE DETALHADA DO TEXTO

> Não é pelo interesse de ambição extravagante que nos preocupamos com esta exposição detalhada, mas através de tal interpretação cuidadosa esperamos treiná-lo na importância de não passar por cima até mesmo de uma simples palavra ou sílaba nas Escrituras Sagradas. Pois elas não são expressões comuns, mas a própria expressão do Espírito Santo e, por esta razão, é possível encontrar um grande tesouro, mesmo em uma única sílaba.
>
> — *João Crisóstomo*

Quais são os pontos mais importantes de cada parte do texto e como o texto/escritor estabelece esses pontos?

O que os detalhes significam no quadro maior e como o quadro maior afeta o significado dos detalhes?

Em certos aspectos, a análise detalhada é o próprio coração da exegese. Ela é o *sine qua non*, ou o recurso mais essencial de uma leitura atenta; um exame cuidadoso de cada palavra, frase, alusão, questão de gramática e característica sintática no texto. Se você abrir aleatoriamente uma página em quase todo comentário bíblico, provavelmente irá descobrir um exame dos detalhes. Neste capítulo vamos explorar vários aspectos da realização de uma análise aprofundada do texto.

AS PEÇAS DE UM QUEBRA-CABEÇA

A atenção aos detalhes é, de fato, o que fornece matéria para os comentários e é o coração da exegese. No entanto, tem ocorrido, aproximadamente nos últimos 25 anos do século 20, uma mudança em comentários publicados e na compreensão acadêmica da exegese. Muitos comentários mais antigos apresentavam uma abordagem muito restrita, tomando frase por frase, não dando muita atenção para as maiores unidades de pensamento ou para os contextos em que as palavras e frases aparecem. O maior risco desses comentários era perder a noção do quadro como um todo. A maioria dos comentários recentes coloca muita ênfase na forma, estrutura e contexto de textos como uma maneira de interpretar o significado dos detalhes.[1]

O exegeta principiante pode enfrentar a mesma tentação a que os comentaristas mais antigos sucumbiram. Esmagado pela quantidade de palavras no texto, pelo número de questões que essas palavras sugerem, e (consequentemente) uma quantidade extraordinária de tinta acadêmica despejada sobre cada jota e til do texto, tudo isso faz com que você facilmente fique tão envolvido nos detalhes que acabe perdendo a visão do quadro maior. Isso não quer dizer que os detalhes possam ser tratados de forma casual ou mesmo ignorados — é bem ao contrário! Mas o cuidadoso intérprete está sempre indagando: "O que os detalhes significam no quadro maior e como o quadro maior afeta o significado dos detalhes?" Ao mesmo tempo, pode perguntar: "Como os detalhes dão mais sentido ao quadro maior?" Isso é o círculo hermenêutico em ação.

Em certo sentido, fazer exegese é como montar um quebra-cabeça. Para montar um quebra-cabeça, você deve encaixar as pequenas peças (detalhes) para criar um quadro (o todo). O processo envolve identificar as partes e descobrir como elas se encaixam umas nas outras. Sem as pequenas peças não haveria um quadro completo. Mas as pequenas peças sozinhas são apenas uma ínfima parte do quadro maior; seu valor final reside na sua contribuição para o quadro como um todo.

---

[1] Além disso, há uma tendência moderna de os comentários se afastarem da análise de cada versículo e da análise dos segmentos de texto maiores (e.g., parágrafos). Essa tendência, no entanto, sugere que não podemos dispensar a consideração cuidadosa de detalhes, mas apenas ter a noção de que as frases tomadas individualmente (ou palavras) não suportam o peso semântico mais significativo.

A arte da seletividade

Como foi mencionado no último capítulo, a explanação detalhada de uma passagem normalmente corresponde ao esboço do texto elaborado durante a análise formal. A análise detalhada é, portanto, tecnicamente dividida em duas ou mais (geralmente de três a cinco) seções correspondentes às partes principais do esboço. Nessas seções, você examina atentamente (e discute, se está redigindo um trabalho) as ideias-chave de cada segmento do texto.[2]

Essa seção da exegese escrita pode se tornar muito extensa se cada frase do texto tiver de ser analisada. É isso exatamente o que você encontrará na maioria dos comentários acadêmicos, alguns dos quais contêm mil páginas ou mais sobre um único livro bíblico. Em sua investigação do texto, primeiro feita por você mesmo, e depois utilizando outros trabalhos de pesquisas, faça, o quanto for possível, observações e análises. Como um detetive, procure não deixar sequer uma pedra sem ser removida, nenhuma questão inexplorada.

Ao redigir um trabalho de exegese, no entanto, você deve ser *seletivo*, comentando em detalhes apenas os aspectos mais significativos de cada versículo na passagem, fazendo observações mais concisas sobre alguns recursos e ignorando outros. Decidir o que é e o que não é importante, em parte, trata-se de uma questão intuitiva e, em parte, de estudo cuidadoso amplo do texto e de seus contextos, e ainda, por fim, envolve uma questão de experiência. Mais uma vez, o círculo hermenêutico está em ação. À medida que você envolve atentamente os detalhes de um texto, começará a emergir uma compreensão de toda a passagem. Quando isso acontecer, você poderá ter uma noção de quais elementos do texto merecem maior atenção e ênfase num trabalho de exegese (ou, no caso de numa homilia ou sermão). Na verdade, uma cuidadosa atenção aos detalhes — muitas vezes negligenciados — frequentemente cria e dá suporte a uma tese exegética. Assim, a exegese de um texto, mesmo quando são usados métodos históricos e literários adequados, é mais uma arte do que uma ciência.

---

[2] É prudente que o estudante principiante se mova sistematicamente através do texto, utilizando partes menores, em vez de seguir a tendência emergente dos comentários escritos (através da análise de unidades maiores) mencionados na nota anterior.

ALGUMAS QUESTÕES BÁSICAS

Cada gênero, e mesmo cada passagem, da Bíblia é único. Ainda assim, existem alguns aspectos básicos de cada passagem que você precisa questionar para si mesmo. Exemplos dessas perguntas fundamentais são:

- O que o texto comunica? Como?
- Quais são os termos e imagens-chave? O que significam?
- Existem quaisquer termos ou ideias-chave cujos significados podem ser explicados em outra parte do livro?
- Há figuras literárias ou retóricas (símile, metáfora, hipérbole, personificação, repetição, ironia etc.)? Em caso afirmativo, quais são os seus efeitos?
- Quais tipos de frases são usadas? Quais os principais componentes de cada frase? Que ações verbais ou situações aparecem nessas frases e que assuntos estão associados a elas?
- O texto inclui apelos à tradição ou às Escrituras, tais como histórias, crenças, leis e figuras históricas bem conhecidas? Se sim, como esses apelos funcionam?
- O texto parece usar fontes escritas ou orais? Em caso afirmativo, como as fontes são usadas?
- Se o texto se apresenta em forma de narrativa, que elementos de configuração, enredo (conflito, suspense, resolução), desenvolvimento do personagem em cada parte e como um todo o texto transmite?
- Que elementos do trabalho com o texto, individualmente ou em conjunto, instruem, enlevam ou motivam o leitor?
- Qual é o tom ou o senso de humor da passagem e quais elementos transmitem esse tom?
- Como as diversas partes da passagem refletem e/ou se reportam ao contexto dos leitores?
- Como cada parte da passagem se relaciona com as demais?
- Como cada parte contribui para o todo?
- Como a minha compreensão emergente do todo afeta o significado das partes?

Essa é uma ampla gama de questões e outras mais podem ser adicionadas à lista. Algumas dessas questões são dirigidas primeiramente a cada parte (palavra, frase etc.) de todo o texto. Outras são direcionadas para o texto como uma unidade completa. Os leitores, que podem fazer essas perguntas e respondê-las, terão muito a dizer sobre o texto.

Tais questões podem, de fato, ser suficientes para esse elemento do processo exegético. O restante do capítulo, todavia, oferece uma direção mais especializada sobre a tarefa de fazer uma análise detalhada. Iremos analisar especificamente as diversas partes do texto e como elas se relacionam umas com as outras. Assim, devemos considerar alguns aspectos importantes do texto em seu todo, especialmente à luz das fontes que ele pode conter ou usar.

O TODO E AS PARTES

Obviamente um texto existe como um todo, como uma "unidade de sentido relativamente autossuficiente", mas também é formado por numerosas partes. As unidades de significado que um exegeta normalmente irá analisar, partindo da menor para a maior, são as seguintes:

- **Palavras** — itens léxicos
- **Segmentos de frases** — períodos
- **Frases** — ou enunciados
- **Segmentos de texto** — parágrafos, estrofes e pequenos grupos de frases
- **O texto propriamente dito** — como um todo

O que essas várias unidades de significado têm em comum, sem contar as palavras, é que todas têm uma espécie de significado pleno; cada uma delas é uma unidade de sentido com um começo e um fim. Elas podem ser diferentes com relação ao tamanho ou grau de significação e, portanto, no que diz respeito ao tipo e grau de definição que transmitem. Os estudantes de linguagem geralmente veem a frase, ou o enunciado, como uma base única de significado, uma comunicação completa, aquilo que algumas vezes nos referimos como "um pensamento completo". Frases geralmente são constituídas de períodos, as quais são feitas com palavras. As frases atuam juntas, por assim dizer, para formar maiores segmentos do próprio texto (algumas vezes chamados de "discurso").

O processo de trabalho de exegese, como temos visto, é igual a um círculo hermenêutico, um movimento de ida e volta entre uma e outra dimensão do texto — nesse caso, entre o todo e as partes. Pode-se começar o processo da análise detalhada de várias maneiras — com palavras-chave ou frases, por exemplo, ou com frases. Na verdade, cada parte do texto deve ser examinada. Para a apresentação de um trabalho de exegese, entretanto, o procedimento normal é trabalhar sistematicamente segmento por segmento do texto;³ dentro de cada segmento, analisar sentença por sentença (o que muitas vezes significa versículo por versículo); dentro de cada sentença examinar cada frase, e dentro de cada frase avaliar cada palavra-chave.

Uma vez que muitas pessoas são fascinadas com a menor unidade de significado na Bíblia, a palavra, começaremos nossa discussão por elas. A dimensão de seu trabalho irá determinar a extensão da análise detalhada do texto e das palavras nele incluídas. Quanto menor o projeto de exegese, maior a importância de ser seletivo.

PALAVRAS-CHAVE E IMAGENS

Um de meus melhores professores de método exegético costumava nos advertir que deveríamos tratar cada palavra-chave ou imagem (palavra-imagem) no texto como um elemento desconhecido variável — o X ou Y — de uma equação de álgebra. Por exemplo, ao examinar o versículo a seguir podemos claramente tratar as palavras italizadas, e talvez outras, como variáveis desconhecidas:

Aquele que é a *Palavra* tornou-se *carne* e *viveu* entre nós. Vimos a sua *glória*, glória como do *Unigênito vindo do Pai*, cheio de *graça* e de *verdade*. (João 1:14)

A sugestão de tratar as palavras-chave como variáveis desconhecidas é um bom conselho, mas é preciso ter cautela ao analisar essas palavras como "itens léxicos" ou "definições de dicionário". O que os estudiosos algumas vezes chamam de "análise lexical", enquanto outros, de "estudos de palavra", é uma área de exegese cheia de minas explosivas em potencial. A discussão a seguir sugere por que isso é verdade e como evitar os perigos dos "estudos de palavra", ao mesmo tempo ainda levando as palavras a sério.

---

³Devido à extensão normal de estudos exegéticos, um segmento de texto geralmente deverá incluir um grupo de poucas frases/versículos, que, no entanto, pode ser tão curto quanto uma frase, ou tão extenso quanto um parágrafo.

Significado no contexto

Muitas pessoas entendem que as palavras são os mais importantes elementos comunicadores de significado. Porém, tanto os linguistas modernos quanto a experiência do dia a dia nos ensinam que esse significado é dependente do contexto. A expressão "Oh, meu Deus!" tem uma acepção no contexto de uma prece e outra bem diferente quando usada num contexto de admiração em relação a alguma coisa nova. Popularmente, as pessoas reconhecem que a denotação literal de uma palavra (significado "literal") e sua conotação (significado implícito ou sugerido) podem ser diferentes, e aquela palavra pode significar coisas diversas para pessoas diferentes em ambientes sociais ou contextos variados. O estudo do significado é chamado semântica.

Ainda além da questão da conotação (brevemente discutida a seguir), o significado de uma palavra é mais complexo do que se pode conceber inicialmente. Linguistas sugerem que, embora uma palavra, ou item lexical, possa ter alguns traços semânticos fundamentais, ela tem um espectro de definições possíveis, chamado de campo semântico.[4] O significado ou função da palavra depende de uma variedade de fatores, mas especialmente dos vários contextos em que ela se insere. Isso inclui notadamente o meio social em que vive o orador ou escritor, a extensão de seu vocabulário e seu estilo (i.e., o que a pessoa deseja transmitir ao usar determinado termo) e a definição literária e retórica em que a palavra aparece. Que objetivo o orador ou escritor está procurando alcançar e como esse termo o atinge? Uma palavra tem variadas definições "dicionarizadas", ou significados comumente reconhecidos (sentidos léxicos) somente quando um deles se enquadra no *contexto* (sentido contextual). Além disso, se uma pessoa ou grupo usa uma palavra para um propósito em particular e inclui sua própria definição nessa palavra, ela pode ter um novo e específico significado para aquela pessoa ou grupo (sentido especializado). Algumas vezes é chamada de termo técnico.

---

[4]Pode-se dizer que a palavra "garota" tem traços semânticos fundamentais que incluem: "ser humano", "fêmea", "mulher" e (se poderia pensar) "jovem". No entanto, a palavra tem uma gama de significados possíveis que podem ser encontrados em todos os dicionários mais completos de português; qualquer mulher criança ou jovem, filha, amiga, um grupo de amigas adultas do sexo feminino etc. Em pelo menos duas dessas definições, a palavra não tem a conotação "jovem". Numa circunstância específica, apenas um desses significados representa a realidade, a qual se torna evidente em relação ao seu contexto.

Por exemplo, o sentido lexical da palavra *fraternidade* pode significar "círculo de pessoas com interesses comuns" ou "denominação acadêmica especializada". O sentido contextual na frase "A igreja é uma fraternidade" é claramente a primeira definição, e não a última. Entretanto, o sentido geral do dicionário é mais refinado em seu contexto religioso e pode, para algumas igrejas, assumir uma definição peculiar, um sentido especializado, como "um momento de comunhão após o culto religioso". Aqui, o sentido especializado seria como os "momentos de conversa informal durante refeições leves" — e o diálogo pode nem mesmo abordar temas religiosos. Outras igrejas não usariam o termo, ou talvez, lhe atribuam outro sentido; assim, esse se tornou um termo técnico para determinadas igrejas.

Uma palavra bíblica, portanto, não deve ser tratada com uma imutável e homogênea unidade de significado. As diversas formas como uma palavra ou frase são usadas dentro de um texto podem conferir sentidos contextuais distintos para aquele item lexical no texto. Por exemplo, os salmos usam o título *filho de Deus* primariamente em referência ao rei em sua função principal, como representante divino; o Evangelho de Marcos usa esse título para se referir a Jesus de uma forma que evoca associações com realeza e com o poder do Espírito Santo, mas também com seu sofrimento e morte; e o Evangelho de João associa o título a Jesus em sua eterna unidade com Deus, o Pai, bem como sua divindade. Similarmente, a palavra *salvação* possui diferentes significados para os diversos escritores bíblicos: livramento político, perdão de pecados e santificação, apenas para citar algumas possibilidades. Provavelmente não quer dizer exatamente a mesma coisa para Isaías e para Mateus, mesmo esse último citando Isaías. E *salvação* pode ter definições diferentes para outros escritores do Novo Testamento, como Lucas ou Paulo. Pode ser até mesmo possível — e nesse caso o contexto é importante — que um mesmo escritor queira usá-la de modo diferente em contextos diversos.

Outros princípios para análise de palavras

Assim, um termo bíblico não tem o mesmo significado em cada lugar em que ele ocorre. Tampouco uma palavra sempre apresenta todos os seus significados ao mesmo tempo. A noção errônea de que uma palavra, num contexto particular, apresenta todo o conjunto de seus possíveis significados (ou mesmo alguns) é chamada de *transferência ilegítima da totalidade*, um termo criado pelo erudito britânico James Barr.[5] A transferência ilegítima da totalidade ocorre quando, por exemplo, um termo bíblico relevante como *fé* ou *salvação* é interpretado numa passagem específica com uma junção de todos os significados da palavra na Bíblia e não conforme a utilização feita pelo autor ou de acordo com o contexto. Esse tipo de síntese universal é uma exegese péssima.[6]

De igual modo, por fim, uma palavra pode ter o mesmo significado de sua origem histórica (etimologia), ou o que os elementos que a compõem possam sugerir. As palavras ganham vida por si mesmas (assim como os textos!) e naturalmente podem romper com suas raízes. Por exemplo, o uso contemporâneo da palavra *entusiasmo* nada tem a ver com "ter Deus dentro de si", apesar das raízes "dentro" (*em*) e "Deus" (*theos*). Essa interpretação errônea de palavras é chamada de *falácia etimológica*.

O significado de uma palavra, portanto, depende de uma combinação da definição do dicionário e do contexto. A importância desses vários princípios contextuais pode ser ilustrada ao se considerar, por exemplo, uma palavra como *planta*. Se examinássemos esse item ao ler uma revista de arquitetura, poderíamos imaginar que o vocábulo faria referência a um projeto arquitetônico. No entanto, se a palavra surgisse numa coluna de jornal que trata sobre jardinagem, poderíamos entender *planta* como um vegetal. Em ambos os casos, no entanto, não seria correto transferir o significado de um contexto para o outro. Chegar a tais conclusões seria como usar uma transferência ilegítima da totalidade.[7]

Ao analisar as variáveis, numa equação literária — as palavras —, é importante reunir o quanto possível as informações mais básicas dessas palavras para só então determinar seu significado no contexto. Essa informação deveria incluir todo o campo semântico (possíveis

---

[5] James Barr, *The Semantics of Biblical Language* [A semântica da linguagem bíblica] (Oxford: Oxford University Press, 1961; repr., Eugene, Ore.: Wipf & Stock, 2004), 218.
[6] Uma "tradução" da Bíblia, a *Bíblia amplificada*, é baseada nesse entendimento de linguagem completamente defeituoso.
[7] Um exemplo desse problema em interpretação bíblica é o significado geralmente atribuído à palavra grega traduzida por "igreja" ou "assembleia", *ekklēsia*. Etimologicamente, a palavra grega é derivada do verbo "chamar" (*kaleō*) e da preposição "de" (*ek*), mas seu significado primário é provavelmente encontrado não em sua raiz etimológica, mas no seu contexto cultural. A palavra *ekklēsia* era usada para o conjunto de cidadãos, ou membros de uma associação ou outro grupo, reunidos em "assembleia" para tomar decisões pelo grupo; uma boa tradução poderia ser simplesmente "assembleia" ou "concílio". A palavra também foi usada no grego bíblico para traduzir a palavra hebraica *qahal*, tendo o significado de assembleia do povo de Israel. Em cada caso, a ideia de ser chamado ou ser convocado pode estar presente, mas o significado primário é estar em assembleia.

significados) da palavra, bem como o seu uso em outras partes de um livro ou de um escritor em particular. Há três tipos de recursos para ajudar na interpretação de palavras: dicionários ou vocabulários; livros que contenham comentários sobre palavras bíblicas importantes; e concordâncias ou índices alfabéticos de palavras bíblicas. A concordância tem particular importância, pois ela pode identificar todos os lugares em que a palavra e seus cognatos ocorrem. Concordâncias e outros recursos léxicos são discutidos na seção 6 do capítulo 11.

Conotação e linguagem figurada

Dois aspectos adicionais do uso das palavras, que são importantes para a exegese, podem ser brevemente mencionados aqui: linguagem conotativa e figurada, ou imagens.

Todos sabemos que algumas vezes uma palavra é usada fora de sua definição semântica. A palavra "conotação" — que são os significados adicionais da palavra sugeridos dentro de um contexto cultural geral ou de uma determinada situação retórica, bem como emoções a ela associadas e juízos de valor — é particularmente difícil de ser compreendida. O conhecimento da configuração histórica e social do texto é a única coisa que pode ajudar. Por exemplo, muitas pessoas pensam que podem chamar normalmente um atendente de um restaurante na França de "garçom", mas o uso contemporâneo do termo possui uma conotação desrespeitosa para com o funcionário (um dicionário francês-português traduz a palavra "garçom" como "menino" ou "rapaz"). O termo apropriado para um atendente de restaurante na França deveria ser "monsieur", embora o dicionário francês-português não traduza "monsieur" como um servidor de restaurante, mas "senhor".

A linguagem figurada é também um fenômeno universal. Algumas imagens são culturalmente muito condicionadas, enquanto outras são mais universais porque têm por base experiências humanas universais (como luz e trevas). A Bíblia está repleta de imagens evocativas. Essas palavras (e mesmo períodos, frases e unidades mais longas) devem ser interpretadas no contexto em que aparecem. Os leitores precisam estar particularmente atentos à presença e função de metáforas (e.g., "Deus é uma rocha") e frases semelhantes (e.g., "Deus é como uma rocha") no texto. É comum descobrir que o termo-chave num determinado texto é linguagem figurada. Tal termo, algumas vezes, é relacionado a uma *imagem dominante* ou *metáfora governante*. Por exemplo, a primeira parte do Salmo 23 é governada pela imagem do Senhor como "meu pastor".

Interpretando a palavra no contexto

Temos ressaltado que o significado de uma palavra-chave ou imagem num texto depende de seu(s) contexto(s) e que qualquer tipo de "estudo de palavras" que ignore esse princípio provavelmente irá deturpar o significado da palavra, pelo menos em parte. Entretanto, é possível e importante interpretar os termos específicos no contexto — fazer estudos da palavra nesse sentido mais sutil — como parte do processo exegético.[8] Os passos seguintes podem ser usados para essa finalidade:

- Consulte um bom dicionário de palavras bíblicas, preferencialmente um léxico do idioma original, para determinar o espectro de possíveis significados (no campo semântico) da palavra. Observe também qualquer interpretação apresentada pelo dicionário para ocorrências específicas da palavra em seu texto e/ou para o uso geral que o escritor ou o livro fazem da palavra.

- Escolha uma concordância baseada na tradução que seja uma base fundamental para seu trabalho exegético (de preferência uma que faça ligação entre palavras traduzidas com termos gregos, hebraicos ou aramaicos) ou, se você tem conhecimento dos idiomas originais, use uma concordância grega ou hebraica/aramaica.

- Localize a palavra em questão na concordância, e identifique todas as ocorrências daquela palavra, bem como as demais da mesma família relacionadas estreitamente com ela (se possível, somente ocorrências representando a mesma palavra ou família no grego, hebraico ou aramaico), no livro bíblico ou autor relacionado com o texto selecionado.[9]

---

[8] Sou grato a Michael Byrnes pela sugestão de incluir esta seção no livro.
[9] Por exemplo, ao escolher palavras para examinar, pode-se normalmente encontrar "justo", bem como "justiça", num livro em particular (como Malaquias), e "regozijo", assim como "alegria", num livro específico (como Filipenses). Ao escolher quais ocorrências específicas serão examinadas, o exegeta deve saber que uma palavra como "Sião" pode ter diferentes sentidos em Isaías 1—39 e Isaías 40—66 se a segunda parte do livro não tiver sido escrita pelo Isaías de Jerusalém no oitavo século a.C, como muitos eruditos acreditam. E, por outro lado, ao estudar uma passagem em Atos, pode ser legítimo examinar as ocorrências de "paz" também em Lucas, uma vez que muitos acadêmicos acreditam que Lucas é o autor de ambos os livros.

- Examine cuidadosamente cada ocorrência da palavra/família de palavras em seu contexto para tentar identificar seu significado em cada contexto. (Pode haver consistência, mas também poderá ser diferente.)
- Usando as ideias coletadas a partir do dicionário/léxico e para o estudo de outras ocorrências da palavra e seus cognatos, retorne à palavra na passagem selecionada. Examine cuidadosamente o uso da palavra nesse contexto e em relação às outras ocorrências que você estudou, para determinar, da melhor maneira possível, o seu significado no contexto de sua passagem.

No preparo da exegese de um texto, esse processo frequentemente terá de ser repetido com vários termos na passagem. Na fase da pesquisa de sua exegese (veja capítulo 9), permita que suas conclusões sobre o significado da palavra no contexto sejam reafirmadas, corrigidas ou expandidas pelos trabalhos de acadêmicos.

O ARRANJO DE PALAVRAS NUMA UNIDADE MAIOR (PERÍODOS, FRASES E SEGMENTOS DE TEXTO)

Normalmente as palavras não aparecem sozinhas; elas são arranjadas em agrupamentos maiores, que podemos chamar de períodos ou segmentos de frases. O arranjo de palavras em períodos e de períodos em frase é conhecido como sintaxe. A unidade linguística primária para expressar significados não é a palavra ou mesmo um período, mas a frase. As frases, por sua vez, são arranjadas em unidades maiores de pensamento e expressão que podem ser chamadas de segmentos de texto e podem ser constituídas de duas frases apenas ou de uma dúzia delas. Esses segmentos maiores de texto são chamados de parágrafos (em prosa) ou estrofes (em poesia). A exegese requer uma cuidadosa análise de todas essas unidades.[10]

Os períodos são combinações ordenadas de palavras, que seguem padrões de uso tanto individual quanto em suas relações com outras

---

[10] Alguns argumentam que o parágrafo, e não a frase, é a unidade básica de pensamento. De fato, todas as unidades do discurso, desde a menor até a maior, carregam um significado semântico. Meu ponto aqui é simplesmente que, ao contrário da opinião de algumas pessoas, o significado é sustentado, principalmente, não por palavras isoladas, ou mesmo por algumas palavras-chave, mas pelas palavras em relação umas com as outras em unidades maiores.

palavras (regras de gramática ou sintaxe). É, por isso, impossível compreender as nuances da gramática do grego ou hebraico e a sintaxe da tradução, de modo que uma exegese apurada irá depender de um profundo conhecimento do idioma original. Apesar disso, exegetas que não conhecem a língua original ainda assim podem dar atenção mais estrita às questões de sintaxe e estrutura da frase. Pode-se começar a análise de cada versículo ou frase dividindo-os em vários sintagmas: nominal, verbal, adjetival, preposicional e adverbial etc. que realizam um tipo de "afinação" em relação à linguagem do texto e são muitas vezes cruciais para o seu significado e função.

Ao começar a pensar sistematicamente sobre os diversos versículos de sua passagem, você poderá fazer as seguintes perguntas:

- Quais são as frases principais do texto?
- Como essas frases se relacionam entre si?
- Sua ordem é significativa?

Uma vez que as frases que contêm sujeito(s) e verbo(s) são identificadas, é também importante determinar o tipo de verbo(s) (ação ou estado), assim como o tempo e modo verbais (e.g., indicativo [declarativo] ou imperativo) de cada um. Qual o significado desses aspectos dos verbos? Os tempos verbais são todos os mesmos, ou são tempos mistos de passado, presente e futuro? Se estão misturados, estão por que razão?

As locuções verbais estão relacionadas intimamente umas com as outras? São locuções coordenadas (com independência sintática) ou uma é subordinada à outra? Que palavra ou outro elemento indica essa relação? Como a coordenação ou subordinação são importantes para o significado do texto?

Em relação aos próprios períodos, de que tipo eles são? Cada período pode ser tanto uma declaração, um imperativo (comando ou conselho), uma pergunta ou uma exclamação.[11] Qual é o tipo de cada período e qual é o significado desse período na unidade?

Ao serem abordadas essas questões no texto e as respostas sugestivas vierem à mente, é interessante criar uma tabela com duas colunas. Nela você define o período do texto na coluna à esquerda, deixando várias

---

[11]Declarações, questões e exclamações geralmente empregam verbos no modo indicativo, enquanto ordens, de modo geral, usam o modo imperativo (e.g., "Ele vai", "Ele vai?" e "Ele está indo!" *versus* "Vá").

linhas entre os períodos. Na coluna da direita, em frente de cada período, você escreve sua percepção do significado e a função de cada período no texto. O exemplo que vem a seguir é para apenas um versículo:

Períodos do texto	Significado e função
No princípio	— sintagma adverbial indicando o tempo da ação e (talvez) a ação que segue como o tempo inicial
Deus criou	— identifica o sujeito e o verbo; limita a criação exclusivamente a Deus; narra o caráter de Deus (criativo)
Os céus e a terra	— Dois objetos/produtos da criação; abrangem toda a realidade conhecida

Se criar essa tabela usando um computador, você pode mais facilmente ajustar as colunas e linhas para acomodar os acréscimos e revisões que terá de fazer ao começar a pensar mais sistematicamente sobre as relações que existem entre as várias partes. Se quiser fazer um "diagrama de frases", você pode tentar usar uma parte ou toda a passagem.[12]

AS INTER-RELAÇÕES ENTRE AS PARTES

Já consideramos o fato de que a exegese é uma ação "circular", um processo de seguir para frente e para trás entre as partes e o todo (um "círculo hermenêutico"). Para compreender um texto é preciso não apenas considerar o significado de cada parte, mas também o significado de cada parte em relação às demais:

- Quais são as relações explícitas e implícitas entre as palavras-chave? E dos períodos em cada frase com outros períodos naquela mesma frase?
- Como essas frases se relacionam entre si?
- Como essas frases trabalham juntas para se converter numa unidade de significado maior? Existem contradições ou discrepâncias entre as frases?

---

[12]Alguns manuais de exegese enfatizam o diagrama de frases, enquanto outros o criticam como uma abordagem linguisticamente falha para a análise da frase. Minha opinião é que isso pode ser útil, pois um gráfico com a frase, como ilustrado neste livro, é mais acessível para a maioria dos estudantes e pode servir muito bem.

Na verdade, precisamos novamente realçar não apenas que o significado depende do contexto, mas que ele também é dependente das *relações*. Palavras, períodos, frases, e assim por diante, não possuem significado isoladamente, mas em suas relações entre si e no contexto. Algumas dessas relações são sobretudo explícitas, enquanto outras são basicamente de natureza implícita.

Relações explícitas

Existem várias formas típicas em que os vários segmentos de um texto se relacionam, mais ou menos explicitamente, com outros segmentos. Essas relações podem existir, por exemplo, entre os períodos de uma frase ou entre as frases dentro de um segmento de texto maior.

Um conjunto óbvio de inter-relacionamento é o que existe entre sujeitos, verbos e outros "participantes" na ação de um período. Por exemplo, no período de abertura da Bíblia, citada no exemplo mencionado há pouco, uma palavra indica o ator ("Deus"), outra palavra indica a ação ("criou") e um período indica o produto da ação ("os céus e a terra"). (Essas inter-relações são algumas vezes indicadas na linguagem bíblica por formas gramaticais, embora a tradução dessas formas, muitas vezes, requeiram outros períodos em português e em outros idiomas.)

Além dessas inter-relações, há também períodos e frases que expandem ou qualificam outros períodos e frases. Esses segmentos do texto identificam, definem, descrevem ou limitam outros segmentos. No exemplo apresentado, "No princípio" qualifica a ação com respeito ao tempo.

Também podemos distinguir entre relações *cronológicas* ou *narrativas*, por um lado, e *lógicas*, por outro. As relações são, por vezes — embora nem sempre —, indicadas por marcadores verbais, incluindo marcadores da narrativa como "antes", "durante" e "depois", e marcadores lógicos como "porque", "de modo que", "portanto" e "por meio" ou "através". As formas de relações cronológicas ou narrativas entre as partes do texto e alguns marcadores[13] incluem:

- **Ação simultânea** — "enquanto", "quando"
- **Ação anterior** — "antes"

---

[13] Os marcadores apresentados na lista são palavras do português. Obviamente os marcadores serão palavras diferentes, ou algumas vezes formas gramaticais, nos idiomas originais.

- **Ação subsequente** — "então", "a seguir", "depois disso", "quando"
- **Reação** — "então"
- **Ação consequente** — "portanto"
- **Lugar da ação/ambiente** — e.g., "Sião"
- **Tempo da ação** — e.g., "no terceiro dia"

As formas de relações lógicas entre as partes e alguns marcadores comuns incluem:

- **Condição** — "se"
- **Razão** — "porque"
- **Propósito** — "de modo que", "para que"
- **Resultado ou consequência** — "portanto", "de modo que", "então"
- **Meios ou instrumentos** — "por", "através"
- **Concessão** — "embora", "apesar de"

Há também relações que podem ter caráter tanto cronológico quanto lógico. Essas incluem comparação (similaridade) e contraste (diferença). Também pode-se notar que certos textos, como as poesias dos salmos e certos argumentos de Paulo, têm um caráter tanto lógico quanto narrativo.

Relações implícitas

Nem todos as relações entre as partes do texto são explícitas. Por exemplo, as razões para a ação de um personagem ou a exortação de um escritor podem não ser mencionadas. Uma cuidadosa análise torna possível discernir importantes conexões não explícitas feitas no texto; em um trabalho escrito, a existência de tais conexões deve não apenas ser mencionada, mas também demonstrada.

De acordo com algumas teorias da linguagem, existem relações em todos os textos entre aquele que é dito e o oposto do que é dito. Cada afirmação, em outras palavras, implica a negação de outra coisa. A afirmação de Paulo, "Jesus é o Senhor", por exemplo, significa que Paulo não é o Senhor, Cesar não é o Senhor, e assim por diante.

Uma forma do método conhecido como exegese estrutural admite que cada texto contém padrões ou estruturas inerentes de convicções opostas. Daniel Patte, o maior defensor desse método, procura identificar as várias crenças inter-relacionadas, ou "convicções de fé", expressas no texto e as "oposições" explícitas ou implícitas a tais convicções. Patte e outros olham não só para o que o autor diz, mas também para o que o autor *não* quer dizer. Portanto, esses exegetas encontram assuntos, ações, posições e assim por diante, que são contrastantes em cada texto, todos representando um texto de convicções de fé e seus opostos explícitos ou implícitos.

Procurar por relacionamentos contrastantes em um texto pode gerar até significativas descobertas. Os exegetas devem ser cuidadosos, entretanto, ao projetar inferências acerca de opostos, porque algumas vezes duas afirmações aparentemente opostas podem ser ambas verdadeiras. A afirmação paulina citada há pouco, por exemplo, *não* significa que "Yhwh não é Senhor"; de fato, o oposto é verdadeiro. Porém, com esse tipo de precaução em mente, um bom leitor sempre irá procurar uma relação implícita no texto, seja de contraste seja de tipos de relações cronológicas ou lógicas que já discutimos.

Resumo

O exegeta perspicaz irá procurar discernir e descrever cuidadosamente as muitas relações no texto. Registrar as observações e questões permite o tipo de "brincadeira com o texto" ou "pensar escrevendo" o que é necessário para uma leitura atenta do texto.

DIMENSÕES DO TEXTO COMO UM TODO

É pouco provável que a maior parte dos livros da Bíblia tenham sido escritos sem a utilização de fontes anteriores, sejam orais, escritas, sejam ambas. Citações, alusões e evidências de outros materiais são abundantes na Bíblia. A pergunta para a exegese é: O que devemos fazer com esses casos?

Fontes e redação

O método histórico-crítico se desenvolveu e prosperou em larga medida porque os estudiosos reconheceram discrepâncias e disjunções dentro dos textos. Isso os levou a concluir que a maior parte dos textos bíblicos era como uma cebola, com muitos níveis de literatura e material pré-literário inserido dentro deles, ou como um quebra-cabeça construído a partir de muitas peças separadas, algumas das quais pareciam não se encaixar bem. O propósito do método histórico-crítico era, e é, em grande parte, a determinação da origem, do desenvolvimento, da compilação e da edição dessas várias fontes.[14]

As tarefas do método histórico-crítico têm nomes específicos atrelados a elas. A *crítica das fontes* é o trabalho de descobrir as várias fontes, especialmente as escritas, que foram utilizadas num texto. A *crítica da forma* é a tarefa de identificar pequenas unidades de tradição (especialmente tradição oral, mas também escrita) dentro de um texto e classificá-las quanto ao tipo ou forma (como hinos, lamentos etc.). A crítica da forma também tenta identificar o tipo de situação vivida por Israel ou pelos cristãos primitivos em que tal forma teria se originado e revelado-se úteis. A *crítica da tradição* é a disciplina que procura identificar as maneiras pelas quais formas específicas ou tradições orais podem ter evoluído à medida que foram transmitidas de um lugar para outro e de uma época para outra. Embora todas essas críticas se concentrem na forma pré-literária e/ou pré-final do texto, não estão particularmente interessadas na composição do texto em si. Esse é o propósito da *crítica redacional*, a disciplina voltada para descobrir como os "redatores" ou editores finais dos textos bíblicos adotaram e adaptaram suas fontes disponíveis para seus próprios objetivos. A crítica redacional também estabelece os interesses do escritor através do livro bíblico, como evidenciado pelas tendências no uso das fontes e temas. O Apêndice A relaciona alguns exemplos específicos de tipos de questões que essas várias críticas abordam.

As reações ao método histórico-crítico, conforme definido por essas críticas, variam desde os defensores e praticantes leais, os críticos intransigentes que disputam seus pressupostos metodológicos e/ou valor teológico, até os que veem o seu valor, mas também as suas limitações e problemas. Este livro adota a última dessas três posições.

Não importa como alguém se sente, em princípio, em relação aos métodos, eles são difíceis de ser executados na prática, especialmente para o exegeta principiante, mas também para o estudante avançado ou um acadêmico de teologia. A menos que um exegeta tenha

---

[14]Para um estudo posterior do método histórico-crítico, veja a tabela no Apêndice A, certos recursos discutidos na seção 1 do capítulo 11 e John R. Donahue, "Modern and Postmodern Methods of Critical Biblical Study" [Métodos modernos e pós-modernos de estudo crítico da Bíblia] em *Scripture* [As Escrituras] ed. Gorman), 147-62.

conhecimento das línguas originais, de culturas e padrões de comunicação antigos, da história israelita e da comunidade cristã primitiva, ele simplesmente não consegue fazer essas críticas de forma responsável.

A única possível exceção para esse problema pode ser a crítica redacional. Se um exegeta encontra boa razão para suspeitar que um autor usou uma fonte,[15] e esta pode ser identificada, então, comparando o texto com sua fonte no idioma original, ou mesmo em uma boa tradução, o exegeta de conhecimento mediano pode se envolver em uma crítica redacional com algum grau de sucesso. Por exemplo, se a maioria dos estudiosos está correta ao pensar que Mateus usou Marcos e outra fonte escrita, chamada "Q", então poderemos saber, a partir da edição que Mateus fez de Marcos, o que ele quis enfatizar ou minimizar em seu Evangelho.

A crítica redacional faz o seguinte tipo de perguntas ao texto:

- Que evidências de fontes existem no texto? Há diferenças no vocabulário, estilo e/ou forma literária? Há "costuras" ou outros pontos problemáticos na fluência da narrativa ou da lógica? Há alguma fórmula introdutória indicando uma citação (e.g., "Moisés disse...")?
- Para quais propósitos o escritor usou a fonte?
- Como a fonte foi alterada? Foi abreviada ou expandida? Foi reformulada? Palavras ou frases foram substituídas por outras palavras ou frases?
- Essas alterações parecem apresentar um efeito intencional? São incomuns para o escritor ou o documento, ou são consistentes com outros aspectos dos escritos em apreço?

Os problemas, naturalmente, com a crítica redacional são que (1) não podemos saber com certeza que houve uma fonte, (2) dificilmente podemos saber com certeza por que a fonte foi usada e mudada, e (3) não podemos garantir que, se um autor usou uma fonte, quaisquer diferenças a partir dela serão tanto intencionais quanto significativas. Ademais, mesmo se as diferenças forem consideradas relevantes, não podemos concluir que elas representam a dimensão mais importante da perspectiva literária ou teológica do autor. Além disso, algumas

---

[15]Por exemplo, se é consenso acadêmico ou se o escritor bíblico cita um documento conhecido.

vezes o que a crítica redacional identifica como costuras ou outras evidências de fontes e redação, a crítica literária identifica como aspectos literários ou retóricos.

Comentaristas que discordam da crítica redacional ressaltam a gravidade desses problemas e defendem a exegese da forma final apenas do próprio texto, como uma peça literária. Embora a exegese da forma final do texto seja a abordagem geral adotada por este livro, é importante reconhecer que há fontes que podem ser reconhecidas nos escritos bíblicos, e que a identificação dessas fontes, feita com cuidado, e a análise de seu uso contribuem para a exegese do texto. Em outras palavras, prossiga com atenção! Seria um erro construir uma exegese de castelo de cartas feita inteiramente com base em uma teoria da fonte, mas igualmente seria grave ignorar as citações e alusões a várias fontes na Bíblia.

Intertextualidade: literária e cultural

Recentes estudos da Bíblia e de outras literaturas têm ressaltado a realidade de que muito do que as pessoas escrevem é uma espécie de costura que junta o novo e o antigo. A criatividade literária humana quase sempre inclui citações e alusões a outros textos, além de ideias e imagens da cultura em que é nutrida. Isto é, os textos contêm ecos de outros textos, assim como reverberações de itens adicionais não linguísticos do ambiente cultural.

Esse elemento é chamado de *intertextualidade*, e permeia toda a Bíblia. Como afirma um erudito, "a própria Bíblia é um tecido intertextual em que textos posteriores são elaborados sobre textos pré-existentes".[16] Por exemplo, o texto de Isaías 61 ("O Espírito do Soberano, o SENHOR, está sobre mim... Enviou-me para ... anunciar liberdade aos cativos"), provavelmente escrito depois do exílio babilônico, parece ser um eco de Isaías 42, provavelmente escrito durante o exílio e é claramente ecoado em Lucas em seu relato do "sermão inaugural" de Jesus em Nazaré (Lucas 4:16-21). O interesse na intertextualidade entre os estudiosos da Bíblia é extraordinariamente grande no momento, e previsível no futuro.

Se limitarmos o termo intertextualidade, como alguns eruditos o fazem, no sentido do uso de conhecidos textos escritos, então

---

[16] Wim (Wilhelmus) Weren, *Windows on Jesus: Methods in Gospel Exegesis* [Um retrato de Jesus: métodos de exegese nos Evangelhos] (trans. John Bowden; Harrisburg, Pa.: Trinity, 1999), 200.

é claro que a dimensão mais importante da intertextualidade para o Novo Testamento tem a ver com suas centenas de citações e alusões à Escrituras (i.e., o Antigo Testamento). Felizmente, muitos editores da Bíblia as indicam em referências cruzadas e notas. Mesmo os livros do Antigo Testamento ou a Bíblia hebraica, entretanto, parecem constantemente usar e fazer referências a textos mais antigos ou a tradições (como o êxodo) que agora fazem parte da Bíblia. Embora isso não seja intertextualidade em seu sentido mais estrito, o produto final é claramente um tecido urdido. Aqueles que estão atentos à intertextualidade escriturística farão as seguintes perguntas:

- Que textos, temas e/ou imagens bíblicas essa passagem cita, ecoa ou alude? Se há uma citação, a passagem o faz de forma idêntica ou parece fazer algumas mudanças?
- Que aspectos do contexto da (s) passagem(ns) citada(s) podem informar o uso do texto nessa passagem?
- Para que finalidades a passagem incorpora, modifica (se o fizer) e utiliza um texto, tema, ou imagem bíblica em particular?

Em acréscimo à própria Bíblia, autores bíblicos algumas vezes recorrem a textos extrabíblicos (tanto religiosos como seculares) e frequentemente a realidades socioculturais fora dos textos. Eles podem citar um provérbio antigo ou mencionar um personagem histórico famoso ou um evento. Ou também podem fazer alusão, por exemplo, a imagens e práticas reais ou imperiais, ou a imagens paternas e maternas, bem como seus costumes, para retratar Deus.

Esse último tipo de "intertextualidade" (com base em fontes extratextuais) é por vezes considerado *intertextualidade cultural*. A investigação de tais ecos amplia o interesse do contexto histórico, ou "cenário" (capítulo 4), para a análise detalhada do texto.[17] Perguntas semelhantes às mencionadas nas páginas 92 e 93 do capítulo 4 podem ser feitas novamente durante o processo de análise detalhada, mas agora com enfoque mais específico. Isto é:

---

[17] Tem sido um lugar-comum de estudos bíblicos falar do "cenário" de um texto bíblico, ou seja, os fatores contextuais gerais ou específicos sobre os quais é preciso ter conhecimento para entender o texto. O termo "cenário", no entanto, é problemático. Ele sugere erroneamente que há uma distância entre o mundo narrado no texto bíblico e o mundo real do antigo Oriente Médio ou Mediterrâneo, com suas crenças, práticas, instituições etc. Assim, prefiro falar de intertextualidade cultural em vez de cenário.

- Quais são as realidades culturais e políticas, lugares, costumes, valores e crenças, às quais a passagem faz referências explícitas ou implícitas?
- O que se pode saber a respeito da importância desses aspectos no tempo em que a passagem foi escrita?
- Como a passagem incorpora, modifica, desafia ou utiliza de outra forma essas realidades culturais?[18]

Ignorar citações da Bíblia e alusões a tais textos, ideias, realidades e imagens é negligenciar um dos aspectos mais significativos de quase todos os textos em particular. O significado de muitos textos depende, em parte — e por vezes em grande escala — de sua "interação" com outros textos e as realidades extratextuais. Por essa razão, não é meramente o crítico histórico, mas também o crítico literário e o leitor de conhecimento mediano ou o exegeta que devem dar atenção às "fontes" — definidas no sentido mais amplo possível — que estão urdidas nos textos bíblicos.

Um problema que deve ser evitado, entretanto, é o erro que o estudioso bíblico judeu Samuel Sandmel chamou de "paralelomania": a busca excessiva de paralelos como fontes ou pontos de contraste para textos bíblicos.[19] Embora possa haver muitas alusões ou aparentes citações de outras fontes, isso acontece em parte porque um texto, ideia ou imagem está "no ar" como parte do conjunto cultural de pressupostos. O exegeta sábio não vai cair na armadilha de pensar que automaticamente a semelhança significa interdependência ou citação deliberada. Por outro lado, uma citação bíblica feita diretamente por um escritor do Novo Testamento deve ser entendida pelo que ela é e analisada para se saber como ela foi usada pelo escritor.

Detalhe narrativo

Um bom escritor junta as influências e as fontes de modo adequado, mesmo que instintivamente. Isso é especialmente verdadeiro para bons

---

[18]Em um trabalho escrito de exegese, a análise contextual irá considerar brevemente os aspectos do contexto histórico, social e cultural que afetam toda a passagem, enquanto a análise detalhada irá tratar de realidades extratextuais que podem estar associadas com apenas uma parte do texto (e.g., um versículo) e pode tratar com mais profundidade algo mencionado apenas brevemente na análise contextual.
[19]Samuel Sandmel, "Parallelomania", *Journal of Biblical Literature* [Jornal de literatura bíblica] 81 (1962): 1-13.

escritores de narrativas. Uma vez que a maior parte da Bíblia é literatura narrativa, a análise dos detalhes narrativos requer alguma atenção especial.

Em algumas antigas discussões sobre exegese, o termo "crítica literária" significava a análise de fontes (literárias) num texto — tomada à parte, por assim dizer. Hoje o criticismo literário pode significar muitas coisas (do estudo geral dos aspectos literários de um texto ao uso de teorias especializadas de literatura), mas não significa procurar pelas formas originais incorporadas no texto, seus estágios de desenvolvimento ou simplesmente o trabalho editorial do suposto redator. Ao contrário, o criticismo literário contemporâneo está interessado na forma final da narrativa do texto, e mais precisamente em como ele comunica *a narrativa*. O melhor termo para esse tipo de análise é *crítica narrativa*. Esse tipo de crítica não está necessariamente interessada (embora, por outro lado, não necessariamente desinteressada) na verdadeira comunidade que se encontra por trás do texto, na qual está inserido o autor. A análise narrativa trata da história como história, bem como do autor/narrador e do escritor/leitor, implicados no texto — que podem não ser sinônimos do verdadeiro autor e seus leitores. (Isso é geralmente visto como "autor implícito" e "leitor implícito".) Tem a ver com a forma final do texto.

Como observado no capítulo sobre forma, estrutura e movimento, a literatura narrativa segue um padrão de (1) introdução (ambiente, ocasião), (2) ação crescente (desenvolvimento, conflito), (3) clímax, (4) ação decrescente e (5) resolução (desfecho, conclusão). Juntos, esses elementos em sequência formam a trama da narrativa. A análise detalhada do texto inclui uma atenção cuidadosa acerca de quais desses elementos estão presentes no texto (pode ser alguns ou todos). Isso também pode incluir levar em consideração outros elementos narrativos do texto, como o desenvolvimento de um personagem:

- Quem são os personagens?
- Como se desenvolvem (através de descrição? por suas ações?)?
- Que papel desempenham na história? Um personagem é o protagonista (personagem líder), um antagonista (oponente), ou um personagem secundário?

Dar atenção aos personagens e forças invisíveis (como poderes sobrenaturais, incluindo Deus) é crucial para a exegese de muitas narrativas bíblicas.

Exegetas perspicazes farão tudo o que puderem para entrar no "mundo narrativo" da história. À luz do contexto da narrativa dentro do livro bíblico como um todo, tente imaginar o ambiente, os personagens, os inter-relacionamentos entre os personagens (incluindo conflitos), o tom e as emoções que a história contém:

- Como a história começa?
- Qual é o momento culminante da história?
- Como ela termina?

Depois de fazer esse trabalho imaginativo, você estará mais bem preparado para se envolver de modo mais crítico e criativo na história. Você pode querer considerar mais profundamente um ou mais dos seguintes pontos:

- Que aspectos do ambiente são apresentados na história e por quê?
- Que elementos da história relatam, explícita ou implicitamente, os personagens e seus inter-relacionamentos?
- Qual é o conflito da história, e qual o significado literário e teológico de tal conflito?
- Que palavras, períodos e frases transmitem o clima da história e seu objetivo central ou propósito aparente?
- Como os personagens e ações dentro dessa narrativa se relacionam com outras partes da narrativa maior da qual essa história ou seção é uma parte?

Essas e outras perguntas similares são aquelas que a maior parte de nós aprendeu na escola a fazer sobre literatura. Alguns de nós nem sempre temos sido encorajados a fazê-las aos textos bíblicos, mas elas podem e, na verdade, devem ser feitas. Entretanto, dois aspectos finais precisam ser vistos. Primeiro, a crítica narrativa e a análise intertextual, ou até mesmo a crítica redacional, não são mutuamente incompatíveis. Pode-se perguntar como um texto adota e adapta outras fontes *e* como o texto opera em conjunto como uma unidade completa e como parte de uma entidade literária maior. Em segundo lugar, a análise narrativa de um texto não deve ser restrita aos textos que são obviamente em forma de histórias. Muitos textos poéticos ou expositivos em sua forma contêm uma história dentro deles ou por trás deles, completada por personagens, conflito e resolução. Outros textos aludem à história da salvação divina através do êxodo ou da cruz e da ressurreição.

Num sentido importante, como muitos estudiosos bíblicos recentes têm sugerido, grande parte da Bíblia é literatura narrativa, e a Bíblia como um todo conta um conjunto de histórias inter-relacionadas. O exegeta atento estará sempre atento aos elementos narrativos de cada texto bíblico, assim como às narrativas maiores às quais os textos bíblicos se referem persistentemente.

CONCLUSÃO

A quantidade e o caráter de questões a ser consideradas e tratadas ao se fazer a análise detalhada de um texto pode ser impressionante. Não se deve, porém, desistir. Por um lado, como em qualquer outra atividade, a exegese requer prática. Como dizem os franceses para transmitir a ideia de que a prática leva à perfeição, "*C'est en forgeant que l'on devient forgeron*": "É forjando que alguém se torna um ferreiro". Ou: "É somente fazendo exegese que alguém se torna um exegeta".

Por outro lado, quanto mais você observa, mais irá ver. Conta-se a história de uma professora de ciências de quinta série (o equivalente norte-americano ao sexto ano no Brasil) que levou a sua classe para ver um sapo dentro de um aquário. Os estudantes deveriam registrar tudo o que estavam vendo. Quando eles pensaram que haviam terminado, ela pediu que continuassem olhando e registrando tudo. Quando finalmente ela disse que poderiam deixar de lado os lápis, todos eles responderam: "Mas nós não terminamos ainda!"

REVISÃO E ESTUDO

Resumo do capítulo

- A exegese envolve uma atenção balanceada entre o quadro maior e a atenção aos detalhes.

- É importante escolher cuidadosamente que detalhes serão analisados.

- Há certas perguntas básicas a respeito de detalhes que devem ser feitas para cada texto em relação a palavras-chave, imagens, aspectos literários, componentes das frases, apelos à tradição, fontes, elementos narrativos e retóricos, tom e humor, assim como a relação das partes com o todo.

- O processo exegético é um círculo hermenêutico que se move para frente e para trás, das partes menores para o todo.
- Palavras-chave e imagens num texto são como as variáveis desconhecidas de uma equação; o significado depende do contexto e da relação com os demais elementos.
- A análise cuidadosa da frase em um texto, e a função de cada frase, é parte essencial no processo exegético.
- A exegese inclui atenção para identificar qualquer fonte usada pelo texto e *como* elas são usadas.
- A exegese também deve abordar a intertextualidade, tanto literária quanto cultural, ou o fato de os textos ecoarem tanto em outros textos quanto em realidades extratextuais.
- A análise detalhada dos textos narrativos inclui atenção ao enredo, desenvolvimento do personagem e o "mundo da narrativa" do texto.

Sugestões práticas

1. Fazer um relato das observações e perguntas permite um tipo de "brincadeira com o texto" ou "pensar escrevendo", o que requer uma leitura cuidadosa do texto. Uma tabela de duas colunas com as frases do texto na esquerda e um espaço para as observações na direita podem ser especialmente úteis.

2. Pergunte constantemente: "O que esses detalhes significam no quadro maior e como esse quadro maior afeta o significado dos detalhes?"

Para estudo adicional e prática

1. Para ter uma ideia dos tipos de coisas que você pode querer discutir em um trabalho escrito de exegese, dê uma olhada no que vários comentários dizem sobre a mesma passagem. (Entre outras coisas, esse exercício vai provavelmente revelar como até mesmo estudiosos discordam entre si sobre o significado de um texto!)

2. Leia o Salmo 1. Prepare um pequeno esboço desse salmo e então analise o texto de acordo com seu esboço. Em sua análise, considere especialmente o ponto principal de cada seção, as imagens e suas respectivas funções e o significado geral do salmo à luz dessas partes.

3. Leia atentamente Lucas 2:1-21 e então divida a história em cenas. Identifique e observe brevemente a relevância de cada um dos seguintes aspectos da perícope: data; local (cidade, "manjedoura"); personagens (humanos e não humanos); reações dos personagens ao nascimento; o conteúdo da mensagem dos anjos. Responda às seguintes perguntas: Qual é a ação em cada cena? Qual é o tema dessa história? Qual é seu tom? Existe alguma ironia na história? Como as cenas identificadas agem em conjunto para produzir uma narrativa completa? A história dá alguma referência a quaisquer temas ou conflitos que você espera encontrar no restante do livro de Lucas?

4. Leia o Salmo 19. Faça uma lista de cerca de dez a quinze palavras-chave, frases ou imagens cuja relevância você precisa explorar se escolher fazer um trabalho escrito sobre esse salmo.

5. Leia Apocalipse 21:1-8. Faça uma lista de possíveis exemplos de intertextualidade (especialmente bíblica) cultural nessa passagem e note o tipo de perguntas que você precisa responder sobre esses exemplos para compreender a passagem.

6. Revise o capítulo 11, seção 6, p. 237, "Recursos para análise detalhada".

7. Leia cuidadosamente as seções de análise detalhada no exemplo do trabalho de exegese no Apêndice C.

CAPÍTULO 7

5º elemento

SÍNTESE

> Não cessaremos de explorar,
> E o fim de toda a nossa exploração
> Será chegar onde começamos
> E conhecer o lugar pela primeira vez.
> — *T. S. Eliot*, Four Quartets

> Qual é a moral da história?
> —*J. Christiaan Beker, que fazia essa pergunta em relação a cada texto e em todas as classes no Princeton Theological Seminary*

Qual é o ponto principal ou quais os pontos mais importantes do texto?

Ao analisar os detalhes do texto com o maior cuidado e precisão possíveis, você lida com as árvores do provérbio, mais do que com a própria floresta. Depois de fazer isso, porém, você precisa voltar à floresta e procurar ver como as árvores se mostram no seu conjunto. Para voltar à outra metáfora, é tempo de olhar para a imagem completa no quebra-cabeça.

FORMULANDO A SÍNTESE DO TEXTO

Sintetizar é juntar vários elementos numa espécie de um todo unificado. Sintetizar, então, é um ato disciplinado e criativo de integração. Ao formular uma síntese da passagem, você está juntando tudo o que tiver pensado ou dito a respeito dela. No entanto, você não está fazendo simplesmente um resumo; está propondo uma conclusão acerca do significado essencial do texto, em relação ao propósito ou função, depois de tê-lo entendido. Em termos literários, você está procurando dizer algo sobre o tópico e o tema do texto — tanto o próprio tema quanto sua tendência ou perspectiva sobre o assunto. Voltando ao seu pressuposto inicial, você está agora transformando sua pressuposição e a cuidadosa análise numa coerente leitura do texto como um todo.

Ao procurar sintetizar suas descobertas, faça as seguintes perguntas:

- Qual é o ponto principal de cada parte do texto, e como essas partes completam o todo? Pode esse ponto estar localizado de forma acurada numa palavra, frase, imagem ou versículo, ou ele deriva do contexto e/ou da estrutura do texto como um todo?

- Por que você acredita que a passagem foi incluída nesse livro bíblico? Qual deve ter sido o propósito ou função do texto para seu autor original e ouvintes/leitores?

- Que reivindicações o texto fez para seus ouvintes/leitores originais? Que resposta poderia o autor desejar obter de seus ouvintes/leitores? Que efeitos — intencionais ou não — o texto pode ter exercido sobre eles?

Ao fazer essas perguntas para si mesmo, jamais se esqueça de que você está lidando com uma literatura religiosa; os autores e seus textos estão fazendo afirmações (teológicas e espirituais[1]), cuja intenção não é meramente informar, mas também transformar seus leitores.

A procura do "ponto principal" não começa no fim da exegese ou no encerramento do trabalho. Ela é parte do processo, do círculo hermenêutico, ao buscar os elementos e o todo, o todo e as partes. Contudo, ao relacionar a conclusão do seu trabalho com o texto, você talvez queira verificar novamente os contextos, a estrutura e os detalhes do texto, com o propósito específico de formular sua compreensão do ponto principal. Algumas questões específicas para levantar — que você já pode ter perguntado ao texto — incluem:

- Há alguma repetição de palavras, ideias ou imagens que possa indicar não apenas a estrutura, mas também o tema do texto? Há algum conceito dominante ou metáfora? Um motivo central?

- A estrutura do texto indica o foco? Há um ponto central? *Inclusio*? Contraste?

---

[1] Isto é, uma reivindicação sobre Deus e sobre o relacionamento do povo com ele.

- O começo ou o fim do texto revela seu principal interesse?
- Há relacionamentos significativos entre os vários componentes do texto que possam indicar o seu propósito retórico completo?

Depois de considerar as perguntas sugeridas aqui, prepare suas conclusões de forma clara e criativa. Ao escrever um trabalho de exegese, deve haver, naturalmente, uma conexão próxima entre a síntese e a introdução, pois cada uma apresenta sua tese; e a introdução geralmente é escrita (ou pelo menos finalizada) depois que o processo exegético está concluído. Uma boa e efetiva síntese retórica, porém, não apenas reafirma os pontos principais que você desenvolveu na análise detalhada, ou repete textualmente na introdução. Em vez disso, ela dever ser apresentada em uma nova (e, esperamos, memorável) linguagem sobre toda a passagem.

A arte da síntese não deve ser subvalorizada. Embora a análise detalhada seja muito importante, a síntese de uma passagem é um indicativo importante dos frutos do processo exegético. Como já dissemos anteriormente, fazer exegese não é meramente juntar fatos e observações; ao contrário, ela é a produção de uma leitura, uma interpretação do texto. Nenhum leitor do texto bíblico deveria ser incapaz de "ver a floresta em relação às árvores". Para aquele que lê a Bíblia como Escritura sagrada, esse estágio da síntese é extraordinariamente crucial, uma vez que o trabalho de reflexão teológica será fortemente influenciado pela compreensão geral do leitor sobre a passagem.

SÍNTESE E A PLURALIDADE DE INTERPRETAÇÕES

Diferentes intérpretes chegam a interpretações diversas ou sínteses do mesmo texto. Sejam eles exegetas sejam pregadores, terão igualmente várias interpretações de um texto, dependendo do contexto em que essas interpretações estejam sendo feitas. De fato, muitos de nós esperamos que um pregador *não* diga a mesma coisa sobre o mesmo texto ano após ano.

Ao formular e escrever a síntese — que, na verdade, é a tese do intérprete sobre o texto em um determinado ponto do tempo —, bons exegetas apresentam suas interpretações com vigor, mas também com humildade. Eles argumentam, quando necessário, contra as interpretações menos qualificadas, mas também reconhecem o valor de outras interpretações (e intérpretes), bem como as limitações de seus próprios conhecimentos e perspectivas. (Evidentemente, este último aspecto nem sempre é adotado por estudiosos bíblicos e pregadores.)

Para ilustrar tanto a importância de chegar a uma síntese quanto a possível variedade de sínteses, podemos buscar referências em diversas interpretações do famoso texto de Paulo na carta aos Filipenses. O texto de Filipenses 2:6-11 tem sido objeto de grande pesquisa acadêmica e reflexão teológica há muito tempo. A passagem tem sido chamada de hino ou poema e frequentemente é atribuída a um período anterior ao próprio Paulo. Assim começa a famosa passagem: "embora sendo Deus, não considerou que o ser igual a Deus era algo a que devia apegar-se; mas esvaziou-se a si mesmo, vindo a ser servo..." Após o voluntário rebaixamento por parte de Cristo de sua igualdade com Deus e se tornar um servo humano até a morte — "e morte de cruz!" — o texto diz que "Por isso Deus o exaltou à mais alta posição" e que toda criação confessará que "Jesus Cristo é o Senhor".

Cada aspecto deste texto tem sido posto em debate: o significado básico das palavras-chave como aquela que é traduzida por "apegar-se"; a relevância teológica das reivindicações surpreendentes, tais como "sendo Deus"; o "pano de fundo", ou ecos escriturais e culturais presentes no texto; a razão por que Paulo cita ou compõe o texto para um contexto histórico e literário em particular; e as implicações teológicas das reivindicações aparentes do texto sobre Deus e Cristo, acerca do seu relacionamento entre si, bem como acerca do relacionamento deles com os leitores.

Como resultado, as interpretações da passagem são numerosas. Uma síntese, ou declaração de tese para o texto, poderia legitimamente tomar algumas das seguintes formas (e outras mais):

- Filipenses 2:6-11 é uma reinterpretação cristã do quarto hino do Servo de Isaías (52:13—53:12), apresentando Cristo como o Servo degradado e, em seguida, exaltado como Servo de Deus.

- Filipenses 2:6-11 retrata Cristo não como o Filho de Deus preexistente, mas como o ser humano verdadeiro, em contraste com Adão.

- Filipenses 2:6-11 é uma reinterpretação cristã de um mito gnóstico de um redentor.

- Filipenses 2:6-11 apresenta Cristo em seu autoesvaziamento como a revelação final da verdadeira divindade.

- Filipenses 2:6-11 apresenta a encarnação e morte de Cristo como um exemplo de amor e humildade para que os cristãos o imitem (veja 1:27—2:5).

- Filipenses 2:6-11 não apresenta Cristo como alguém que deva ser imitado, mas como o Senhor soberano de todos, o qual é digno de devoção cristã.

- Filipenses 2:6-11 apresenta a morte e a exaltação de Cristo como uma promessa de ressurreição para a vida eterna, para aqueles que sofrem como cristãos agora (veja 3:10-11, 21).

Como exegeta, sua primeira tarefa é procurar defender e apresentar uma interpretação persuasiva de um texto, mesmo podendo admitir a existência de outros pontos de vista — algumas vezes para mostrar as deficiências deles. Embora algumas (mas não exatamente todas) das interpretações apresentadas há pouco possam ser mutuamente complementares e não mutuamente excludentes, elas são interpretações distintas. Elementos producentes de mais de uma interpretação podem ser combinados numa exegese, mas nenhuma síntese pode ou deveria incluir uma gama completa de possíveis interpretações, e não deixa de ser menos importante porque algumas maneiras de leitura de um texto são, de fato, exclusivas de outras maneiras.

Com certeza, nem todo texto bíblico é tão aberto a várias perspectivas como essa passagem, mas muitos o são, e o significado de um texto não é simplesmente a busca de um objetivo, a realidade unidimensional que todo mundo vai descobrir ao ler e concordar com tudo. O mesmo pressuposto é verdade tanto no que diz respeito à análise histórica, literária e teológica, quanto ao que se refere à aplicação do texto à vida contemporânea, como veremos no próximo capítulo.

Nesse ponto você pode estar se perguntando se existe alguma esperança de chegar a uma interpretação definitiva de qualquer texto bíblico. Se você é um pregador ou futuro pregador, poderá estar se perguntando: "Será que tudo isso significa que eu não posso pregar com clareza e convicção? Se estudiosos não conseguem concordar sobre o significado do texto, há alguma esperança para mim? Será que eu serei capaz de ouvir ou pregar a palavra do Senhor?" Acredito que há realmente um grande conforto, bem como vitalidade teológica e espiritual, nessa pluralidade de interpretações bíblicas. Mas para defender essa afirmação, é preciso considerar o aspecto da pluralidade na interpretação tanto linguística quanto teológica.

AMBIGUIDADE E POLIVALÊNCIA

Apesar de tudo o que temos dito sobre variedade de interpretação, estudantes da Bíblia, por vezes bem-intencionados — compreensivelmente — esperam que uma cuidadosa exegese, com atenção a todos os detalhes, irá produzir uma interpretação definitiva do texto; *o* significado desse ou daquele texto favorito, de um outro que cause certo incômodo, e ainda outra determinada passagem que seja relevante.

Ler vários comentários ou artigos sobre uma passagem da Bíblia em particular deve neutralizar essa esperança até compreensível, mas equivocada. Além das diferenças naturais na abordagem ou ênfase entre os intérpretes, há outro fator. Apesar — ou até mesmo por causa — de uma investigação cuidadosa de todos os detalhes do texto, um bom intérprete pode concluir que este ou aquele aspecto do texto, ou mesmo o texto como um todo, é ambíguo ou incerto quanto ao seu significado. Em alguns casos, a ambiguidade será devida ao insuficiente conhecimento da situação histórica e cultural em que o texto foi produzido. Em outros casos, será devido ao fraco conhecimento do vocabulário ou da gramática utilizada no texto ou a arranjos obscuros de palavras, períodos ou frases.

A ambiguidade, porém, não está sempre aparente aos olhos de quem vê. E pode nem ser por "culpa" do leitor. Por vezes, o próprio texto possui uma ambiguidade inerente, e em outros casos o autor teve a intenção de que o texto fosse assim apresentado. A ambiguidade é provocativa, permitindo e até fazendo com que o leitor pondere o texto com mais atenção, perguntando: "O que isso significa neste mundo?" A ambiguidade pode ser um convite à exegese. Leitores do Evangelho de João poderão se lembrar da ambígua afirmação de Jesus: "Você precisa nascer de novo" e "do alto" (João 3:3,7), a qual propõe uma das mais significativas mudanças encontradas nos Evangelhos.

A ambiguidade, intencional ou não, também permite várias interpretações, todas elas — se forem feitas com responsabilidade — têm alguma pretensão de validade. De fato, uma vez que há ambiguidade e hesitação em cada reconstrução histórica e em cada análise literária, e considerando que a exegese é mais uma arte do que uma ciência, deveríamos esperar um texto que possa significar coisas diferentes para pessoas diversas, ainda que essas pessoas empreguem os mesmos métodos básicos de leitura do texto. Em outras palavras, um texto tem inerentemente uma espécie de proposta aberta, que permite uma variedade de leituras. O processo da exegese reúne um texto, um conjunto de contextos em que o texto foi produzido e está agora situado, e ainda um leitor inserido em outro contexto. Os resultados desse processo estão destinados a variar. Na verdade, como sugerido há pouco, minha leitura atenta de um texto neste ano pode ser bem diferente no próximo ano. Isso ocorre porque quase todo texto bíblico é ricamente multidimensional, assim como seus leitores em seus contextos também variam muito, de modo que devemos falar sobre os significados — no plural — de um texto em vez de significado no singular.[2]

Especialistas em hermenêutica (interpretação), muitas vezes se referem a esse fato como "extrapolar o sentido" dos textos. Teólogos cristãos, especialmente católicos, falam particularmente com respeito aos textos do Antigo Testamento que eles devem ser interpretados pelos cristãos como apontando para Cristo, o *sensus plenior* do texto. A frase latina significa "sentido mais amplo", ou significado intencional de Deus e não necessariamente do autor humano. Por exemplo, desde o primeiro século, os cristãos têm entendido Isaías 52:13—53:1, que trata do sofrimento do servo de Deus pelos pecados de muitos, como uma profecia sobre a, ou pelo menos um texto cumprido na, morte e exaltação de Cristo. Esse entendimento não significa necessariamente que o autor tenha tido a intenção original de fazer referência a alguma figura do futuro, muito menos a Jesus de Nazaré. Ao contrário, significa que, qualquer que tenha sido a referência original sobre o Servo Sofredor (e.g., um profeta ou o próprio povo), o sentido pleno do significado pretendido por Deus, e legitimamente ouvido pelos cristãos, está centralizado em Cristo.[3]

Para aqueles que ouvem por intermédio da Bíblia a voz de Deus, essa convicção a respeito dos significados (plural) dos textos não quer dizer que Deus é inconstante; ao contrário, sua voz não apenas

---

[2]Alguns intérpretes preferem falar de um significado singular em suas múltiplas aplicações. Mesmo se esse entendimento de significado fosse teoricamente correto, não o seria em seu modo funcional, ao se buscar descobrir a rica multiplicidade de dimensões do significado que qualquer texto carrega consigo.

[3]Por certo, é também verdadeiro simplesmente dizer, sem fazer qualquer reivindicação teológica com respeito à intenção divina, que os cristãos têm visto em Jesus o cumprimento, ou pelo menos, a referência máxima a ele no texto acerca do Servo Sofredor.

é constante, mas fiel e também pura e criativa. A "palavra de Deus é viva e eficaz" (Hebreus 4:12). No entanto, uma consideração teológica do sentido mais amplo deve incluir a convicção de que existe um relevante grau de congruência entre significados textuais originais (tanto quanto nós podemos determiná-los), assim como em leituras posteriores. Um servo sofredor não pode ser transformado na inspiração para uma campanha militar.

Tudo isso não quer dizer, entretanto, que um texto não possa impor limites às interpretações que fazemos dele, ou que um texto endosse qualquer coisa que queiramos afirmar. Isso quer dizer, no entanto, que um texto tem várias leituras possíveis, tanto em termos de seu significado original no contexto quanto em termos de sua significação permanente; e que várias dessas possíveis interpretações podem ser legítimas. Na lista das interpretações de Filipenses 2:6-11, apresentadas há pouco, umas são diferentes das outras porque olham para o texto a partir de ângulos diferentes, mas essas interpretações ainda são compatíveis entre si. Há também aquelas que mutuamente se excluem, como as duas que dão perspectivas radicalmente diferentes sobre a questão da preexistência de Jesus. A tarefa do exegeta é, em parte, discernir as leituras legítimas do texto das ilegítimas, demonstrando por meio de uma boa análise histórica, linguística, literária e teológica, que certas interpretações não fazem justiça ao fenômeno histórico, linguístico, literário e teológico associado ao texto. Em outras palavras, uma interpretação é uma reivindicação, uma tese, e deve ser demonstrada. A noção de que um texto é, ou pode ser, polivalente, não justifica uma leitura superficial, muito menos elimina a necessidade de um trabalho exegético cuidadoso.

Com relação a Filipenses 2 e à questão da preexistência, o exegeta é confrontado com numerosos aspectos que requerem uma análise cuidadosa a fim de demonstrar a legitimidade de uma interpretação ou de outra. A tarefa da exegese será incluir a identificação, a interpretação, e dar o devido peso ao significado de frases como "embora sendo Deus", "igual a Deus", e "esvaziou-se a si mesmo" (versículos 6,7). Essas frases precisam ser entendidas à luz do uso do grego no primeiro século, em conexão com frases semelhantes em outros escritos de Paulo e em relação ao restante do poema (Filipenses 2:6-11). Em minha opinião, esses fatores todos apontam fortemente no sentido de reafirmar a preexistência de Cristo no texto e gostaria, portanto, de argumentar que a negação da preexistência de Cristo no texto, é uma leitura ilegítima do poema. Essa posição, bem como a posição que a rejeita, devem ser discutidas com cuidado, de forma convincente (embora não aqui!), e não apenas para sua aplicação. Mas se uma interpretação for feita corretamente, outras interpretações discordantes serão, assim, excluídas, mesmo permitindo-se uma variedade delas que sejam compatíveis.

Outro exemplo textual pode ser útil para ilustrar esses dois pontos sobre a legitimidade das múltiplas interpretações e a ilegitimidade da interpretação sem restrições. Neste caso, devemos olhar menos para os dados históricos e a linguística e nos voltar mais explicitamente para as questões literárias e teológicas. A imagem de uma "cidade construída sobre um monte", de Mateus 5:14, tem uma longa história de interpretações, muitas delas em contextos religiosos e especialmente políticos. Uma leitura cuidadosa do texto no seu contexto é bastante provocativa. Há ecos de Isaías 2, texto que declara que as nações subirão a Jerusalém (Sião) e viverão em paz em algum tempo no futuro. Essa intertextualidade sugere que a escatologia de Israel — ou um Israel renovado — será um testemunho para os gentios. A imagem de luzes da cidade em uma colina (Mateus 5:15) seriam vívidas tanto para residentes da Judeia quanto da Galileia. A natureza dessa luz tipificando as "boas obras" (Mateus 5:16) dá o foco, apesar de não ser sua especificidade, à forma do testemunho. As imagens do texto apontam para a missão exemplar de uma comunidade, de modo específico Israel ou os primeiros discípulos, e a Igreja como a continuação de Israel.

A igreja cristã herda legitimamente essa imagem e aplica-a a si mesma em vários tempos e de diversas formas. Assim, "comunidade" e "luz" (= "boas obras"), duas imagens dominantes do texto, foram submetidas a uma variedade de leituras legítimas. No entanto, a aplicação dessas imagens para uma entidade não religiosa (e.g., uma nação como os Estados Unidos), referindo-se às suas obras não religiosas (e.g., a liberdade política, a democracia) estende o limite da interpretação para um ponto de ruptura.

Algumas leituras, como já foi dito, violentam ao texto. É preciso haver alguns limites para tudo o que o texto possa significar.

Para usar uma antiga analogia, um texto é como um diamante com muitas faces, e nenhum único observador poderá ver todas elas a partir de seu próprio ponto de vista. Podemos nos referir a esse aspecto como a polivalência de um texto. Polivalência é a condição de o texto possuir múltiplos sentidos. Mais precisamente, uma vez que um texto impõe algumas restrições sobre nossa interpretação, deveríamos falar de sua polivalência limitada.⁴ Não se pode olhar para um diamante e legitimamente dizer que está vendo uma laranja, ou analisar doze frases de lamentação profética e afirmar que o profeta está descrevendo a alegria do Senhor. Mas pessoas diferentes podem identificar e enfatizar aspectos diferentes associados a um texto e, portanto, oferecer diferentes interpretações, todas legítimas.

Algumas pessoas se opõem até mesmo à noção de uma polivalência limitada, argumentando que aquilo que o escritor pretendia dizer era o que um texto significava e ainda significa. O trabalho do exegeta é, portanto, descobrir "a intenção autoral". Acredito que em alguns casos podemos nos aproximar da intenção autoral e, portanto, deve ser indicada como a síntese de um texto, que Paulo, por exemplo, parece ter tido a intenção de afirmar. Mais frequentemente, no entanto, podemos apenas descrever o que o texto pode ter comunicado a um público romano de Corinto no primeiro século d. C., ou a uma comunidade do século 8, em Israel, e também o que ele comunica a nós, com nossa conhecida, mas ainda limitada, compreensão dos contextos antigos.

Discernir a intenção autoral, como a experiência cotidiana nos ensina, é sempre difícil e, por vezes, impossível de ser feita. Além disso, como a vida nos mostra, o significado não é equivalente à intenção do remetente (autor) para o destinatário. Embora a noção de que o significado criado exclusivamente pelo destinatário de um comunicado seja uma reação exagerada à alegação equivocada de que o significado seja limitado à intenção autoral, esse tipo de reação

---

⁴Eu me sinto menos confortável com o termo evocativo "infinito restrito" — embora entenda seu apelo. Veja Tate, *Biblical Interpretation* [Interpretação bíblica], 211. Stephen E. Fowl propôs o termo leitura "não determinada" para descrever uma variedade (embora não ilimitada) de possíveis funções textuais, em contraste com leitura "determinada" (ou seja, determinada e restrita, normalmente por intenção do autor, em relação a um significado) e leitura "indeterminada" (isto é, determinada totalmente pelo leitor, sem restrição). Ele também defende um "sentido literal multifacetado" de textos bíblicos. Quanto ao primeiro ponto, veja *Engaging Scripture: A Model for Theological Interpretation* [Escritura envolvente: um modelo de interpretação teológica] (Challenges in Contemporary Theology; Oxford: Blackwell, 1998). No segundo caso, veja seu ensaio "The Importance of a Multivoiced Literal Sense of Scripture: The Example of Thomas Aquinas" [A importância de um sentido multivocal literal das Escrituras: o exemplo de Tomás de Aquino] em *Reading Scripture with the Church: Toward a Hermeneutic for Theological Interpretation* [Leitura das Escrituras com a Igreja: em direção a uma hermenêutica para a interpretação teológica] (ed. A.K.M. Adam et al.; Grand Rapids: Baker Academic, 2006), 35-50.

não reconhece justamente o fato de que diferentes pessoas recebem várias mensagens de uma única fonte de comunicação. A comunicação humana é polivalente.

Também é importante notar que muitas formas de comunicação são evocativas, ao invés de meramente propositivas, e a fala ou a escrita evocativa gera vários significados inerentes a ela. Isto é especialmente verdade na poesia; em grande parte da Bíblia há literatura poética de um tipo ou de outro, desde o primeiro capítulo do Gênesis aos profetas, aos Salmos; e dos Evangelhos a poemas como Filipenses 2:6-11, ao livro do Apocalipse. Nesses casos, ironicamente, embora a intenção do autor não possa ser precisamente discernível, é muito provável que ele tenha pretendido evocar uma variedade de respostas simplesmente usando uma linguagem sugestiva.

Finalmente, é importante, para aqueles que pensam teologicamente sobre a exegese, lembrar que o autor real da Escritura é Deus e recordar mais uma vez que a Palavra de Deus é viva e eficaz. A intenção autoral divina pode ser muito maior e, no entanto, por vezes, menos precisamente definida do que a intenção dos autores humanos. Conquanto a convicção não dê aos leitores ou pregadores uma licença para fazer exegese, deve ela liberá-los para estarem prontos a ouvir a voz de Deus falando, mais uma vez, através das palavras das Escrituras, quando são lidas com cuidado e com a dependência do Espírito que inspirou essas palavras e continua a dar vida a elas.

Então onde é que isso nos deixa na tarefa de fazer a síntese? À medida que cada um de nós procura integrar os vários detalhes no texto que temos observado e analisado, as diferentes conclusões menores a que vários leitores têm chegado começam a ser adicionadas e o "grande total" — a compreensão do texto como um todo — começa a emergir. E isso pode realmente ser bem mais do que a soma das várias partes. Podemos atribuir isso aos poderes humanos das ideias, ao poder do próprio texto, à inspiração do Espírito, ou todos os itens mencionados.

Para concluir: uma síntese expressa criativamente uma conclusão bem concebida, bem desenvolvida e bem defendida, feita por um intérprete, sobre o significado e a função de um texto. Essa síntese será exclusiva para o intérprete que a apresenta. Em um trabalho escrito de exegese, ela é o somatório do argumento e da ponte para a reflexão teológica.

REVISÃO E ESTUDO

Resumo do capítulo

- Sintetizar não é meramente fazer um resumo, e sim um ato criativo do desenvolvimento de uma conclusão sobre o significado e função de um texto.

- Várias características de um texto podem fornecer sugestões quanto ao seu assunto principal e seu tema.

- Por razões variadas, incluindo o caráter inerente do próprio texto, seu significado pode ser ambíguo.

- Por ser a exegese uma arte (um ofício com uma inerente dimensão subjetiva), assim como uma ciência (técnica), e porque cada texto bíblico é multifacetado, um texto tem uma variedade de formas legítimas de leitura; ele possui uma limitada, embora não infinita, polivalência.

Sugestões práticas

1. Mantenha um registro dos possíveis pontos-chave ao trabalhar através do processo exegético, mas não prepare a síntese até que tenha tempo para voltar atrás e olhar para todos os seus dados de uma forma completa.

2. Quando você tiver um significado para o texto como um todo, resuma-o numa boa frase (mesmo que ainda complexa), tentando usar os termos-chave ou imagens do próprio texto tanto quanto possível, e procure, ao mesmo tempo, analisar a forma como as peças-chave se inter-relacionam e constituem o conjunto.

Para estudo adicional e prática

1. Releia o Salmo 19. Numa frase bem escrita, apresente sua compreensão do significado desse salmo, tendo certeza de estar incluindo aí os resultados de seu esboço em relação ao estudo feito antes.

2. Leia a história sobre o profeta Elias, o rei Acabe e os profetas de Baal em 1Reis 18:1-40. Quais são as reivindicações religiosas principais que estão sendo feitas na história e por meio dela? Que funções políticas e sociais teria esse texto na primeira vez em que foi apresentado ou escrito? Por que o editor [compilador] de 1Reis teria preservado essa história para os futuros leitores?

3. Leia o conjunto das breves histórias relatadas em Lucas 8:22-56. Como essas histórias se relacionam entre si? Qual parece ser o ponto-chave de cada uma delas e o ponto central da coleção como um todo?

4. Leia atentamente Romanos 8:28-39 e faça um breve esboço do texto. Em seguida apresente, em duas ou três frases, o ponto principal do texto como você o vê.

5. Revise o capítulo 11, seção 7, p. 254, "Recursos para a síntese".

6. Leia atentamente as seções de síntese no exemplo do trabalho de exegese no final deste livro, Apêndice C.

CAPÍTULO 8

6º elemento

REFLEXÃO: INTERPRETAÇÃO TEOLÓGICA
O texto de hoje

> Examine as Escrituras, não como se fosse fazer uma concordância, mas uma aplicação.
> — *John Donne*

> Aplique-se totalmente ao texto; aplique o texto totalmente a si mesmo.
> — *Johann Albrecht Bengel*

> A exegese teológica não é um "método"... É uma *prática* complexa, uma forma de ver as Escrituras com os olhos da fé e procurar entendê-las dentro da comunidade da fé.
> — *Richard B. Hays*, "Reading the Bible with Eyes of Faith" [Lendo as Escrituras com os Olhos da Fé]

O que esse texto significa para os leitores diferentes dos leitores originais?

O que ele significa para você? O que significa para sua comunidade de fé?

A reflexão sobre um texto bíblico dificilmente começa pelo seu final. O processo exegético é, naturalmente, um processo de reflexão do começo para o final. Após a análise cuidadosa e a síntese terem sido feitas, você está melhor capacitado para pensar de forma mais adequada e sistemática sobre o significado do texto. Nesse ponto, a pergunta mais importante passa de "por quê?" para "e então?"

Esse estágio, ou dimensão de exegese, embora evitado por alguns leitores, é realmente o elemento final apropriado desse processo. Grandes obras de arte (incluindo literatura religiosa) inevitavelmente convidam ao envolvimento. Elas possuem uma capacidade inerente de inspirar a imaginação e criar novas posisblidades de pensar e viver. O objetivo final da exegese, a "direção" do texto, é a consideração cuidadosa do convite do texto à imaginação, ao pensamento e especialmente à comunidade que chama a Bíblia de "Escrituras" — um texto sagrado e uma mensagem divina. Neste capítulo iremos observar alguns possíveis objetivos para essa reflexão sobre o texto e ampliaremos nosso entendimento de exegese para incluir o que agora chamamos de exegese teológica da interpretação bíblica.

Este capítulo contém mais teoria e teologia do que a maior parte dos outros capítulos deste livro. Isso é necessário para prover um apropriado fundamento e uma estrutura para o trabalho prático — para o qual há também numerosas sugestões na última parte deste capítulo.

CINCO POSSÍVEIS POSTURAS INTERPRETATIVAS

No capítulo 1, sugerimos brevemente que existem dois tipos básicos de abordagens existencialistas da exegese, ou abordagens que desejam ir além da análise das características históricas e literárias do texto bíblico. Dissemos que uma abordagem era caracterizada fundamentalmente por suspeita e outra por confiança ou consentimento.

Podemos agora expandir essa discussão, reconhecendo que nem todos leem a Bíblia de uma dessas duas formas. Por mais diferente que seja uma da outra, elas refletem a experiência interpretativa dentro de uma tradição e/ou comunidade religiosa. No entanto, existem outros três tipos de abordagens que não pressupõem a experiência na interpretação bíblica dentro de uma estrutura religiosa. Sugiro que as pessoas reflitam e respondam aos textos bíblicos por meio de uma das cinco perspectivas básicas diferentes, ou "posturas interpretativas",[1] variando de antipatia para a fé/consentimento. O termo técnico para essa perspectiva ou postura de interpretação básica é "hermenêutica", uma palavra derivada do nome do deus grego Hermes (o deus romano Mercúrio), o mensageiro ou intérprete de outros deuses. Cada grupo de leitores procura, e encontra, algo diferente no texto bíblico. Cada

---

[1] Tate, *Biblical Interpretation* [Interpretação bíblica], 167, usa o termo "estrutura interpretativa".

hermenêutica [interpretação] tem um papel legítimo na interpretação bíblica continuada, como uma literatura clássica do espírito humano, e tem algo para contribuir com outras leituras hermenêuticas. Elas diferem de modo significativo, porém, em sua capacidade de promover o crescimento de uma comunidade de fé.

1. Hermenêutica da antipatia

A hermenêutica da antipatia (oposição) é a perspectiva apoiada por aqueles que veem a própria Bíblia, ou seus efeitos, como perigosos para a liberdade humana, a busca pela verdade ou outros ideais de princípio e caridade. Aqueles que estudam a Bíblia a partir desse ponto de vista estão prontos para criticar não apenas a cosmovisão "pré-moderna" dos textos, mas também o que eles entendem como as consequências (não) éticas em viver de acordo com os valores expressos em alguns de seus textos: violência e guerra, intolerância e ódio, e assim por diante. (A história, infelizmente, fornece muitos exemplos de maldade e injustiça cometidos por pessoas que afirmavam ser a Bíblia o seu guia, e esses exemplos tornam uma hermenêutica da antipatia compreensível mesmo para aqueles que não a compartilham.) Uma questão típica dessa perspectiva hermenêutica poderia ser: "Que visão errônea do mundo e que consequências deletérias para a vida humana, conjuntamente, esse texto perpetua?"

2. Hermenêutica da apreciação ou descompromissada

A hermenêutica da apreciação ou descompromissada é a perspectiva daqueles cujo interesse primário no texto bíblico não é religioso, mas literário ou histórico. Eles não têm nenhuma antipatia anterior ao texto, nem qualquer compromisso prévio com ele como um texto inspirado ou documento oficial — embora possam achar várias partes dele perturbadoras ou inspiradoras. Ao menos, leem a Bíblia com a mesma seriedade com que leem, digamos, Aristóteles ou Shakespeare. Às vezes, de fato, tais intérpretes leem a Bíblia com mais cuidado e criatividade do que aqueles que estão mergulhados em uma tradição ou comunidade de fé, que toma a Bíblia formalmente como seu guia oficial, mas são incapazes de fazer uma leitura do texto usando novas e diferentes formas. Uma pergunta típica de alguém que está empregando uma hermenêutica da apreciação ou descompromissada poderia ser: "O que esse interessante texto me revela sobre a visão de um povo antigo sobre (algum aspecto da) a realidade?" Indo um pouco mais adiante, essa pessoa também poderia perguntar: "O que esse texto finalmente me diz sobre a busca humana universal pelo sentido da vida, e até que ponto eu interajo ou não com seu ponto de vista?"

3. Hermenêutica do discernimento ou investigação

A hermenêutica do discernimento ou investigação é o ponto de vista de quem não rejeitou nem evitou o compromisso formal de ouvir a Bíblia como um texto sagrado, mas também não o assumiu. Eles estão "procurando respostas", e a Bíblia é um lugar (talvez um, dentre muitos) no qual eles estão buscando perspectivas para a vida. Uma pergunta típica desse ponto de vista poderia ser: "Que modo de vida sugere esse texto e quão satisfatória — da perspectiva intelectual, espiritual e ética — é a sua sugestão em comparação com outras com as quais estou lutando?"

4. Hermenêutica da suspeição

A hermenêutica da suspeição é tipicamente empregada por aqueles que fizeram parte de uma comunidade religiosa ou de tradição e que reagiram contra o que eles entendem ser o uso indevido da Bíblia como fonte de autoridade religiosa por parte de tradições e comunidades (suas próprias e/ou outras). A suspeição pode ser dirigida contra as leituras que, acredita-se, negligenciam os contextos históricos e o condicionamento cultural da Bíblia ou, mais frequentemente hoje, contra as leituras que têm sido usadas para marginalizar ou oprimir as minorias. Tais oprimidos podem incluir os pobres, as mulheres, os negros, os judeus, os gays e as lésbicas, os colonizados ou escravizados e ainda outros grupos que não pertencem à corrente principal da sociedade ou da tradição interpretativa. Uma hermenêutica de suspeição caracteriza métodos de estudo bíblico que passam pelos nomes ideológica pós-colonialistas, e defende o criticismo (especialmente a exegese liberacionista).

Aqueles que adotam a hermenêutica da suspeição acreditam que a tradição interpretativa e (em geral) o próprio texto estão sujeitos a críticas e que até mesmo são potencialmente perigosos. Questões típicas de uma pessoa que interage com a hermenêutica da suspeição poderiam ser: "Como esse texto e/ou sua interpretação na história admitem ou promovem a opressão? Existe alguma maneira de reparar ou resgatar esse texto para que ele possa libertar as mesmas pessoas, as quais ele apontava como alvo de opressão, ou pessoas que foram oprimidas por interpretações posteriores?"

5. Hermenêutica do consentimento ou da fé

A hermenêutica do consentimento ou da fé é a estrutura interpretativa dentro da qual a maioria dos judeus e cristãos praticantes geralmente lê a Bíblia. Eles dão à Bíblia o benefício da dúvida e concluem que, pelo fato de o povo de Deus, conhecido como judeus e cristãos, ter ouvido "a palavra do Senhor" por meio dela durante milhares de anos, eles também podem ainda ouvir de Deus através desse livro.[2] Uma pergunta típica de uma pessoa interagindo com a hermenêutica do consentimento ou da fé poderia ser: "Qual é a palavra de Deus para nós nesse texto?" ou "Como a situação do povo de Deus abordada no texto pode ser análoga a nossa situação atual, e qual dever ser a nossa resposta adequada de fé e vida a essa palavra?"

Aqueles que leem as Escrituras dessa maneira dão sequência à antiga tradição judaica de ver o estudo da Torá como uma forma de oração e adoração, bem como a prática bíblica de invocar o Espírito Santo para guiar e iluminar o intérprete. Os cristãos leem a Bíblia como a Escritura Sagrada porque procuram encontrar nela a mente de Cristo e assim o fazem com oração, não importando quão acadêmica seja a tarefa no momento. A hermenêutica da fé guia a prática exegética que reconhece Deus como a fonte maior da boa interpretação e considera a vida fiel diante de Deus como o objetivo final dessa interpretação. Tal prática exegética é uma forma de encarnar a ordem bíblica de amar a Deus tanto com a mente quanto com o coração.

LENDO COM FÉ, OUVINDO OS OUTROS

A visão descrita no restante deste capítulo é uma forma que segue a última postura interpretativa, a hermenêutica do consentimento ou da fé. Como visão geral, a abordagem da aceitação não é tão fixa, tão estática, de modo que aquele que lê empregando a hermenêutica

---

[2]Um importante comentário sobre hermenêutica da confiança pode ser encontrado em Richard B. Hayes, "Salvation by Trust? Reading the Bible Faithfully" [Salvação pela fé? Lendo a Bíblia fielmente] *Christian Century* 114 (February 26, 1997): 218-23, reimpresso em *The Conversion of the Imagination: Paul as Interpreter of Israel's* [A conversão da imaginação: Paulo como intérprete das Escrituras de Israel] (Grand Rapids: Eerdmans, 2005), 190-201.

fundamental da aceitação, jamais irá ler os textos com alguma hesitação e até suspeita. Mulheres fiéis, por exemplo, têm dificuldades legítimas com certos textos, assim como os leitores que experimentaram, por exemplo, a escravidão, a servidão ou outras formas de opressão. É importante para todos os leitores do texto bíblico — qualquer que seja sua postura interpretativa — que ouçam leitores com diferentes abordagens hermenêuticas, pois, ao fazê-lo, irão encontrar questões e ideias que de outra forma não lhes ocorreriam. Isso requer, às vezes, certo grau de coragem, mas quase sempre compensa correr o risco de ouvir o outro, produzindo como resultado maior apreciação, tanto para com o texto quanto para com o outro intérprete.

Essas várias visões interpretativas fundamentais variam naturalmente em sua adequação à crença de indivíduos e comunidades. De fato, é difícil imaginar que os cristãos possam sustentar-se como uma comunidade por muito tempo sem uma hermenêutica básica de aceitação ou de fé em relação a seus textos sagrados. No entanto, seria errado pensar que o uso desse tipo de hermenêutica significa uma abordagem fechada para outras perspectivas. Aqueles que examinaram outras posições hermenêuticas e as consideraram injustificadas ou inapropriadas, como sua visão interpretativa fundamental, devem ainda assim levar as opiniões dos outros muito a sério. Sua decisão de dar à Bíblia o benefício da dúvida como uma fonte de autoridade religiosa não é feita facilmente e não deve ser interpretada como simplista, antiquada ou anti-intelectual. Tais leitores podem, de fato, compartilhar algumas das preocupações daqueles que leem com suspeição e até mesmo com antipatia.

Como observamos no capítulo 1, podemos nos referir à interpretação da Bíblia com uma hermenêutica básica de aceitação ou de fé como a interpretação *teológica* da Escritura, que agora vamos explorar com alguns detalhes.

INTERPRETAÇÃO TEOLÓGICA DA ESCRITURA

Provavelmente, o desenvolvimento mais significativo na interpretação bíblica acadêmica nos primeiros anos do século 21 tem sido o meteórico aumento do interesse pela interpretação teológica da Bíblia — que considera a Bíblia não apenas como um documento histórico e/ou literário, mas como fonte de revelação divina, testemunho da atividade criativa e salvífica de Deus e/ou (minimamente) relevante parceira na tarefa de reflexão teológica — no entendimento sobre Deus e o mundo, bem como a humanidade à luz de Deus. A interpretação teológica não é um fenômeno novo — foi considerada, na maioria das vezes, a única maneira de ler a Bíblia antes do Iluminismo e sobreviveu a esse período em muitas comunidades de fé —, mas recentemente tem recebido mais atenção nos estudos bíblicos, depois de muito tempo de marginalização, pelo menos em alguns círculos acadêmicos.

Esse renascimento pode ser explicado por uma série de fatores que convergiu praticamente ao mesmo tempo. Dentre eles estava a insatisfação generalizada com abordagens puramente histórico-críticas (diacrônicas) e até mesmo puramente sociorretóricas e literárias (sincrônicas) ao estudo bíblico; o senso de uma nova liberdade, concedida pelo pós-modernismo, para que os intérpretes bíblicos pudessem tornar explícitos seus interesses teológicos (bem como outros interesses "ideológicos" — feministas, liberacionista etc.); e o desejo de muitos estudiosos bíblicos e estudantes de teologia sistemática de reconectar suas respectivas disciplinas.

O renascimento da interpretação teológica tem sido marcado por um grande número de empreendimentos acadêmicos significativos, que estão ajudando a reformular o campo do estudo bíblico. Isso inclui:

- Um número crescente de grupos dentro das sociedades profissionais de estudiosos bíblicos (especialmente a Sociedade de Literatura Bíblica) dedicados à interpretação teológica da Escritura.

- O lançamento de várias novas séries de comentários com propósitos e títulos especificamente teológicos, incluindo pelo menos uma série escrita, não primariamente por especialistas bíblicos, mas em grande parte por teólogos.[3]

- Um crescente interesse pela recuperação e reapropriação de antigas leituras teológicas (patrística, medieval, reforma etc.) da Bíblia.[4]

- A publicação de inúmeros livros em vários formatos — monografias, séries de vários volumes e volumes de vários autores — dedicados à definição e interpretação teológica da Bíblia.

---

[3] Veja a descrição dos comentários no capítulo 11, seção 6 "Recursos para a análise detalhada".

[4] Esse interesse reavivado está se manifestando de várias maneiras, incluindo a publicação de "comentários" que são realmente antologias de fontes anteriores. Veja mais uma vez o capítulo 11, seção 6, "Recursos para a análise detalhada".

- A publicação de um importante livro de referência intitulado *Dictionary for Theological Interpretation of the Bible* [Dicionário para interpretação teológica da Bíblia].⁵
- O lançamento, em 2007, da importante publicação chamada *Journal of Theological Interpretation* [Jornal de interpretação teológica], editada por Joel B. Green, uma das vozes mais importantes na interpretação teológica.

Apesar do rápido e generalizado aumento do interesse pela interpretação teológica, seus teóricos e praticantes (entre os quais o autor atual deve ser incluído) às vezes dizem que ninguém sabe, de fato, o que ela é. Isso não é verdade, mas existe, realmente, uma grande diversidade de opiniões sobre o que constitui a interpretação teológica ou exegese. Algo que parece ser geralmente de comum acordo, no entanto, é que a interpretação teológica não trata principalmente dos *métodos* exegéticos, mas das *metas* exegéticas. Qual é o objetivo, ou *telos*, da exegese bíblica? Se o exegeta está procurando apenas entender um texto bíblico como um texto antigo, como um texto puramente humano — quer usando métodos diacrônicos quer sincrônicos — ele não está fazendo interpretação teológica. Por outro lado, se o exegeta procura compreender um texto bíblico para se apropriar de sua mensagem como um guia para sua crença e comportamento contemporâneos, dentro de uma comunidade de fé (seja cristã seja judaica) — se esse objetivo é alcançado com o método histórico-crítico, sociocientífico, narrativo ou outros —, esse exegeta está fazendo interpretação teológica.

Um dos principais objetivos de toda interpretação teológica é preencher as lacunas que se desenvolveram entre os estudos bíblicos acadêmicos e a igreja, por um lado, e os estudos bíblicos acadêmicos e a teologia sistemática, por outro. Uma maneira de alcançar esse duplo objetivo, de acordo com muitos intérpretes teológicos, é equilibrar (ou mesmo substituir) a preocupação moderna com os métodos por um foco em disposições e práticas teológicas. Ou seja, a leitura teológica requer uma hermenêutica da confiança que se baseia em disposições tais como humildade e receptividade, bem como as práticas dela resultantes, como a oração e a virtude cristã.

---

⁵Kevin J. Vanhoozer, gen. ed.; Craig G. Bartholomew, Daniel J. Treier, and N. T. Wright, assoc. eds., *Dictionary for Theological Interpretation of the Bible* (Grand Rapids: Baker, 2005).

Definindo a interpretação teológica e seus objetivos

O editor-chefe do *Dictionary for Theological Interpretation of the Bible* [Dicionário para a interpretação teológica da Bíblia], o teólogo sistemático Kevin Vanhoozer, afirma que a interpretação teológica significa "ler para conhecer a Deus", o Deus revelado em Israel e em Jesus.[6] Seu objetivo é superar a lacuna moderna entre exegese e teologia e expressar a "responsabilidade conjunta de todas as disciplinas teológicas" para interpretar a Escritura "com um interesse principal em Deus" e uma "ampla preocupação eclesial". Vanhoozer insiste, entretanto, que a interpretação teológica não é a imposição de um sistema confessional (e.g., o catolicismo ou o calvinismo) ao texto bíblico e se opõe àquilo que ele percebe ser a tendência pós-moderna de transformar a exegese em ideologia.[7]

Joel Green afirma que a diferença mais importante entre simplesmente ler a Bíblia e lê-la como a Escritura Sagrada (interpretação teológica) é que, nesse último caso, a lemos como uma palavra dirigida a nós; ele entende que somos parte da mesma comunidade — o povo de Deus no espaço e no tempo — a quem o texto bíblico foi dirigido originalmente. Em outras palavras, quando lemos um texto bíblico não estamos lendo a carta de outra pessoa, mas a nossa carta. E essa "carta" não é apenas parte de um livro ou coleção de livros — "Bíblia" —, mas parte do texto de autoridade sagrada para o povo de Deus — "a Escritura Sagrada".[8]

A exegese teológica, portanto, é a interpretação bíblica que se dá num contexto eclesial[9] e está fundamentada em certos princípios teológicos fundamentais, especialmente (1) o princípio da autorrevelação e expressão divinas e (2) o princípio da unidade e da catolicidade ou universalidade da Igreja. Juntos, esses dois princípios básicos incentivam o teólogo intérprete da Escritura a desenvolver (ou aprender) e usar métodos apropriados de análise diacrônica e sincrônica de textos, ao mesmo tempo que esses princípios exigem uma sensibilidade espiritual para com os textos.

O grande Agostinho (354-430) declarou o propósito da interpretação bíblica nas seguintes palavras pungentes:

---

[6]Vanhoozer, *Dictionary for Theological Interpretation of the Bible*, 24. A leitura completa da introdução do dicionário é valiosa (19-24).
[7]Vanhoozer, *Dictionary for Theological Interpretation*, 19-21.
[8]Veja Joel B. Green, *Seized by Truth: Reading the Bible as Scripture* [Capturado pela verdade: lendo a Bíblia como as Escrituras] (Nashville: Abingdon, 2007) e discussões posteriores a seguir.
[9]Isto é, "comunidade da Igreja", amplamente entendida para incluir o contexto acadêmico e outros contextos associados com a Igreja.

Quem quer que, portanto, pense que entende as divinas Escrituras ou qualquer parte delas e não constrói o duplo amor a Deus e ao próximo, verdadeiramente não as entende. (*Sobre a Doutrina Cristã* 1.35.40)

Stephen Fowl, outra voz importante na interpretação teológica da Escritura, ecoa Agostinho ao dizer que o objetivo da interpretação teológica é uma comunhão cada vez maior com Deus e uns com os outros.[10]

Outra maneira de descrever a exegese teológica é refletir sobre os tipos de perguntas que o leitor procura responder. Em forma resumida, podemos descrever essas perguntas como as que seguem:[11]

- O que o texto nos exorta a crer? (*Fé*)
- O que o texto nos exorta a esperar? (*Esperança*)
- O que o texto nos exorta a fazer? (*Amor*)

No entanto, ao fazer esse tipo de pergunta, estamos reconhecendo que o objetivo da interpretação teológica não é meramente, ou mesmo principalmente, ler e questionar o texto, mas permitir que o texto nos leia, questione e forme. A interpretação teológica cristã é interpretação interna, com e para a Igreja, de modo que essa possa ser de fato o tipo de igreja no mundo adequada ao evangelho cristão.

Oito princípios de interpretação teológica das Escrituras

A interpretação teológica da Escritura é, portanto, a interpretação bíblica fundamentada em certos princípios teológicos e hermenêuticos (interpretativos) fundamentais. Para muitos leitores da Bíblia como Escritura, tanto leigos quanto ministros, a maioria desses princípios pode não parecer particularmente revolucionários e pode já estar

---

[10]Veja Fowl, *Engaging Scripture* [Escritura envolvente], vii, 3, 7, e adiante.

[11]Essas questões, como observado no capítulo 1, estão enraizadas no método exegético de quatro partes da Igreja medieval, que considerava antes de tudo o significado literal de um texto e também suas dimensões doutrinárias, escatológicas e morais. Veja a discussão em Burnett, "Interpretation" [Interpretação], 138-41. Para uma perspectiva do texto bíblico que coloca essas três questões no centro do trabalho interpretativo, veja Michael J. Gorman, *Apostle of the Crucified Lord: A Theological Introduction to Paul and His Letters* [Apóstolo do Senhor crucificado: uma introdução teológica a Paulo e suas cartas] (Grand Rapids: Eerdmans, 2004). No final de cada capítulo em várias cartas de Paulo, a pergunta para reflexão deve ser: "Em suma, o que essa carta nos exorta a crer, esperar e fazer?"

operando, explícita ou tacitamente, em sua própria interpretação. No entanto, eles representam um consenso crescente entre alguns estudiosos e teólogos bíblicos sobre como as Escrituras *não* têm sido lidas, mas como *devem* ser lidas até por estudiosos. A união de não acadêmicos e acadêmicos na leitura teológica das Escrituras pode ser um dos frutos do renovado interesse pela interpretação teológica no meio erudito.

Começando com os dois princípios mencionados brevemente há pouco (autorrevelação e expressão divinas, unidade e universalidade da Igreja), podemos identificar oito princípios para a interpretação teológica da Escritura, todos os quais estão intimamente ligados uns aos outros.[12]

1. O princípio calcedoniano (ou encarnacional)

Esse primeiro princípio, como um aspecto da convicção de que Deus se envolve na autorrevelação (do contrário os humanos não poderiam conhecê-lo), tem a ver com a natureza da Escritura como, ao mesmo tempo, totalmente divina e plenamente humana. É a expressão divina em vestes humanas. Essa visão da natureza da Escritura é análoga à doutrina teológica da encarnação, a crença cristã de que a eterna segunda Pessoa da Trindade se tornou humana em Jesus de Nazaré e que ele era, portanto, completamente divino e plenamente humano. Uma vez que essa doutrina teológica foi articulada no Concílio de Calcedônia, em 451, e é chamada de fórmula calcedoniana, seu corolário hermenêutico pode ser chamado de princípio calcedoniano.[13]

---

[12]Esses princípios fazem parte de minha própria formulação. Eu acrescentei, em notas de rodapé, algumas das teses paralelas da importante obra do Projeto das Escrituras, encontrada em Ellen F. Davis e Richard B. Hays, eds., *The Art of Reading Scripture* [A arte de ler a Escritura] (Grand Rapids: Eerdmans, 2003), 1-5. Eu escrevo aqui como um cristão praticante da exegese bíblica, mas princípios muito semelhantes poderiam ser adotados dentro de uma estrutura judaica. Para uma discussão de recentes mudanças na interpretação protestante da Bíblia que abriram o caminho para a interpretação teológica, veja meu texto "The Interpretation of the Bible in Protestant Churches" [Interpretação da Bíblia nas igrejas protestantes], em *Scripture* [As Escrituras] (ed. Gorman), 177-94.

[13]Os leitores devem notar que existem diversas maneiras de entender a natureza, inspiração e função da Escritura. Alguns preferem usar termos como "testemunho". Mas aqui não é o lugar para um relato teológico completo da Escritura. A visão desenvolvida aqui, de forma breve e parcial, e ao longo deste capítulo, é para mim persuasiva e útil na tarefa da exegese teológica. Como ficará claro, essa visão não subestima o caráter humano da Escritura.

Esse princípio afirma que a Escritura é, antes de tudo, parte da autorrevelação de Deus. A tradição cristã tem afirmado consistentemente, nas palavras de Brevard Childs, um estudioso da Bíblia, de Yale, que a Bíblia é "o meio usado por Deus para contar a história de Deus".[14] Assim, a Escritura é uma palavra ou expressão divina para nós e um convite (de fato, uma convocação) para nos juntarmos à história divina, ao divino drama.

Esse princípio, no entanto, não ignora a dimensão humana da Escritura. Em vez disso, permite e requer que a leiamos como uma coleção de escritos humanos, com todas as suas dimensões históricas e literárias, e assim desenvolver e usar métodos apropriados de exegese diacrônica e sincrônica. Ao mesmo tempo, o intérprete teológico, sensível a ela como um veículo de expressão divina, procura ouvir a voz de Deus através das vozes humanas; o intérprete teológico permanece aberto a um significado ampliado que não limita o significado dos textos aos resultados do estudo diacrônico e sincrônico.[15] Esse princípio, então, permite e requer que leiamos a Escritura simultaneamente como Palavra de Deus e palavras dos homens.

2. O princípio católico (ou universal)

O segundo princípio é o da unidade e universalidade, ou catolicidade da Igreja, e, portanto, também da catolicidade das Escrituras. Esse princípio significa que, embora as Escrituras não tenham sido escritas diretamente *para* nós, elas foram também dirigidas *a* nós. O próprio Paulo articula explicitamente esse princípio (veja 1Coríntios 10:11 e Romanos 15:4); e o restante dos escritores bíblicos, que reutiliza e reinterpreta constantemente textos e tradições anteriores, parece compartilhar essa perspectiva. O princípio da catolicidade significa que toda a Escritura é escrita para todo o povo de Deus

---

[14]Brevard S. Childs, *The Struggle to Understand Isaiah as Christian Scripture* [A batalha para entender Isaías como uma escritura cristã] (Grand Rapids: Eerdmans, 2004), 296.
[15]Veja a discussão no capítulo anterior e a quarta tese em Davis e Hays, *The Art of Reading Scripture* [A arte de ler as Escrituras], 2-3: "Os textos da Escritura não têm um único significado limitado à intenção do autor original. De acordo com as tradições judaicas e cristãs, afirmamos que a Escritura tem múltiplos sentidos complexos dados por Deus, o autor de todo o drama." Como observamos no capítulo anterior, isso não significa que a Escritura tivesse ou tenha significados ilimitados ou que a contemporaneidade das leituras pode ser incongruente com o sentido do texto em seus contextos originais.

em todas as eras e lugares.¹⁶ Do ponto de vista teológico, a Escritura transcende as próprias contingências do tempo e do espaço — tão importantes e úteis para a interpretação como elas são — descobertas sobre o texto por abordagens histórico-críticas e sociocientíficas. Como escreve Joel Green:

> A primeira pergunta, então, [na interpretação da Bíblia como Escritura] não é o que nos separa (linguagem, dieta, cosmovisão, política, convenções sociais etc.) dos autores bíblicos, mas se estamos prontos para abraçar ao Deus de quem esses autores e sua visão teológica dão testemunho.¹⁷

Ele acrescenta:

> Os *julgamentos* históricos sobre a audiência de um texto bíblico estão em tensão com a afirmação *teológica* da unicidade da igreja que recebe esse texto bíblico como *Escritura*. A crítica histórica pressupõe o que os cristãos nunca podem assumir — ou seja, que há mais de um povo de Deus.¹⁸

Esse princípio permite e requer que o intérprete teológico ouça não só o próprio texto bíblico, mas também, tanto quanto possível, as leituras da Escritura articuladas e executadas pelo povo de Deus em outros tempos, lugares e culturas.¹⁹

3. O princípio comunal (ou eclesial)

O terceiro princípio está relacionado ao segundo e refere-se ao significado da Igreja (grego *ekklēsia*), ou comunidade do povo de Deus em Cristo, para a interpretação teológica. Uma maneira de descrever esse princípio é entender que ele expande os círculos concêntricos da análise contextual para além mesmo do contexto canônico e do círculo (veja a seguir) para incluir o círculo da igreja universal. A ênfase aqui, em contraste com o princípio católico, não está no escopo do alcance

---

¹⁶Essa convicção *não* implica em minimizar as dificuldades apresentadas nas Escrituras ou colocar de lado a necessidade de uma interpretação responsável.
¹⁷Green, *Seized by Truth* [Capturado pela verdade], 18.
¹⁸Green, id., 51 (ênfase do autor).
¹⁹Veja a sétima tese em Davis e Hays, *The Art of Reading Scripture* [A arte de ler a Escritura], 4: "Os santos da igreja oferecem guia para como interpretar e ler a Escritura".

das Escrituras, mas no local apropriado para a interpretação — dentro da própria Igreja.

Esse princípio apresenta dois resultados principais. Um deles é o reconhecimento de que a exegese não é primordialmente um processo individual, mas uma disciplina eclesial, algo que acontece no diálogo mais do que isoladamente.[20] Esse diálogo pode assumir a forma de debate teológico acadêmico, de leitura de antigos intérpretes, de estudo bíblico contextualizado por leigos, e muito mais.

O outro resultado desse princípio é a compreensão da interpretação bíblica não apenas como um exercício acadêmico, mas como uma prática eclesial. Para os intérpretes teológicos, até mesmo a interpretação bíblica acadêmica mais técnica e sofisticada tem a Igreja como seu principal objetivo e foco mais importante. O bom conhecimento teológico bíblico é uma forma de oração, comunhão (*koinōnia*) e, o mais importante, o serviço à Igreja.

4. O princípio canônico

O quarto princípio, o canônico, indica antes de tudo que os textos escriturísticos podem e devem ser lidos, não só em seus contextos históricos e literários, mas também em seu contexto canônico. Esse princípio permite e requer que o intérprete teológico pergunte sobre o papel que um texto desempenha no cânon como um todo, e entendido teologicamente não como uma coleção arbitrária, mas como um conjunto divinamente orquestrado que revela a história e o drama da salvação. Esse princípio também permite e exige que o intérprete teológico faça perguntas sobre a relação das várias partes do cânon entre si (e.g., os salmos imprecatórios e o Sermão da Montanha, ou os ensinamentos de Paulo e Tiago) — para colocar os textos da Escritura em diálogo uns com os outros. Finalmente, esse princípio permite e requer que o intérprete teológico leia os dois Testamentos à luz um do outro, perguntando, por exemplo, de que modo o livro de Gênesis provê uma visão do livro de Apocalipse (e vice-versa) e como o uso que Isaías 53 faz do Novo Testamento apresenta uma visão sobre o livro de Isaías (e vice-versa).

Outra maneira de descrever o princípio canônico é demonstrar que ele expande os círculos concêntricos da análise contextual para além

---

[20]Veja a sexta tese em Davis e Hays, *The Art of Reading Scripture* [A arte de ler as Escrituras], 3: "A interpretação fiel da Escritura convida e pressupõe a participação na comunidade criada pela ação redentora de Deus — a igreja."

da estrutura literária tradicional do contexto imediato e no contexto maior em um escrito particular (veja capítulo 4) para incluir o maior contexto literário — o da Bíblia como um único livro.[21] A interpretação não teológica não reconhece esse contexto.

5. O princípio da coerência

O princípio da coerência decorre do princípio canônico e é a convicção teológica de que, apesar de toda a sua diversidade, a Escritura é um livro divinamente inspirado, o qual, essencialmente, conta uma história coerente da salvação do mundo pelo Deus Criador, culminando em Jesus Cristo.[22] Não se trata de uma coleção de relatos mutuamente concorrentes ou contraditórios sobre Deus e da experiência de seu povo. Esse princípio também apresenta um efeito: por causa da obra orientadora do Espírito ao longo da história do povo de Deus (veja o próximo princípio), aqueles que leem as Escrituras teologicamente podem e devem ser guiados pelas convicções teológicas básicas de suas comunidades de fé (e.g., a igreja cristã), as quais são elas mesmas derivadas das Escrituras. Essas convicções foram estabelecidas nos vários credos cristãos, especialmente aqueles formulados nos primeiros séculos da Igreja — com os quais a maioria dos cristãos concorda.

Em certo sentido, esse princípio também amplia o contexto no qual a Escritura é compreendida, para incluir a expressão confessional (às vezes chamada de "regra de fé") da comunidade de fé mencionada no princípio anterior. Significa, por exemplo, que os leitores cristãos não ficarão satisfeitos com as formas de ler do texto que estiverem em desacordo com suas convicções mais fundamentais, como a bondade divina e a criação de Deus no mundo.[23] Às vezes, esse compromisso

---

[21]Veja a terceira tese em Davis e Hays, *The Art of Reading Scripture* [A arte de ler as Escrituras], 2: "A interpretação fiel da Escritura requer um envolvimento com toda a narrativa: o cânon do Novo Testamento não pode ser corretamente entendido à parte do Antigo, nem o Antigo pode ser compreendido adequadamente sem o Novo".

[22]Veja as duas primeiras teses em Davis e Hays, *The Art of Reading Scripture* [A arte de ler as Escrituras], 2: "A Escritura narra a história da ação de Deus em criar, julgar e salvar o mundo" e "a Escritura é justamente entendida à luz da regra de fé da igreja como uma narrativa dramática coerente".

[23]Essa perspectiva está diretamente em desacordo com a visão do Iluminismo (e, portanto, também com a histórico-crítica) de que as convicções teológicas não devem guiar a interpretação bíblica e que, de fato, obscurecem ao invés de esclarecer. Muitos intérpretes teológicos cristãos identificariam o Credo Niceno como a estrutura apropriada para a interpretação.

poderá gerar tensões entre uma "simples leitura" do texto e as convicções teológicas da Igreja. Isso não é novidade; o intérprete teológico se junta às muitas gerações de fiéis judeus e cristãos que enfrentaram os mesmos tipos de luta.

6. O princípio carismático

O sexto princípio afirma que a interpretação teológica é uma obra do Espírito de Deus, o mesmo Espírito que dá à Igreja os dons da graça (grego *charismata*). O termo *carismático* não pretende, no entanto, sugerir que toda interpretação seja espontânea, sem controle ou razão. De fato, se os dons do Espírito incluem sabedoria e compreensão, então a habilidade exegética cuidadosa e racional é um carisma. Mas o princípio afirma que essa habilidade exegética precisa da graça e da orientação do Espírito para alcançar o fim pretendido de maior comunhão com Deus e de uns para com os outros (retornar ao ponto de Fowl, alicerçado em Agostinho).[24]

Esse princípio, como o princípio calcedoniano, com o qual iniciamos esta discussão, também permite e requer que o intérprete teológico esteja aberto a novas leituras imaginativas da Escritura que sejam consequências apropriadas dos contextos históricos, literários, canônicos e eclesiais.[25] Essas novas leituras não devem violar o texto, mas precisam ser adequadamente análogas ao sentido do texto, como melhor podemos articulá-lo no contexto histórico e literário original. Esse princípio de analogia, ou o que podemos chamar de fidelidade criativa, está realmente no cerne da interpretação teológica. É, por sua vez, baseado na convicção teológica de que o Espírito de Deus, assim como Cristo, é o mesmo ontem, hoje e eternamente; a *nova* obra do Espírito sempre se assemelha à sua obra anterior.

Acima de tudo, esse princípio lembra ao intérprete teológico da Escritura que o Espírito é absolutamente necessário à Igreja para

---

[24]Veja idem, 147.
[25]Veja Murray Rae, "Texts in Context: Scripture in the Divine Economy" [Texto em contexto: Escrituras e a economia divina], *Journal of Theological Interpretation* 1 (2007): 23-46. Veja também a quarta tese (citada há pouco) em Davis e Hays, *The Art of Reading Scripture* [A arte de ler as Escrituras], bem como a nona tese (p. 5): "Vivemos na tensão entre o 'já' e o 'ainda não' do Reino de Deus; consequentemente, a Escritura convoca a igreja para um discernimento contínuo, para sempre fazer novas leituras do texto à luz do trabalho incessante do Espírito Santo no mundo". Eu gostaria de dar uma nova nuance a essa tese, enfatizando a importante tensão dinâmica entre fidelidade e criatividade.

entender plenamente a Escritura e não apenas estudá-la. O Espírito estabelece em nós a mente de Cristo para que possamos participar adequadamente na narrativa dramática da salvação de Deus — a história da missão de Deus para/e no mundo — que encontramos ao ouvir ou ler as palavras da Escritura. (Veja mais adiante em "A hermenêutica missionária".)

7. O princípio da conversão (ou transformação)

Os dois últimos princípios afirmam que a interpretação teológica é mais do que uma análise linguística, histórica e mesmo teológica dos textos. A interpretação teológica tem um objetivo muito mais ambicioso e construtivo do que a simples análise do texto: *formar* comunidades de discípulos cristãos capazes de *compreender plenamente* as Escrituras com fidelidade e criatividade e de *informar* a reflexão teológica de tais discípulos de modo individual e eclesial.

Podemos descrever esse princípio de interpretação teológica em termos de sua função: a interpretação das Escrituras é o principal meio pelo qual Deus efetua (em termos católicos tradicionais) a *conversão contínua* da Igreja, isto é, (em termos protestantes tradicionais) a *contínua reforma da Igreja,* ou (em linguagem ortodoxa) a crescente participação da Igreja na vida do Deus triúno — sua *divinização* ou *theosis*. Podemos também descrever esse princípio em termos de seu *telos*: o objetivo final da interpretação bíblica é que o indivíduo e especialmente a comunidade "compreendam plenamente" o texto, tornando-se uma exegese viva do texto. Teremos mais a dizer sobre isso adiante.

8. O princípio construtivo

Finalmente, além da formação da existência cristã, parte do objetivo da interpretação teológica é contribuir de maneira profunda para a tarefa construtiva da Igreja para articular suas convicções e práticas de forma fiel e criativa nos contextos que estão em constante mudança. As Escrituras, como diz a Igreja Católica, são "a alma" da teologia. Esse processo construtivo é uma via de mão dupla, com exigências e práticas teológicas cristãs que contribuem para a tarefa de interpretação bíblica, mesmo quando a interpretação bíblica eclesialmente fundamentada procura permear o pensamento da Igreja e suas expressões públicas desse pensamento.

Em última análise, o princípio construtivo não pode ser separado do princípio de conversão, ou de qualquer outro dos princípios anteriores, pois o verdadeiro objetivo da interpretação teológica é a formação, inspirada pelo Espírito, de comunidades que pensam e agem como Cristo ("a mente de Cristo") à medida que elas discernem seu papel no agir de Deus no mundo em resposta fiel e criativa ao direcionamento divino que encontram nas Escrituras. E essa conclusão nos leva a uma breve consideração de uma dimensão adicional de interpretação teológica.[26]

Uma hermenêutica missional

Outro desenvolvimento recente muito significativo e estreitamente relacionado ao estudo da teologia em geral, mais particularmente ao estudo da Igreja (eclesiologia) e da Escritura (hermenêutica teológica), trata de uma ênfase renovada na missão como parte integrante de cada uma dessas disciplinas. Esse desenvolvimento não é um movimento em direção a um novo colonialismo em que o mais poderoso e "cristão" ocidental e nórdico cristianiza e coloniza o mais fraco e "pagão" oriental. Em vez disso, falando de seus principais teólogos ocidentais de missão (missiólogos) da metade do último século, bem como de vozes cristãs dos dois terços do mundo, esse desenvolvimento adota uma abordagem decididamente pós-colonial e, para os praticantes ocidentais, um abordagem pós-cristã à missão e à interpretação bíblica.

Essa nova abordagem baseia-se no princípio teológico da *missio Dei*, ou missão de Deus. Esse termo resume a convicção de que as Escrituras de ambos os Testamentos testemunham de um Deus que, como criador e redentor do mundo, já está empenhado em uma missão. De fato, Deus é por natureza um missionário que não está apenas buscando salvar as "almas" para levá-las ao céu algum dia, mas restaurar e salvar a ordem criada: os indivíduos, as comunidades, as nações, o meio ambiente, o mundo, o cosmos. Esse Deus chama o seu povo reunido em nome de Cristo — que era a encarnação da missão divina — para participar dessa *missio Dei*, para discernir a obra de Deus no mundo e nela se empenhar.

---

[26]Para outra lista de princípios similares ("marcas") veja também Hays "Reading the Bible with Eyes of Faith" [Lendo a Bíblia com os olhos da fé], especialmente 11-15. Em acréscimo, John Barton tem um ensaio chamado "Strategies for Reading Scripture" [Estratégias para ler a Escritura], na edição de 2006 do *The HarperCollins Study Bible* (xxxix-xliii), no qual ele contrasta a leitura puramente "crítica" com a que ele chama de leitura "canônica". Essa última opera com as pressuposições de que a Escritura é verdadeira (embora não necessariamente tão literal), relevante, importante e autoconsistente, e deve ser lida em conformidade com os ensinamentos da Igreja.

Essa forma de compreender a missão tem muitas implicações, das quais umas poucas podem ser mencionadas brevemente:

- A missão não é uma *parte* da existência da Igreja (representada localmente por um pequeno item no orçamento), mas do *todo*, da essência da existência da Igreja; a missão é *abrangente*.

- A missão não é uma iniciativa da Igreja, mas sua resposta, sua participação na missão divina; a missão é *derivativa*.

- A missão não é uma extensão do poder, cultura e valores ocidentais (ou qualquer outro); antes, é especificamente a participação na vinda do Reino de Deus. São, portanto, inteiramente impróprias todas as tentativas de dirigir a missão cristã para fins políticos implícitos ou explícitos que não sejam a "política" do Reino de Deus — as realidades de uma nova vida, paz e justiça (*shalom*) prometidas pelos profetas, inauguradas por Jesus, e primeiro se espalharam no mundo por meio dos apóstolos. Para os cristãos ocidentais, é crucial que reconheçam o fracasso da cristandade como um desenvolvimento positivo e que eles vejam a Igreja adequadamente, e de forma bíblica, como uma subcultura distinta dentro de uma cultura maior e não cristã. A missão é *teocêntrica* e *cristocêntrica*.

- A missão não é unidirecional (e.g., Ocidente ou Oriente), mas *recíproca*.

- A missão deve se tornar a estrutura dominante, dentro da qual toda a interpretação bíblica ocorre; a missão é *hermenêutica*.

Essa última afirmação é, obviamente, a mais diretamente relevante para os nossos objetivos neste livro. Uma hermenêutica missionária é um tipo de interpretação teológica da Escritura. Ela reconhece a Bíblia como uma palavra vinda de Deus que dá testemunho especial aos propósitos de Deus no mundo e que, portanto, promove perguntas (e respostas) apropriadas ao assunto. Talvez haja cinco perguntas-chave que os leitores que trabalham com uma hermenêutica missionária poderão perguntar ao texto bíblico e a si mesmos:

- O que esse texto diz, implícita ou explicitamente, acerca do *missio Dei* e do caráter missional de Deus?
- O que esse texto revela acerca da humanidade e do mundo?

- Como esse texto se relaciona com o testemunho bíblico mais amplo, em ambos os Testamentos, com a *missio Dei* e a missão do povo de Deus?

- De que formas concretas podemos deliberadamente entender esse texto como o chamado de Deus para nós, como povo de Deus, para participarmos da *missio Dei* da qual ele testemunha?

Pelo fato de que, para os ocidentais, uma hermenêutica missionária sempre corre o risco de se transformar numa revisão da teologia estreita, individualista e colonizadora de um passado não muito distante, também pode ser útil ter em mente algumas questões críticas adicionais que tratam da necessidade de imaginação, transformação e testemunho como componentes-chave de uma visão missionária e de participação nela:

- Como esse texto nos convida a *imaginar e visualizar o mundo*?

- O que esse texto nos leva a primeiro *desaprender para depois aprender de novo*?

- Quais *poderes* poderiam enganar, seduzir e prejudicar o mundo ou a Igreja que esse texto *desvenda* e *desafia* — ou nos convida a desvendar e a desafiar?

- De que modo esse texto nos conclama, como povo de Deus, para sermos diferentes e ao mesmo tempo estar envolvidos no mundo?

Um breve exemplo de leitura missional de um texto do Novo Testamento pode ser útil. A familiar parábola do Bom Samaritano (Lucas 10:25-37) é frequentemente usada como exortação à compaixão cristã, acerca da qual Jesus disse a seu auditório para "ir e fazer o mesmo". A hermenêutica missionária não invalida essa leitura ética, mas a coloca num contexto teológico maior. O que a parábola nos diz sobre Deus e o mundo? Ele é revelado mediante o samaritano como um Deus compassivo, cujo coração se compunge diante do mundo violento que os seres humanos criaram, e que o Senhor está determinado a tomar alguma providência sobre isso, como também os profetas de Israel haviam proclamado. Aqueles que compartilham esse coração de Deus podem não ser os líderes religiosos que estudam e oram sobre textos bíblicos, mas o inesperado estranho que não é respeitado pelos líderes, ainda que simpatize com Deus, bem como com suas criaturas sofredoras. Esse texto indica pessoas surpreendentes que podem ser engajadas na *missio Dei*. É também um chamado ao povo de Deus a se opor à violência e tomar medidas práticas, ainda que com sacrifício em favor de suas vítimas.

Nossa imaginação fica ampliada se considerarmos que os "ladrões" e o "deixando-o quase morto" assumem muitas formas: física, certamente, mas também espiritual e emocional. A missão de Deus no mundo é libertar as pessoas de todos os poderes que podem tirar a vida delas e ameaçar destruí-las: a cultura da violência e da morte; o poder sedutor do pecado; os desafios da vida cotidiana em meio à solidão, pobreza ou doença terminal. O povo de Deus participa da missão de Deus quando está presente e responde àqueles que enfrentam tais poderes roubadores de vidas.

Essa abordagem missionária da parábola do Bom Samaritano tem muito em comum com a leitura teológica da parábola na Igreja Primitiva, como uma história de Deus em Cristo, que vem para resgatar a humanidade maltratada e se oferece a ela e à Igreja (a pousada) como o bálsamo curador que a humanidade precisa desesperadamente.

Como em outras formas de interpretação teológica, uma hermenêutica missionária não está comprometida com nenhum método exegético. No entanto, porque a missão é sobre discernir a missão de Deus no mundo, uma hermenêutica missionária naturalmente prestará atenção às narrativas, uma vez que os caminhos de Deus e do seu povo são narrados nelas, e apreciará leituras sincrônicas da forma final do texto e utilizará várias formas de análise narrativa. Além disso, uma vez que a missão é muitas vezes sobre o encontro de culturas diferentes, uma hermenêutica missionária, naturalmente, faz uso de métodos que atentam tanto para a localização social dos leitores originais/ouvintes da Escritura quanto para a localização social dos intérpretes subsequentes da Bíblia. Uma hermenêutica missionária, portanto, precisa ser culturalmente sensível e se beneficia em ouvir as perguntas e perspectivas sobre textos bíblicos de pessoas de diversas culturas.

Por exemplo, certa vez ouvi um pastor africano contrastando a tradicional leitura africana ocidental e tradicional da história de José em Gênesis. A leitura ocidental, disse ele, era que a história de José nos convida a não nos esquecermos de Deus, não importa quão profundamente caiamos. A leitura africana, ele explicou, era que a história de José nos convida a não esquecer de nossa imensa família, não importa quão elevados nós nos tornemos. Ambas as leituras são válidas (como o próprio pastor reconheceu), mas cada uma surge a partir de diferentes locais sociais e cada uma resultará em uma interpretação diferente (embora mutuamente complementares) da missão de Deus e da missão correspondente do povo de Deus.

Podemos resumir o ponto principal desse capítulo até agora sugerindo que a interpretação teológica expande os contextos de leitura da Escritura, como ilustra o seguinte gráfico:

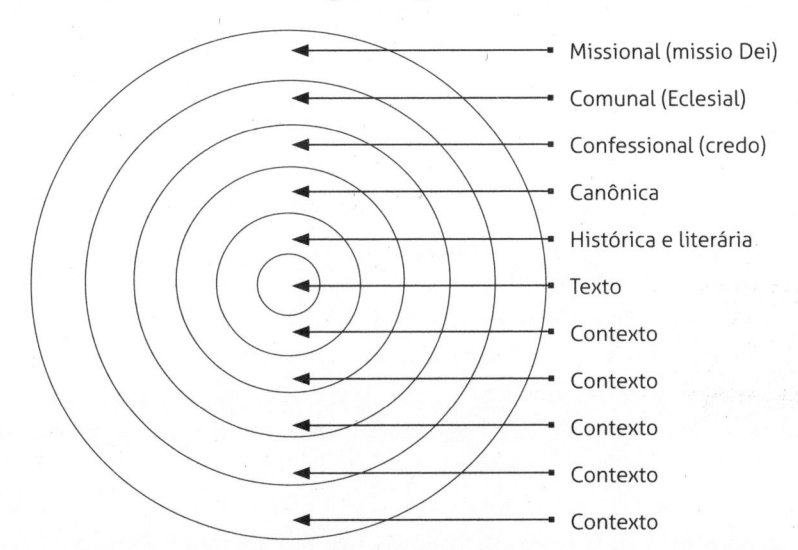

- Missional (missio Dei)
- Comunal (Eclesial)
- Confessional (credo)
- Canônica
- Histórica e literária
- Texto
- Contexto
- Contexto
- Contexto
- Contexto
- Contexto

DOIS HORIZONTES: INOVAÇÃO E PRECAUÇÕES

Leitores que adotam a hermenêutica do consentimento ou da fé, um conjunto expandido de contextos e um quadro missionário — os intérpretes teológicos —, estão deliberadamente lendo a Bíblia olhando para os "dois horizontes" mencionados no primeiro capítulo deste livro. Eles desejam saber o significado do texto em seu contexto original, bem como o significado possível do texto em seu próprio contexto contemporâneo.[27]

---

[27] Em um sentido diferente, leitores que adotam uma hermenêutica da suspeita também leem a Bíblia com um olhar para ambos os horizontes, muitas vezes tentando reinterpretar textos que eles entendem ser problemáticos. Poder-se-ia também argumentar que uma hermenêutica do discernimento ou apreciação, e até mesmo da antipatia, também pode envolver os dois horizontes, já que os leitores dentro dessas posturas hermenêuticas podem estar interessados no texto (ou interessados em se opor a ele) dentro do cenário contemporâneo. No entanto, os leitores que adotam essas posturas hermenêuticas diferem daqueles que se aproximam do texto com confiança/consentimento ou com desconfiança, por não fazerem parte de uma comunidade de fé; assim a interpretação se compromete por sua própria natureza com os dois horizontes.

Alguns estudiosos fazem distinção, portanto, entre exegese e reflexão, entre significado textual e relevância textual (contemporâneo), entre "o que significava" e "o que significa".[28] Para fins metodológicos, pedagógicos ou organizacionais, essas distinções podem ser precisas. No entanto, se entendemos a exegese como a leitura do texto em seus contextos, não há nenhuma razão inerente para dividir o processo de leitura tão completamente — em especial se ampliarmos os círculos concêntricos para incluir os contextos canônico, confessional e, finalmente, comunal.

Com certeza, a exegese se preocupa primeiramente em ouvir a voz do texto em seus próprios termos,[29] o que significa dar a melhor atenção possível para seus contextos *originais*. Mas se um texto *sagrado* tem sua validade como texto sagrado, ou mesmo como texto *artístico*, então (1) ele deve fazer algumas contínuas reivindicações para seu público contemporâneo e (2) essas alegações devem ter alguma conexão com os arrazoados feitos em relação a sua audiência original. Além disso, ao admitir que temos um interesse no significado do texto — uma vez que a exegese sem pressuposições é impossível — mantemo-nos honestos conosco mesmos e uns para com os outros, de modo que nos tornamos menos propensos a nos envolver numa *eisegese* (interpretação de um ponto de vista pessoal que atribuímos ao texto) em nome da objetividade. A interpretação teológica das Escrituras significa que acreditamos ser dirigidos diretamente por Deus em/e através das palavras da Escritura. Porém, a interpretação teológica da Escritura também implica que nosso compromisso com o texto, como palavra divina que fala conosco, não deve apenas guiar nossa abordagem ao texto, mas também inibir nosso desejo de controlá-lo ou moldá-lo à nossa imagem. Por essa razão, às vezes se diz que, para a interpretação teológica, a "compreensão" da Escritura significa fundamentalmente "se manter sob" a Escritura.

Acreditar que somos dirigidos por Deus no estudo das Escrituras significa que percebemos a nós mesmos como parte do mesmo povo de Deus, com o qual ele se comunicou através dos profetas e apóstolos muito tempo atrás. Em outras palavras, reconhecemos as semelhanças, bem como as diferenças entre as situações antigas e as nossas. (Na

---

[28]Essa distinção foi cuidadosamente formulada por Krister Stendahl em, e.g., "Biblical Theology, Contemporary" [Teologia bíblica contemporânea] em *Interpreter's Dictionary of the Bible* [Dicionário de interpretação bíblica] (ed. G. A. Buttrick; 4 vols.; Nashville: Abingdon, 1962), 1:418-32.

[29]Devo essa frase muito útil a Joel B. Green.

verdade, alguns intérpretes teológicos contemporâneos das Escrituras têm sugerido que a interpretação moderna da Bíblia enfatiza demais essas diferenças.) A noção de "dois horizontes" se baseia na teoria da interpretação, a qual sustenta que não podemos realmente ler, interpretar ou entender um texto até nos envolvermos com ele, até que, de alguma forma, possamos fundir seu "horizonte" com o nosso. De acordo com teóricos como Hans-Georg Gadamer e Paul Ricoeur, o processo de leitura ou interpretação fica incompleto até, ou a menos que, essa fusão ocorra. O processo de considerar os dois horizontes é às vezes chamado de "aplicação" (Gadamer) ou "apropriação" (Ricoeur).[30] Para os cristãos, essa aplicação ou apropriação nunca pode ser meramente intelectual ou teórica. O objetivo final da exegese é a compreensão plena ou envolvimento total — viver o texto. O objetivo final da exegese é que o indivíduo e a comunidade se tornem uma *exegese viva* do próprio texto.

A noção de "dois horizontes" é estabelecida também sobre o princípio da analogia, observado anteriormente na discussão do princípio carismático da interpretação teológica. O leitor contemporâneo do texto tenta discernir a mensagem que lê não apenas na sua configuração original, mas também em situações análogas possíveis nos dias de hoje — situações semelhantes e diferentes, uma vez que todas as analogias têm semelhanças e diferenças. Além disso, quando a Bíblia é lida como a Palavra de Deus, os leitores devem estar sempre preparados para ter seus horizontes ampliados e também criar novos horizontes.[31] Não podemos, portanto, subestimar a importância da imaginação — embora disciplinada e guiada pelo Espírito, em vez da imaginação livre — na interpretação da Bíblia para os nossos próprios contextos.

Algumas sugestões básicas para reflexão sobre o texto serão oferecidas na próxima seção. Mas, talvez, o ponto mais decisivo a ser lembrado nesse processo de reflexão seja evitar a opacidade, a qual ocorre quando os leitores se envolvem no que Anthony Thiselton chama

---

[30] O complexo trabalho teórico desses dois filósofos pode ser encontrado em Hans-Georg Gadamer, *Truth and Method* [Verdade e método] (trad. Joel Weinsheimer e Donald G. Marshall, 2ª ed., Nova York: Crossroad, 1989); Paul Ricoeur, *Interpretation Theory: Discourse and the Surplus of Meaning* [Teoria da interpretação: discurso e o que excede ao significado] (Fort Worth, Tex.: Texas Christian University Press, 1976); e idem, *Hermeneutics and the Human Sciences* [Hermenêutica e ciências humanas] (ed. John B. Thompson, Cambridge: Cambridge University Press, 1981).
[31] Essa é a principal tese de Thiselton, *New Horizons in Hermeneutics* [Novos horizontes em hermenêutica], resumida em 619.

de "assimilação prematura". A assimilação prematura ocorre quando os leitores fazem a aplicação de um texto sem reflexão suficiente e sem respeito pela distância entre os dois horizontes, entre o então e o agora. O resultado, diz Thiselton, é que "a interação entre os dois horizontes dos textos e os leitores vai parecer *sem incidentes, insípida, rotineira* e *inteiramente banal*".[32] Além disso, a assimilação prematura resultará em passar o texto para nosso controle ou domesticação, em vez de permitir que o texto nos desafie.

ALGUMAS FORMAS PRÁTICAS DE PENSAR SOBRE OS DOIS HORIZONTES

Passamos boa parte deste capítulo lançando as bases para a reflexão teológica. Voltando aos aspectos práticos do processo exegético, podemos corretamente perguntar como unir os dois horizontes.

Depois de ter cuidadosamente refletido sobre o significado do texto que está sendo interpretado em seus contextos originais, você pode inteligentemente pensar de modo mais deliberado sobre o seu significado mais amplo, mais profundo ou contínuo. Em primeiro lugar, parafraseie o significado central do texto; isto é, coloque-o em suas próprias palavras. (Você já deveria ter iniciado esse processo quando preparou a síntese.)

Você já ouviu ou leu essa passagem antes? Em que contexto? Com quais outros textos bíblicos essa passagem tem semelhanças ou diferenças? Você sabe que relevância esse texto teve na vida de judeus e/ou cristãos? Na história e na cultura em geral?

Que esperanças, medos, crenças e valores universais você vê expressos nesse texto? Que crenças e valores são únicos ou incomuns? O que esse texto diz sobre Deus, os seres humanos e a relação entre Deus e as pessoas? Especificamente, à luz da discussão da interpretação teológica acima, o que este texto afirma sobre:

- Deus, incluindo o Pai/Criador, o Filho e o Espírito
- O povo de Deus
- História sagrada ou salvação
- A missão de Deus no mundo, a *missio Dei* (veja questões mais específicas já mencionadas antes)

---

[32]Ibid., 8 (ênfase do autor).

- Salvação ou redenção humana operada por Deus, no passado, presente e/ou futuro
- Os frutos da salvação — as virtudes teológicas da fé, esperança e amor
- O amor de Deus — comprometimento humano para com Deus e participação na missão divina
- Amor ao próximo — imperativos éticos
- Vida diária, adoração e serviços comunitários[33]

Como *você* reage a esse texto? Gosta dele? Por que sim ou por que não? Que emoções ele suscita em você? Alegria? Admiração? Raiva? Frustração? Medo? Que resposta você tem para a imagem ou ações de Deus implícitas nessa passagem?

Esse texto o desafia de alguma forma? Abrange novos horizontes de compreensão e percepção? Você se sente diferente em relação à passagem depois de um estudo cuidadoso comparado ao que você fez na primeira leitura?

Como seu próprio envolvimento religioso e social afeta sua compreensão e reação para com o texto? Escolha um contexto diferente para si mesmo: imagine-se parte de outro século, país, raça, grupo socioeconômico ou comunidade religiosa. A partir dessa nova perspectiva, como você responderia ao texto?

Você vê quaisquer questões contemporâneas ou situações que parecem semelhantes ou análogas às questões ou situações abordadas no texto bíblico? Como elas são semelhantes? Ou diferentes?

Em síntese, o que o texto afirma sobre Deus e sobre o que Deus requer de nós? Essas são afirmações centrais, marginais ou antitéticas para a compreensão de Deus e do que ele requer de nós, de sua tradição religiosa, ou de outros que você conhece? Se houver conflito entre o texto e sua perspectiva, como você pode resolver esse conflito? Você poderia:

- ignorar o texto?
- desafiar o texto?
- procurar algum meio de conciliação?
- rever e revisar sua exegese?

---

[33]Esta lista amplia um rol mais retoricamente orientado em Robbins, *Exploiting the Texture of Texts* [Explorando a textura dos textos], 120-31.

- alterar suas crenças e/ou seu comportamento?
- consultar-se com outras pessoas?

Todas são opções possíveis (e frequentemente praticadas).

Nunca devemos nos surpreender quando as pessoas discernem significados diferentes de um mesmo texto bíblico; mesmo exegetas profissionais discordam sobre a definição original do texto. Por que então esperaríamos menos ao refletir sobre o seu significado contemporâneo? Isso não implica que o texto seja simplesmente considerado um boneco de ventríloquo, um instrumento para expressar os desejos caprichosos do intérprete.[34] O que importa para todos os intérpretes é poder fundamentar a reflexão numa análise cuidadosa do texto e envolver tanto o texto quanto os outros em um espírito de humildade.

Depois de refletir sobre todas essas coisas, pergunte, finalmente, a si mesmo: "Qual poderia ser o significado desse texto para hoje? Se os leitores levassem a sério a mensagem desse texto, como a vida deles seria diferente?"

Exegese viva

Levantar esta última questão — se os leitores levassem a sério a mensagem desse texto, como a vida deles seria diferente? — é propor a pergunta final da exegese. É aceitar o próprio convite do texto para envolvê-lo em seus próprios termos como palavra transformadora da mente e da vida. Os leitores que recusam a esse convite não devem ser, porém, considerados maus ou não aceitos; todavia, de alguma forma, eles têm truncado o processo de leitura.

Entre pessoas e comunidades de fé esse convite é normalmente levado a sério. É a questão do "envolvimento total" ou "literalidade". Podemos também nos referir a este último elemento da exegese como "exegese viva". O objetivo desse "método" é que o exegeta seja um indivíduo ou uma comunidade, torne-se, em alguns sentidos, parte do texto que lê. Esse "tornar-se parte do texto" não significa fazer uma aceitação sem crítica e uma replicação desorganizada de cada aspecto do texto (e.g., todos os valores culturais refletidos nele). Ao contrário, significa ter um engajamento imaginativo e com discernimento em relação ao texto, a partir da postura interpretativa particular

---

[34]Essa maravilhosa imagem é extraída de Schneiders, *The Revelatory Text* [O texto revelado], xxxi.

do(s) leitor(es). Em termos narrativos, a comunidade ou o indivíduo, como exegeta, continua a narrativa do texto por seu envolvimento no mundo, uma espécie de envolvimento narrativo — "executar" o texto da Escritura.[35] Esse desempenho será um ato de "fidelidade criativa", de "improvisação" bíblica e ética — uma interpretação única, mas reconhecidamente autêntica, do texto. Isto "não tem que ver com inteligência ou originalidade, tanto quanto o unir-se ao fluxo da ação [isto é, a ação salvadora de Deus na história] de uma maneira 'óbvia' e 'apropriada'".[36]

Essa tarefa final da exegese levanta duas perguntas fundamentais, duas questões que — apropriadamente — constituem por si mesmas um círculo hermenêutico:

- Que tipo de pessoa e que tipo de comunidade esse texto exorta seus leitores a se tornarem?

- Que tipo de comunidade e que tipo de indivíduos são instados a ouvir esse texto como um convite divino, e a encarná-lo com "fidelidade criativa"?

Essas perguntas podem ser feitas e respondidas por quaisquer leitores perspicazes. Todavia, para aqueles que ouvem na Bíblia uma palavra de Deus, perguntar e responder a tais questões não é meramente uma possibilidade, mas um imperativo divino.

Às vezes, mesmo pessoas fiéis e comunidades religiosas encontram textos na Bíblia que parecem contradizer suas convicções fundamentais. Um exemplo pode ser o Salmo 137, como alguém comentou certa vez, que fala em "pegar os seus filhos [dos babilônios] e os despedaçar contra a rocha".

Ao se deparar com tais textos, os fiéis têm tradicionalmente respondido com movimentos exegéticos pragmáticos, como a interpretação

---

[35] Veja, entre outros, Nicolas Lash, "Perfoming Scripture" [Cumprindo as Escrituras] em *Theology on The Way to Emmaus* (London: SCM, 1986), 37-46.

[36] Kevin J. Vanhoozer, "Imprisoned or Free? Text, Status, and Theological interpretation in the Master/Slave Discourse of Philemon" [Prisioneiro ou livre? Texto, status e interpretação teológica no discurso sobre senhor/escravo em Filemom], em *Reading Scripture with the Church* [Lendo a Escritura com a Igreja] (ed. Adam et al.), 81. Toda a discussão de Vanhoozer sobre interpretação como participação no grande "theodrama" (drama divino) é convincente (73-94). Veja também Samuel Wells, *Improvastion: The Drama of Christian Ethics* [Improvisação: o drama da ética cristã] (Grand Rapids: Brazos, 2004).

alegórica ou uma reinterpretação à luz de textos e contextos posteriores. Ao fazê-lo, os leitores criam o que poderíamos chamar de contra-leitura do texto. Nesses casos, a comunidade adota então uma contra-exegese viva do texto à medida que seus membros procuram discernir um significado da passagem que seja consistente com suas convicções mais fundamentais. Por exemplo, os leitores cristãos, que leem o Salmo 137, normalmente apelariam finalmente ao ensino e ao exemplo de Jesus a respeito de amar os inimigos para prover uma exegese totalmente canônica (e, portanto, uma contra exegese) do Salmo 137.

Essa abordagem pode, é claro, ser levada ao extremo. No entanto, não pode ser evitada, pelo menos ocasionalmente. Para as pessoas de fé, o imperativo de ler o texto como Palavra de Deus pode exigir uma postura básica de confiança, mas também requer uma abertura para questões difíceis e novas perspectivas quando os textos difíceis são levados a sério.

REVISÃO E ESTUDO

Resumo do capítulo

- Existem cinco posturas interpretativas básicas ou hermenêuticas: antipatia, apreciação ou não descomprometimento, discernimento ou investigação, suspeição e aceitação ou fé.

- Uma hermenêutica da confiança é a hermenêutica operativa da interpretação teológica. Está fundamentada em certos princípios teológicos que enfatizam convicções como a origem divina, universalidade e unidade da Escritura como mensagem divina em palavras humanas.

- Uma hermenêutica teológica é também uma hermenêutica missional — uma leitura com a finalidade de discernir e participar da missão de Deus no mundo.

- A consideração dos dois horizontes, do passado e do presente — reflexão e aplicação ou apropriação —, é um elemento essencial de um processo completo da leitura, mas a aplicação não deve ser feita descuidada ou prematuramente.

- É importante fazer as perguntas certas em relação a um texto, ao considerar seu significado mais amplo, mais profundo ou contínuo.
- Para as pessoas de fé, a questão essencial é: "Que afirmações sobre Deus e sobre suas reivindicações para nós o texto apresenta?"
- Pessoas de fé procuram realizar, envolver-se ou tornar-se uma exegese viva do texto — participar da história divina contada pelas Escrituras. Isso é feito de forma criativa e fiel, mas, às vezes, também até de modo crítico.

Sugestões práticas

1. Conquanto a reflexão não tenha início no processo final da exegese, registre suas reflexões preliminares enquanto prepara seu trabalho.

2. Use algumas das questões orientadoras deste capítulo para refletir sobre seu texto.

3. Tente incluir na sua pesquisa pelo menos alguns trabalhos com interesses claramente teológicos ou outros interesses existenciais.

Para estudo adicional e prática

1. Leia cuidadosamente o Salmo 8. Apresente o ponto principal do salmo em suas próprias palavras. Quais são algumas questões contemporâneas a que ele poderia aludir? Como o autor desse salmo é semelhante ou diferente das pessoas que você conhece hoje? Que relevância poderia ter esse salmo num mundo tecnológico?

2. Leia o texto profético em Miqueias 6:8. Use sua imaginação para escrever um pequeno ensaio sobre o que sua igreja/comunidade ou instituição poderia se tornar, caso esse texto fosse o seu lema.

3. Leia Lucas 4:14-30. Que ecos intertextuais você consegue ouvir? Anote seus pensamentos iniciais sobre os aspectos explícitos e implícitos da missão de Jesus, de Deus e do povo de Deus/seguidores de Jesus, de quem esse texto dá testemunho.

4. Escolha uma questão religiosa, social ou ética. Encontre pelo menos duas passagens bíblicas que possam ser relevantes para tratar do problema. Sem fazer uma exegese detalhada dos textos, coloque algumas ideias iniciais, bem como perguntas que você tem sobre o uso desses textos para abordar a questão que você escolheu.

5. Leia o capítulo 11, seção 8, p. 255-260, "Recursos para reflexão: interpretação teológica".

6. Leia as seções das amostras dos documentos de exegese intitulados "reflexão" no Apêndice C. Como você descreveria e responderia as suas reflexões?

CAPÍTULO 9

7º
elemento

APRIMORAMENTO E AMPLIAÇÃO DA EXEGESE

> "O senhor entende o que está lendo"...
> "Como posso entender se alguém
> não me explicar?"
> — *Filipe e o eunuco etíope, Atos 8:30,31*

Que recursos estão disponíveis para expandir e refinar o trabalho do exegeta no texto?

O que os estudiosos bíblicos têm escrito sobre a passagem e como o trabalho deles pode afetar o seu?

Um dos pressupostos fundamentais deste livro é que a exegese pode e deve ser feita por alguém que não é especialista. O aluno, professor ou pastor não precisa ter um doutorado em estudos bíblicos para fazer uma excelente exegese. Tal suposição não significa, porém, que recursos apropriados devam ser negligenciados ou que o trabalho de guias especializados possa ser ignorado. Os "recursos de compartilhamento" e o campo da erudição bíblica podem e devem informar o próprio trabalho do aluno ou do pregador se esse trabalho for responsável. É preciso que haja colegas na investigação, parceiros no diálogo, bem como instrumentos artísticos.

RECURSOS

Ao longo deste livro, foram feitas referências a uma série de recursos que estão à disposição dos exegetas. Quando eu estava no seminário, um dos meus professores de Bíblia afirmou que tudo aquilo de que realmente precisávamos (assim que tivéssemos dominado as línguas originais!) era uma concordância, uma gramática (de hebraico, aramaico ou grego) e um léxico (dicionário). Há muita verdade nessas palavras: uma boa concordância é um recurso fantástico, assim como certos tipos de dicionários também podem ser úteis.

A maioria dos leitores, entretanto, dependerá das opiniões dos estudiosos que trabalham com as línguas originais. Eu, por exemplo, tenho medo de exegetas que sabem um pouquinho sobre hebraico ou grego, mas que não se refreiam em afirmações com base em seu conhecimento limitado. Ainda é verdade que ter apenas um pouco de conhecimento é perigoso.

Assim, estão relacionados no capítulo 11 deste livro inúmeros recursos para o estudo bíblico, bem como outras fontes para consultar, além de recursos adicionais. O exegeta cuidadoso fará uso sábio de determinadas ferramentas sem necessariamente se tornar um especialista em línguas antigas. (Naturalmente, a capacidade de ler as línguas originais aumenta bastante a utilidade de muitos recursos, bem como o envolvimento de alguém com o próprio texto bíblico.)

TRABALHOS ACADÊMICOS BÍBLICOS

O trabalho publicado por estudiosos pode confirmar ou corrigir as descobertas e as conclusões feitas no processo exegético, bem como resolver questões não respondidas que surgiram durante o processo e gerar novas questões. Os estudiosos podem definir termos desconhecidos, mostrar conexões com outros textos bíblicos, fornecer informações históricas úteis, explicar construções gramaticais e sugerir aspectos implícitos e explícitos do significado do texto.

Quantas e quais publicações acadêmicas devem ser consultadas é algo que depende da natureza e finalidade da exegese. Um pregador que prepara um sermão ou uma homilia dominical pode (ou não) encontrar material suficiente em um ou dois comentários de um volume, enquanto um aluno, para escrever um trabalho de exegese de dez páginas, precisará consultar vários comentários e artigos detalhados. Alguns instrutores têm sugerido que um artigo de pesquisa deve ter quase tantos itens em sua bibliografia de trabalho (a lista de trabalhos realmente citados no artigo) quanto o número de páginas de texto. Ou seja, para um trabalho de exegese de dez a doze páginas, pode-se consultar cerca de cinco a sete comentários e outros livros, assim como de cinco a sete artigos ou capítulos em coleções de ensaios. Um artigo de vinte páginas pode ter cerca de vinte itens, e assim por diante. Essa é apenas uma diretriz geral que, no entanto, pode não se aplicar a artigos de menos de dez páginas.

Existem alguns pontos básicos de partida que tornam a pesquisa de recursos adequada para tornar um trabalho de exegese mais fácil.

Comentários

Um bom lugar para se começar é com uma consulta a dois ou três comentários acadêmicos recentes que apresentem uma interpretação detalhada e completa da passagem em seu contexto. Consultar uma boa quantidade de comentários geralmente dará ao leitor uma variedade de leituras de versículos específicos, bem como do texto como um todo. Os comentários acadêmicos também fornecerão referências (no texto, notas de rodapé ou bibliografias) que sugerirão outros comentários, livros e artigos relevantes a serem consultados.

Algumas séries de comentários são especialmente úteis a esse respeito. Por exemplo, *Word Biblical Commentary*, *Sacra Pagina* e *Anchor Bible* têm bibliografias particularmente completas e úteis para cada unidade do texto. Outros comentários individuais e séries de comentários também possuem boas bibliografias. Pelo menos uma das bibliografias consultadas deve ter menos de dez anos; do contrário, muitas das obras listadas estarão desatualizadas.

Livros e artigos

Os próximos recursos a explorar são algumas das ferramentas bibliográficas padrão para artigos e outros trabalhos publicados no campo de estudos bíblicos. Esses recursos, geralmente bastante abrangentes, podem incluir livros ou artigos que bibliografias menores ou mais antigas que os comentários não contêm. Os recursos mais importantes estão relacionados na seção 9 do capítulo 11. Se você tiver acesso ao CD-ROM, ou às versões *on line* desses recursos, poderá obter uma lista completa (dependendo da pesquisa específica que você solicitar) de um tópico. Em outro cenário, a maneira mais eficiente de usar as fontes bibliográficas impressas é digitalizar os volumes publicados após a última entrada relevante encontrada nas bibliografias consultadas nos comentários. Por exemplo, se um dos comentários inclui artigos mais recentes, como a partir de 2005, a pesquisa pode ser feita nos índices e resumos publicados em 2005 e depois preencher as lacunas bibliográficas.

A quantidade de material acadêmico *online* está crescendo em ritmo fenomenal. Embora a inserção de uma palavra-chave ou frase (e.g., "marca da besta") em um mecanismo de busca da internet possa render centenas, se não milhares de links, o valor deles varia significativamente. É muito mais seguro procurar através de alguns dos sites acadêmicos e outros sites bíblicos substanciais, relacionados no Apêndice D. Por exemplo, www.textweek.com mantém uma excelente bibliografia com links para artigos *online*. Além disso, os programas de cursos *online* geralmente incluem bibliografias.

Uma fonte *online* que funciona como mecanismo de busca de livros e uma boa biblioteca é a pesquisa de livros no Google, encontrada em http://books.google.com. Lá você pode procurar livros por tópico, autor ou palavra-chave, por exemplo. Em seguida, se desejar, pode pré-visualizar parte do livro ou lê-lo em sua totalidade, dependendo de quanto do livro a editora disponibilizou para uso *online*. Como com qualquer mecanismo de busca, é necessário fazer uma boa seleção, mas o site é um excelente recurso.

Navegar pelo sumário de algumas revistas recentes (como aquelas relacionadas no capítulo 11, seção 6), disponíveis na biblioteca, também pode valer a pena, especialmente se os índices impressos e eletrônicos não estiverem completamente desatualizados. Encontrar um ou dois artigos atuais sobre um tópico ou passagem geralmente poderá conduzir a livros e artigos adicionais sobre o tema do trabalho exegético. (Embora o sucesso desse esforço seja em grande parte uma questão de acaso, desde que não consuma muito tempo e energia nessa pesquisa, muitas vezes compensa.) As referências a um livro ou artigo mais antigo em várias fontes recentes normalmente indicam a importância duradoura desse trabalho mais antigo.

Um tipo de fonte que muitos exegetas evitam é a obra de grandes exegetas e pregadores do passado — como Crisóstomo, Agostinho, Lutero, Wesley e outros. Negligenciar suas descobertas literárias e ideias teológicas apenas trará prejuízo para nós mesmos. Essas fontes podem ser muito esclarecedoras.

Qualquer pessoa que já tenha consultado mais de um comentário sobre um texto bíblico sabe que os estudiosos muitas vezes discordam do significado da passagem. O exegeta não especialista não pode e não deve, portanto, tomar cada frase de um comentário como um "evangelho". Ao contrário, cada informação deve ser lida com critério e de modo crítico, em diálogo com seu próprio trabalho e com quaisquer outros recursos disponíveis. O trabalho de qualquer pessoa pode ser tão válido quanto o de um comentarista. Uma cuidadosa interpretação do texto, contestada, informada e refinada pelo trabalho dos estudiosos, é o objetivo deste passo no processo exegético.

⌐   ¬
 REVISÃO E ESTUDO
└   ┘

Resumo do capítulo

- Pessoas que fazem bons trabalhos de exegese consultarão os recursos e contribuições compiladas por especialistas.
- É possível obter contribuições acadêmicas através de notas e bibliografias em várias fontes e através de diversos tipos de recursos bibliográficos.

Sugestões práticas

1. Professores e alunos de nível avançado são capazes de oferecer orientação sobre recursos gerais ou particulares. Os alunos podem ter interesse em começar sua pesquisa com um breve diálogo, por exemplo, com seu professor. Em grande parte, no entanto, os exegetas devem confiar em recursos bibliográficos, livros e índices remissivos, como os listados no capítulo 11, seção 9, para apontar-lhes a direção certa. Quando esse método levanta perguntas, é tempo de consultar novamente os especialistas, se possível.

2. A extensa divergência de opinião na interpretação bíblica pode ser perturbadora. O melhor a fazer é procurar organizar essa diversidade dentro de várias opções principais e, em seguida, ponderar sobre os méritos de cada opção conforme apresentados pelos proponentes desse ponto de vista. Alguns artigos e comentários demonstram, com proveito, as principais interpretações de uma determinada questão (como o significado de uma palavra, a finalidade ou a data de um documento etc.), bem como os pontos fortes e fracos de cada ponto de vista; essas são páginas muito valiosas para encontrar saídas para uma questão controversa.

3. Quanto ao volume de informação, isso também pode ser algo impressionante. Sentir-se sitiado por tantos dados é uma reação normal. O ponto-chave é perceber que você pode ser capaz de reunir fatos ou interpretações úteis de cada recurso responsável e da perspectiva que você lê, mesmo se discordar da interpretação geral do exegeta. No que quer que você leia, procure as partes principais da informação ou das perspectivas, registre-as e comece a avaliá-las. Os argumentos são válidos ou questionáveis? Fortes ou fracos? São os fatos e as perspectivas oferecidos fundamentais para a compreensão do texto? *Valiosos? Duvidosos? Estranhos?* Use essas perguntas para definir o que importa para a interpretação do texto e decidir o que excluir e incluir na redação do seu artigo.

Para estudo adicional e prática

1. Consulte pelo menos dois comentários acadêmicos sobre o Salmo 22. Escreva os resultados de sua pesquisa e indique qualquer diferença entre o que você aprendeu e o que havia refletido sobre a passagem, com base em sua leitura anterior desse salmo.

2. Leia pelo menos dois comentários eruditos sobre Mateus 16:18. Relacione as várias interpretações principais desse texto, sua visão dos pontos fortes e fracos de cada um e as razões para a interpretação que você acha mais atraente.

3. Lembre-se de sua análise anterior do esboço e do ponto principal de Romanos 8:28-39. Compare-os com as notas de pelo menos dois comentários acadêmicos.

4. Prepare uma bibliografia de artigos e ensaios sobre Isaías 6 ou João 4:1-42 escritos nos últimos dez a quinze anos. Que tendências na interpretação do texto você observa?

5. Reveja o capítulo 11, seção 9, p. 260, "Recursos bibliográficos", e o capítulo 11 como um todo, para inteirar-se ou familiarizar-se com os vários recursos à sua disposição.

PARTE 3

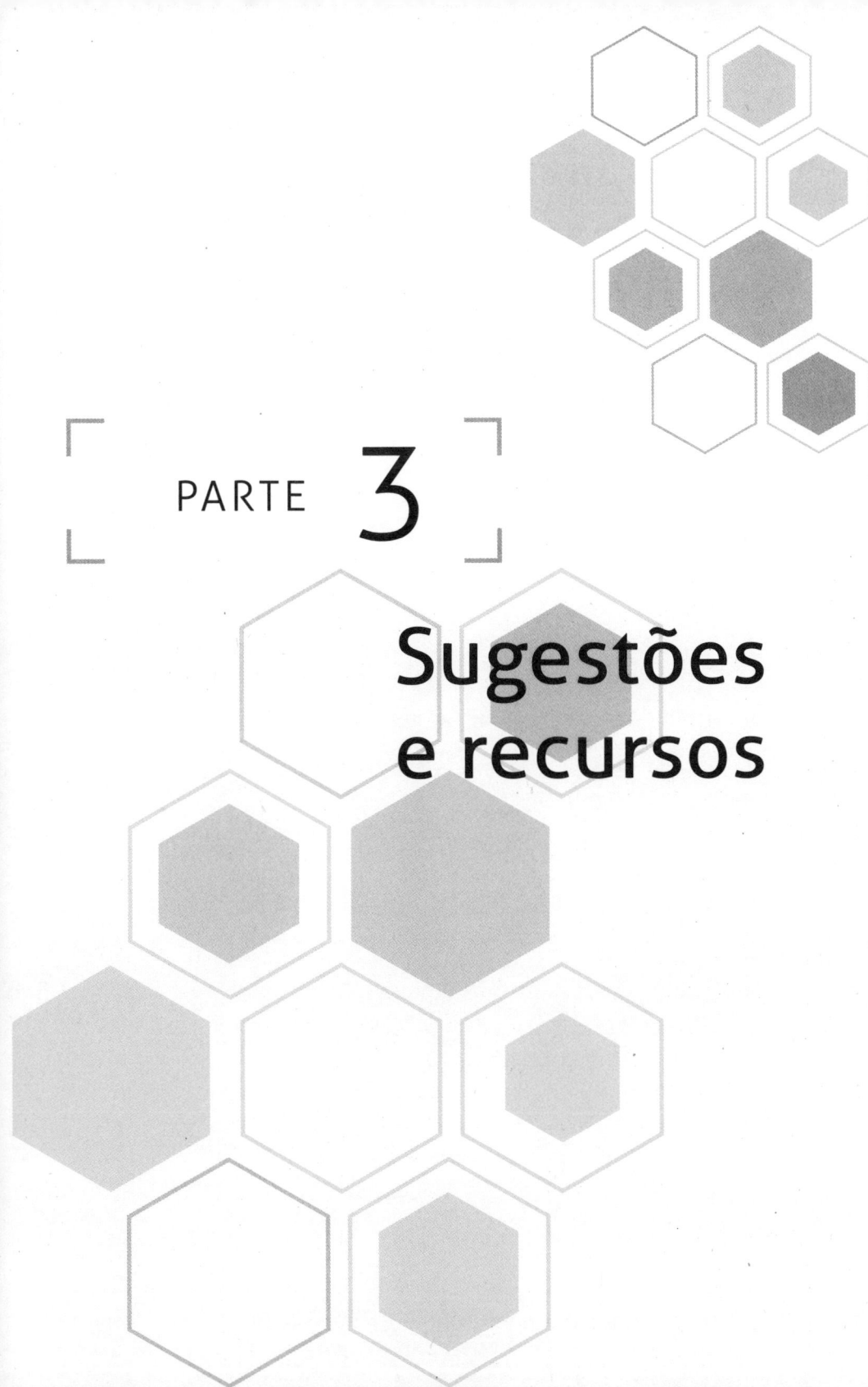

Sugestões e recursos

CAPÍTULO 10

A EXEGESE E O EXEGETA
Erros a evitar, descobertas a fazer

> No entanto, uma determinada época ou uma comunidade em particular que pode definir um modo apropriado de atenção, ou uma área lícita de interesse, sempre apresentará alguma coisa diferente e algo diferente para dizer.
>
> — *Frank Kermode*, Forms of Attention [Formas de atenção]

Você trabalhou até agora com os sete elementos que compõem o processo de exegese — lendo cuidadosamente e analisando um texto bíblico — defendido neste livro. Agora está pronto para escolher uma passagem a qual vai estudar e analisá-la em detalhes. Inicialmente, porém, algumas palavras finais de cautela e encorajamento.

Dois erros gerais comuns na utilização desse método de exegese podem ser facilmente evitados se forem conhecidos antecipadamente. Em primeiro lugar, alguns alunos tornam-se tão completamente ligados ao procedimento que acabam perdendo qualquer sentido de ideias originais ou de criatividade. O objetivo do método não é sufocar a criatividade, mas fornecer um meio de *investigação disciplinada, bem como de imaginação*. Alunos e professores devem sempre empenhar-se em fazer novas perguntas sobre os textos e acerca de si mesmos. O medo desse processo criativo é o que leva, por vezes, os alunos simplesmente a coletar uma série de opiniões de estudiosos, encadeá-las em conjunto e chamar isso de trabalho de exegese. Mesmo quando devidamente documentadas, somente uma série de citações não constitui exegese; a exegese de um texto é a forma de leitura que você faz do texto, embora se trate de uma leitura fundamentada pelos recursos bibliográficos. Não é uma mistura — nem mesmo uma coleção organizada — de fatos, opiniões e possíveis interpretações.

Em segundo lugar, ao escrever trabalhos de exegese, alguns alunos são propensos a se tornar repetitivos. A introdução, esboço, análise, síntese e até mesmo suas próprias reflexões podem ficar muito semelhantes entre si. Isso não precisa acontecer, no entanto, uma vez que cada parte do trabalho da exegese tem seu próprio objetivo e foco. Há uma diferença, por exemplo, entre a discussão do contexto literário e a discussão da forma, estrutura e movimento, e as duas discussões não devem ser redundantes. Além disso, cada seção do trabalho deve levar a interpretação da passagem para um passo adiante; cada parte deve conduzir a compreensão do leitor a um novo nível e não apenas repetir observações e conclusões anteriores.

Além desses erros gerais a evitar, existem vários erros comuns que os alunos cometem em cada fase do processo exegético ao escrever seus trabalhos. As seguintes sugestões, cada uma das quais apresenta uma das sugestões práticas que aparecem no capítulo apropriado, são oferecidas com base em minha experiência através do preparo de muitas centenas de artigos exegéticos.

A TAREFA

Nunca utilize métodos que estejam além de sua capacidade. Não tente, digamos, fazer a crítica da tradição sem as habilidades necessárias, nem discutir as complexidades da gramática hebraica e do vocabulário com base numa Bíblia interlinear. Em vez disso, trabalhe usando seus pontos fortes. Desenvolva e use as habilidades que qualquer leitor cuidadoso precisa ter; observar, questionar, fazer conexões, reconhecer padrões e assim por diante. Isto vai levá-lo a percorrer um longo caminho.

O TEXTO

Não escolha uma passagem se você não estiver disposto a aprender sobre ela, e dela, e até mesmo ter desafiadas suas pressuposições básicas sobre seu significado.

Evite, por exemplo, uma passagem que seja tão emocionalmente difícil para você, por qualquer motivo, de modo que seu trabalho acabe se tornando mais uma exegese do seu próprio estado psicológico ou de sua história pessoal, do que sobre o texto em si. Em vez disso, escolha um texto que seja de seu interesse e no qual você vai tentar se envolver honestamente; nem selecione também um texto que seja tão problemático para você, se não seu trabalho se tornará nada mais do que um exercício de futilidade. (Esse conselho pode soar desnecessário ou mesmo pouco acadêmico. Embora eu certamente não defenda o medo de uma descoberta ou de um desafio, reconheço, depois de muitos anos de experiência, que há ocasiões em que a escolha para fazer um trabalho de exegese — com a pressão de exigências acadêmicas e avaliação — em um texto difícil não é a melhor maneira de se envolver com ele. Minhas preocupações não são primariamente acadêmicas, nem teológicas ou doutrinárias, mas pessoais e até mesmo pastorais.)

PRIMEIRO ELEMENTO — PESQUISA (INTRODUÇÃO)

Não ceda à tentação de apresentar uma sinopse estendida de cada parte do seu trabalho na introdução, pois isso fará com que ela se torne muito longa e as outras partes sejam repetitivas. Em vez disso, use a introdução para despertar o interesse do leitor e para apresentar-lhe uma visão sucinta do trabalho, com atenção primária para o fluxo (partes) do seu texto e sua tese (uma pré-visualização da sua síntese). Lembre-se mais uma vez: um trabalho de exegese que não apresente uma tese não é realmente uma exegese, uma leitura atenta do texto.

SEGUNDO ELEMENTO — ANÁLISE CONTEXTUAL

Contexto histórico

Não pense em seu trabalho como uma minienciclopédia que apresenta ao leitor todos os fatos imagináveis sobre esse período de tempo, ou a comunidade que está por trás do texto, ou a quem ela é dirigida. Em vez disso forneça, tanto quanto possível, uma visão geral conforme a necessidade, mas concentre-se nos aspectos particulares dos contextos históricos, sociais e culturais que são diretamente relevantes para o seu texto específico. Detalhes sobre itens extratextuais referenciados em versículos específicos geralmente são melhor discutidos na análise detalhada.

Contexto literário

Não discuta, de modo algum, sua passagem de forma separada do todo. Em vez disso, aqui é o momento para analisar o lugar de sua passagem no todo maior. Isso pode incluir uma discussão do esboço e do fluxo do livro, a fim de situar seu texto dentro do trabalho maior, mas não construa aqui um esboço de sua passagem em particular. A discussão da estrutura e do movimento da própria passagem faz parte da seção da análise formal.

TERCEIRO ELEMENTO — ANÁLISE FORMAL (FORMA, ESTRUTURA E MOVIMENTO)

Não transforme esta seção em uma discussão do livro bíblico no qual seu texto está inserido. O foco desta seção do trabalho está na forma, estrutura e movimento de sua passagem em particular, não do livro bíblico. Alguma discussão do gênero do livro pode ser apropriada, mas mesmo assim o foco estará em como a natureza desse gênero afeta a interpretação de sua passagem. Não apresente uma discussão prolixa das características dos salmos, dos Evangelhos ou das cartas em geral. Além disso, não forneça um esboço do livro, mas um esboço somente da passagem. Se um breve resumo e/ou esboço do livro inteiro for incluído no trabalho, ele deve aparecer na seção anterior sobre o contexto literário e não nesta seção.

QUARTO ELEMENTO — ANÁLISE DETALHADA

Não permita que as primeiras seções de seu trabalho monopolizem todo o espaço, mas reserve espaço suficiente para uma análise verdadeiramente detalhada. Planeje cuidadosamente para que você dedique pelo menos 50% do trabalho a uma análise detalhada.

QUINTO ELEMENTO — SÍNTESE

Não tente reafirmar tudo o que você já disse em seu trabalho. Em vez disso, reafirme sua tese, agora que você a demonstrou com criatividade, colocando juntos os resultados mais importantes de tudo o que você já tem revelado e discutido no decurso do trabalho. Isso indicará ao leitor o que você considera ser o significado essencial do texto.

SEXTO ELEMENTO — REFLEXÃO: INTERPRETAÇÃO TEOLÓGICA

Não use essa ocasião para preparar um sermão sobre o texto, a menos que tenha sido especificamente solicitado a fazê-lo. Em vez disso, esse espaço lhe oferece a oportunidade de ser sugestivo e mesmo aberto em suas observações. As melhores reflexões são frequentemente muito sutis; elas raramente fazem o papel de um martelo.

SÉTIMO ELEMENTO — EXPANSÃO E APRIMORAMENTO DA EXEGESE

Não faça desse elemento uma *parte separada* do trabalho como um todo, nem de cada seção dele. Em vez disso, embora esse seja um passo específico no processo dado após sua própria exegese inicial, os resultados de sua pesquisa devem ser integrados no trabalho como um todo. O resultado é um trabalho no qual sua própria tese e interpretação conduzem o ensaio, mas nele você interage e ganha apoio de outros, que são seus parceiros de diálogo.

Uma exegese superior lança luz única sobre um texto bíblico porque a exegese é o resultado do próprio envolvimento pessoal com o texto. Tal exegese é realmente uma expressão da intersecção singular dos contextos — os do autor, dos leitores originais e do intérprete. Se você se aplica ao estudo da Bíblia, sempre mantendo os olhos em seus vários contextos — assim como o seu próprio —, você pode muito bem ser surpreendido com o que irá descobrir.

CAPÍTULO 11

RECURSOS PARA A EXEGESE

> Mas, acima de tudo, suplico e imploro a vossa clemência para interceder fervorosamente junto ao senhor comissário, para que se digne permitir-me o uso da minha Bíblia Hebraica, da gramática hebraica e do léxico hebraico, e que eu possa empregar meu tempo com esse estudo.
>
> — *William Tyndale, de sua cela na prisão*

> Dicionários são como relógios; o pior é melhor do que nenhum, e do melhor não se pode esperar que seja completamente correto.
>
> — *Samuel Johnson*

As páginas seguintes contêm uma bibliografia anotada de recursos acadêmicos para ajudar no processo de exegese. Esses recursos são algumas das ferramentas mais importantes e comumente usadas, especialmente para o sétimo elemento, expansão e refinamento da exegese, que são aplicadas a todos os outros elementos. Ao contrário de William Tyndale, no entanto, muitos exegetas contemporâneos não leem, ou já não se lembram do hebraico e grego. Assim, a maioria dos recursos listados a seguir não requerem um conhecimento das línguas originais, embora em alguns casos esse conhecimento possa auxiliar, e em outros seja absolutamente necessário (por exemplo, para usar o NT grego).

Esta parte do livro está dividida em nove seções, correspondendo aos primeiros nove capítulos. Os recursos para o capítulo 9 são principalmente ferramentas bibliográficas e outros livros que apontam recursos adicionais. Alguns deles desafiam a categorização e muitos são úteis para uma variedade de elementos do processo exegético. Os comentários, por exemplo, contêm não só uma exegese detalhada, mas também informações sobre o contexto, sobre a forma e a estrutura, e às vezes sobre o significado contemporâneo de um texto. Tentei conectar esses tipos de recursos de propósitos múltiplos com o elemento de exegese para o qual eles são mais úteis.

Para uma lista resumida de recursos da internet, veja o Apêndice D. Procurei não fazer algo exaustivo, apenas útil. Os exegetas zelosos usarão esses trabalhos para procurar outros recursos, conforme a necessidade. E todos os leitores devem ter cuidado e adequada cautela ao usar esses recursos; todos são benéficos, mas nenhum deles é infalível.

Além de todos os recursos listados, dê atenção especial aos seguintes livros, em ordem de prioridade:

Alexander, Patrick H., John F. Kutsko, James D. Ernest, Shirley Decker-Lucke, e David L. Petersen, eds. *The SBL Handbook of Style* [Manual do estilo SBL]. Peabody, Mass.: Hendrickson, 1999. Esse livro único, embora projetado principalmente para estudiosos bíblicos que preparam obras para publicação, contém uma riqueza de informações úteis para os estudantes, bem como as convenções para a escrita no campo bíblico. Os alunos encontrarão o uso correto, a ortografia e abreviaturas de livros bíblicos e outras fontes antigas e modernas; tabelas para a transliteração do hebraico, aramaico, grego e outras línguas antigas; e regras e exemplos de notas e entradas bibliográficas. Esse livro é a grande referência de manual de estilo para estudos bíblicos. Ele também pode ser acessado em: <http://sbl-site.org/educational/researchtools.aspx>.

SEÇÃO 1. RECURSOS PARA A COMPREENSÃO DA TAREFA

Trabalho de caráter geral sobre leitura

Adler, Mortimer J., e Charles Van Doren. *How to Read a Book: The Classic Guide to Intelligent Reading* [Como ler um livro: o guia clássico para uma leitura inteligente]. Rev. ed. Nova York: Simon & Schuster, 1972; Touchstone edition, 1997. Um clássico sobre a arte de ler e como ler tipos particulares de escrita.

Trabalho de caráter geral sobre a Bíblia e sua interpretação

Gorman, Michael J., ed. *Scripture: An Ecumenical Introduction to the Bible and Its Interpretation* [As Escrituras: uma introdução ecumênica à Bíblia e sua interpretação]. Peabody, Mass.: Hendrickson, 2005. Uma visão geral da Bíblia, sua formação e sua transmissão combinada com um levantamento da história de sua interpretação, bem como com as atuais abordagens críticas e teológicas.

Trabalhos de caráter geral sobre exegese

Esta relação concentra-se em livros que tratam principalmente das abordagens sincrônicas e diacrônicas do texto e daquelas que cobrem toda a gama de abordagens. Trabalhos sobretudo teológicos ou outras abordagens "existenciais" para a interpretação do texto estão relacionados na seção 8 ("Recursos para reflexão: Interpretação teológica").

Carson, D. A. *Exegetical Fallacies* [Falácias exegéticas]. 2ª ed. Grand Rapids: Baker Academic, 1996. Um guia útil para evitar erros comuns no estudo de palavras, da gramática, da história e outros aspectos da exegese; é mais útil para aqueles que leem hebraico e grego.

Coggins, R. J., e J. L. Houlden. *The SCM Dictionary of Biblical Interpretation* [Dicionário SCM de interpretação bíblica]. 2ª ed. Londres: SCM, 2003. Um conjunto prático, conciso e perspicaz de entradas curtas e ensaios mais longos sobre termos, métodos e pessoas.

Gillingham, Susan E. *One Bible, Many Voices: Different Approaches to Biblical Studies* [Uma Bíblia, muitas vozes: diferentes abordagens para estudos bíblicos]. Grand Rapids: Eerdmans, 1999. Um texto introdutório sobre a "pluralidade" envolvida na elaboração e na leitura da Bíblia, defendendo uma abordagem teológica integrada com as abordagens histórico-críticas e literárias. Ilustrado com específica referência aos Salmos, em geral, e ao Salmo 8, em particular.

Hayes, John H., ed. geral. *Dictionary of Biblical Interpretation* [Dicionário de interpretação bíblica]. 2 vols. Nashville: Abingdon, 1999. Contém artigos sobre importantes teorias de interpretação, abordagens, métodos e especialistas importantes, tanto do passado como do presente.

Hayes, John H., e Carl R. Holladay. *Biblical Exegesis: A Beginner's Handbook* [Exegese bíblica: um manual para iniciantes]. 3ª ed. Louisville: Westminster John Knox, 2007. A versão mais recente de um excelente tratado padrão sobre métodos exegéticos, em grande parte na tradição histórico-crítica, mas com atenção adicional para abordagens literárias e outras mais recentes, incluindo perspectivas ideológicas (liberacionista, pós-colonial etc.), bem como o uso do computador para a exegese; para o aluno iniciante e o intermediário. Uma boa leitura para se fazer.

Kaiser, Otto, e Werner G. Kümmel. *Exegetical Method: A Student's Handbook* [Método exegético: um manual para estudantes]. Tradução de E. V. N. Goetschius e M. J. O'Connell. Rev. ed. Nova York: Seabury, 1981. A tradução inglesa de uma introdução alemã padrão à exegese crítica, trabalho escrito para alunos principiantes, com seções sobre o AT e o NT.

Knight, Douglas A., ed. *Methods of Biblical Interpretation* [Métodos de interpretação bíblica]. Nashville: Abingdon, 2004. Uma pequena enciclopédia em forma de livro que apresenta métodos pré-modernos, modernos e pós-modernos, com artigos extraídos de John H. Heys, gen. ed., *Dictionary of Biblical Interpretation* [Dicionário de interpretação bíblica] (veja livro citado anteriormente).

Krentz, Edgar. *The Historical-Critical Method.* Guides to Biblical Scholarship [Guia para estudos bíblicos]. Filadélfia: Fortress, 1975. Repr., Eugene, Ore.: Wipf & Stock, 2002. Um pequeno e clássico tratado da abordagem diacrônica com relação a sua origem e usos.

Longman, Tremper, III. *Literary Approaches to Biblical Interpretation* [Abordagem literária para a interpretação bíblica]. Grand Rapids: Zondervan, 1987. Uma introdução muito boa à teoria e aplicação de abordagens literárias, com uma pesquisa histórica, avaliação de métodos e análise de exemplos de textos em prosa e poesia na Bíblia (especialmente do AT).

McKenzie, Steven L., e Stephen R. Haynes, eds. *To Each Its Own Meaning: An Introduction to Biblical Criticisms and Their Applications* [Cada um com seu próprio significado: uma introdução à crítica bíblica e suas aplicações]. Edição revisada e ampliada. ed. Louisville: Westminster John Knox, 1999. Uma coleção incrível e de leitura fácil de ensaios sobre vários métodos diacrônicos, sincrônicos, literários e ideológicos sob os temas "Métodos tradicionais de crítica bíblica", "Expansão da tradição" e "Derrubando a tradição". Cada capítulo discute e ilustra o método e fornece uma bibliografia. Uma excelente leitura após ler este livro.

Montague, George T. *Understanding the Bible: A Basic Introduction to Biblical Interpretation* [Compreendendo a Bíblia: uma introdução básica à interpretação bíblica]. Edição revisada e ampliada. Nova

York: Paulist, 2007. Uma história útil e envolvente da interpretação bíblica e suas várias abordagens, desde a Igreja Primitiva até o final do século 20; parte de uma perspectiva católica, mas possui interesse ecumênico.

Robbins, Vernon K. ***Exploring the Texture of Texts: A Guide to Socio--Rhetorical Interpretation*** [Explorando a tessitura dos textos: um guia para a interpretação sociorretórica]. Valley Forge, Pa.: Trinity, 1996. Uma excelente e detalhada introdução à crítica sociorretórica como uma abordagem ampla e integrada da interpretação, que inclui a análise das dimensões ou tessituras de um texto: tessitura interna, intertessitura, tessitura social e cultural, tessitura ideológica e textura sagrada (teológica). Embora o foco do livro esteja nos Evangelhos e os exemplos sejam extraídos deles, os princípios se aplicam à exegese de qualquer texto.

Rogerson, John W., e Judith M. Lieu, eds. ***Oxford Handbook of Biblical Studies*** [Manual Oxford de estudos bíblicos]. Nova York: Oxford University Press, 2006. Um panorama completo e confiável da disciplina de estudos bíblicos, incluindo campos cognatos, texto bíblico, contextos históricos, natureza e desenvolvimento de materiais bíblicos, métodos acadêmicos de estudo, interpretação etc.

Ryken, Leland. ***Words of Delight: A Literary Introduction to theBible*** [Palavras de encanto: uma introdução literária à Bíblia]. 2ª ed. Grand Rapids: Baker, 1992. Uma brilhante introdução à tradicional crítica literária como aplicado à Bíblia, cobrindo os elementos de narrativa bíblica, poesia e outras formas em ambos os Testamentos. Repleto de breves leituras de textos específicos.

Schertz, Mary H., e Perry B. Yoder. ***Seeing the Text: Exegesis for Students of Greek and Hebrew*** [Examinando o texto: exegese para estudantes de grego e hebraico]. Nashville: Abingdon, 2001. Um texto útil para estudantes com conhecimentos intermediários de idiomas bíblicos.

Soulen, Richard N. ***Handbook of Biblical Criticism*** [Manual de crítica bíblica]. 3ª ed. Louisville: Westminster John Knox, 2001. Um valioso dicionário de termos.

Tate, W. Randolph. ***Biblical Interpretation: An Integrated Approach*** [Interpretação bíblica: uma abordagem integrada]. 3ª ed. Peabody, Mass.: Hendrickson, 2008. Para os alunos intermediários e talvez alguns principiantes, trata-se uma abordagem que reúne métodos de interpretação do "mundo por trás do texto", "o mundo contemporâneo ao texto" e "o mundo posterior ao texto". Contém vocabulários úteis, resumos e bibliografias.

_____. *Interpreting the Bible: A Handbook of Terms and Methods* [Interpretando a Bíblia: um manual de termos e métodos]. Peabody, Mass.: Hendrickson, 2006. Um "glossário ampliado" de aproximadamente cinquenta métodos de interpretação bíblica e da terminologia técnica associada a cada um deles.

Tiffany, Frederick C., e Sharon H. Ringe. *Biblical Interpretation: A Roadmap* [Interpretação bíblica: um roteiro]. Nashville: Abingdon, 1996. Um guia básico descrevendo elementos de exegese semelhantes aos propostos neste livro, com ênfase especial nos efeitos da localização social e da natureza "circular" do processo. Contém exemplos exegéticos e uma bibliografia básica de recursos.

Watson, Francis, ed. *The Open Text: New Directions for Biblical Studies* [O texto aberto: novos rumos para os estudos bíblicos], Londres: SCM, 1993. Uma coleção de ensaios coletivos e individuais que apresenta a tese de que o método histórico-crítico é insuficiente e que é necessário buscar uma pluralidade de estratégias de leitura, especialmente aquelas focadas no leitor.

Yarchin, William. *History of Biblical Interpretation: A Reader* [História da interpretação bíblica: uma leitora] Peabody, Mass.: Hendrickson, 2004. Uma introdução substancial, por meio do uso de fontes primárias, às principais abordagens da interpretação bíblica desde 150 a.C. e às figuras-chave que representam cada abordagem.

Exegese do Antigo Testamento

Barton, John. *Reading the Old Testament: Method in Biblical Study* [Lendo o Antigo Testamento: método no estudo bíblico]. Rev. e ampl. ed. Louisville: Westminster John Knox, 1996. Introdução e análise aprofundada das principais críticas, defendendo uma pluralidade de abordagens e categorizando a interpretação bíblica como um campo ligado às humanidades, e não às ciências. Para Barton, os métodos não são regras, mas "codificações" descritivas do que leitores perspicazes perguntaram aos textos e observaram deles. Uma boa leitura para os alunos da Bíblia Hebraica/AT.

Brettler, Marc Zvi. *How to Read the Bible* [Como ler a Bíblia]. Filadélfia: Jewish Publication Society, 2005. Uma introdução de um erudito judeu à leitura da Bíblia judaica pela sabedoria única a que ela possui, tomando por base uma abordagem histórico-crítica.

House, Paul R., ed. *Beyond Form Criticism: Essays in Old Testament Literary Criticism* [Além da crítica da forma: ensaios sobre a crítica literária do Antigo Testamento]. Sources for Biblical and Theological Study 2. Winona Lake, Ind.: Eisenbrauns, 1992. Uma coleção de importantes ensaios previamente publicados, introduzindo e aplicando várias formas de crítica literária e retórica do AT. Para estudantes intermediários e avançados.

Moor, Johannes de, ed. *Synchronic or Diachronic: A Debate on Method in Old Testament Exegesis* [Sincrônico ou diacrônico: um debate sobre método exegético do Antigo Testamento]. Leiden: Brill, 1995. Uma coleção de ensaios de estudiosos holandeses e britânicos em abordagens diacrônicas e sincrônicas e sua compatibilidade potencial. Para alunos mais avançados.

Steck, Odil Hannes. *Old Testament Exegesis: A Guide to the Methodology* [Antigo Testamento: um guia para a metodologia]. Traduzido por James D. Nogalski. 2ª ed. SBL Resources for Biblical Study [Recursos para estudos bíblicos] 39. Atlanta: Scholars, 1998. A edição (e abordagem) em inglês de um texto alemão padrão, projetado para estudantes avançados. Depois de fornecer uma visão geral do trabalho histórico-crítico, trata a tarefa de modo geral, método, resultados e bibliografia para crítica textual, crítica literária, crítica de transmissão histórica, crítica redacional, crítica da forma, crítica de tradição histórica e crítica de cenário histórico. O livro é cheio de ilustrações breves e contém uma bibliografia útil.

Stuart, Douglas. *Old Testament Exegesis: A Handbook for Students and Pastors* [Exegese do Antigo Testamento: manual para estudantes e pastores]. 3ª ed. Louisville: Westminster John Knox, 2001. Um guia passo a passo que não requer conhecimento do hebraico.

Wilson, Robert R. *Sociological Approaches to the Old Testament* [Abordagem sociológica do Antigo Testamento]. Guides to Biblical Scholarship. Filadélfia: Fortress, 1984. Uma introdução inicial e básica, com aplicação de uma "perspectiva antropológica" de diversas áreas de estudo.

Exegese do Novo Testamento

Black, David A., e David S. Dockery. *Interpreting the New Testament: Essays on Methods and Issues* [Interpretanto o Novo Testamento: ensaios sobre métodos e questões]. Nashville: Broadman & Holman, 2001. Uma coleção de ensaios para estudantes principiantes, feitos por grandes estudiosos evangélicos, sobre questões interpretativas e métodos exegéticos.

Conzelmann, Hans, e Andreas Lindemann. *Interpreting the New Testament: An Introduction to the Principles and Methods of N. T. Exegesis* [Interpretando o Novo Testamento: uma introdução aos princípios e métodos de exegese do NT]. Traduzido por Siegfried S. Schatzmann. Peabody, Mass.: Hendrickson, 1988. Um manual abrangente, com exercícios, para a abordagem histórico-crítica do NT. Também uma breve introdução crítica ao ambiente e escritos do NT. Para o aluno avançado.

Cosby, Michael R. *Portraits of Jesus: An Inductive Approach to the Gospels* [Retratos de Jesus: uma abordagem indutiva aos Evangelhos]. Louisville: Westminster John Knox, 1999. Uma abordagem de aprendizagem que leva alunos principiantes a fazerem uma leitura mais intensa de textos evangélicos para descobrir padrões, temas e problemas literários e teológicos.

Egger, Wilhelm. *How to Read the New Testament: An Introduction to Linguistic and Historical-Critical Methodology* [Como ler o Novo Testamento: uma introdução à linguística e à metodologia histórico-crítica]. Editado por Hendrikus Boers. Traduzido por Peter Heinegg. Peabody, Mass.: Hendrickson, 1996. Uma introdução útil, voltada primariamente para a abordagem histórico-crítica do NT.

Elliott, John H. *What Is Social-Scientifc Criticism?* [O que é crítica sociocientífica?] Guides to Biblical Scholarship. Minneapolis: Fortress, 1993. Uma introdução bastante útil para a aplicação de ciências sociais ao estudo do NT, com bibliografia.

Erickson, Richard J. *A Beginner's Guide to New Testament Exegesis: Taking the Fear out of Critical Method* [Um guia para principiantes na exegese do Novo Testamento: eliminando o medo do método crítico]. Downers Grove, Ill.: InterVarsity, 2005. Um guia básico, mas completo, e de fácil leitura.

Fee, Gordon D. *New Testament Exegesis: A Handbook for Students and Pastors* [Exegese do Novo Testamento: manual para estudantes e pastores]. 3ª ed. Louisville: Westminster John Knox, 2002. Um guia padrão e muito detalhado para a exegese. Esse livro é mais recomendado para aqueles que trabalham com o texto grego.

Green, Joel B., ed. *Hearing the New Testament: Strategies for Interpretation* [Ouvindo o Novo Testamento: estratégias para a interpretação]. Grand Rapids: Eerdmans, 1995. Repr., Eugene, Ore.: Wipf & Stock, 2004. Uma coleção de primeira linha de ensaios sobre métodos críticos e questões de interpretação, para estudantes de nível intermediário. Uma excelente leitura para os alunos do NT.

Kennedy, George A. *New Testament Interpretation through Rhetorical Criticism* [Interpretação do Novo Testamento através da crítica retórica]. Chapel Hill, N.C.: University of North Carolina Press, 1984. Um guia padrão para o uso da retórica clássica para interpretar o NT, com aplicações para documentos específicos e textos mais curtos.

Mack, Burton L. *Rhetoric and the New Testament* [Retórica e Novo Testamento]. Guides to Biblical Scholarship. Minneapolis: Fortress, 1990. Um guia para a crítica retórica que se baseia tanto em abordagens clássicas quanto em teorias modernas, com ilustrações de seu uso em textos específicos.

Porter, Stanley E., ed. *Handbook to Exegesis of the New Testament* [Manual para exegese do Novo Testamento]. Leiden: Brill, 1997. Ensaios sobre quase todas as abordagens e métodos exegéticos e sua aplicação às várias partes do NT.

Schneiders, Sandra M. *The Revelatory Text: Interpreting the New Testament as Sacred Scripture* [O texto revelador: Interpretando o Novo Testamento como Escritura Sagrada]. 2ª ed. Collegeville, Minn.: Liturgical, 1999. Uma defesa sofisticada do NT como palavra totalmente humana e como *locus* de encontro com Deus, com consideração teórica de um modelo integrado de interpretação, que contempla os mundos que estão por trás, dentro e antes do texto.

Stenger, Werner. *Introduction to New Testament Exegesis* [Introdução à exegese do Novo Testamento]. Editado por John W. Simpson Jr. Traduzido por Douglas W. Stott. Grand Rapids: Eerdmans, 1993. Essa tradução e adaptação de um texto padrão, feitas por um respeitado erudito católico romano, dedica um breve capítulo a cada um dos vários aspectos gerais do método histórico-crítico (incluindo a crítica textual, a análise estrutural como uma abordagem sincrônica ao texto; e os métodos diacrônicos de tradição, fonte, redação e crítica de gênero). Seguem então dez capítulos que ilustram esses métodos na prática (oito em textos do evangelho, um em dois textos de hino, e um na carta a Filemom). Também está incluída uma útil bibliografia anotada. Uma boa leitura para alunos do NT.

Weren, Wim (Wilhelmus). *Windows on Jesus: Methods in Gospel Exegesis* [Um retrato de Jesus: métodos de exegese nos Evangelhos].

Traduzido por John Bowden. Harrisburg, Pa.: Trinity, 1999. Um manual excelente, abrangente e muito acessível para as variedades de abordagens contemporâneas aos Evangelhos; perfeito para os alunos principiantes e intermediários dos Evangelhos. O conhecimento do grego não é indispensável.

SEÇÃO 2. RECURSOS PARA A COMPREENSÃO DO TEXTO

Esta seção traz uma lista de recursos sobre assuntos de tradução e crítica textual. Ela também lista edições da Bíblia em hebraico e grego, edições de traduções múltiplas da Bíblia, edições da Bíblia em formato paralelo e versões eletrônicas da Bíblia, muitas das quais também contêm recursos para o estudo bíblico. Para a definição dos limites de um texto, consulte os livros sobre o método exegético listado na seção 1.

Traduções

Para uma discussão e análise de várias traduções, veja os livros a seguir:

Dewey, David. *A User's Guide to Bible Translations: Making the Most of Different Versions* [Um guia para usuário de traduções bíblicas: extraindo o máximo de versões diferentes]. Downer's Grove, Ill.: InterVarsity, 2004. Um exame nas questões de tradução e da tradução inglesa, desde as versões mais antigas até as muitas traduções desde a RSV [*Revised Standard Version*] em meados do século 20.

Fee, Gordon D., e Mark L. Strauss. *How to Choose a Translation for All Its Worth: A Guide to Understanding and Using Bible Versions* [Como escolher uma tradução por todos os seus méritos: um guia para compreender e usar versões da Bíblia]. Grand Rapids: Zondervan, 2007. Uma análise muito útil a partir de uma perspectiva evangélica, de várias traduções da Bíblia, considerando diversas questões de tradução (expressões idiomáticas, cultura, gênero etc.).

Kubo, Sakae, e Walter F. Specht. *So Many Versions? Twentieth Century English Versions of the Bible* [Por que tantas versões? Versões inglesas do século 20 da Bíblia]. 2ª ed. Grand Rapids: Zondervan, 1983. Uma visão geral e uma avaliação das principais traduções em inglês, com um anexo útil que lista muitas outras.

Lewis, Jack P. *The English Bible, from KJV to NIV: A History and Evaluation* [As Bíblias em inglês, desde a KJV até a NVI: Uma história e avaliação]. 2ª ed. Grand Rapids: Baker, 1991. Um volume detalhado e minucioso, dedicado à avaliação (geralmente generosa) de cerca de vinte versões em inglês.

Metzger, Bruce M. *The Bible in Translation: Ancient and English Versions* [A Bíblia em tradução: versões antigas e versões inglesas]. Grand Rapids: Baker Academic, 2001. Uma útil história e avaliação de traduções bíblicas feita por um dos grandes estudiosos da Bíblia nos últimos cem anos, que dirigiu a comissão de tradução da NRSV.

Sheeley, Steven M., e Robert N. Nash Jr. *The Bible in English Translation: An Essential Guide* [A Bíblia na tradução inglesa: um guia essencial]. Abingdon: Nashville, 1997. Um guia básico, porém útil, para a tradução da Bíblia, além de tratar das origens da Bíblia e do desenvolvimento do cânon.

Crítica textual

Para uma discussão do texto original da Bíblia, prática da crítica textual e uso de edições críticas modernas dos textos em hebraico e grego, veja:

Aland, Kurt e Barbara Aland. *The Text of the New Testament* [O texto do Novo Testamento]. 2d rev. e ampl. ed. Grand Rapids: Eerdmans, 1995. Uma introdução útil à crítica textual e ao uso do instrumento crítico de variantes textuais no texto de Nestle-Aland do NT.

Greenlee, J. Harold. *An Introduction to New Testament Textual Criticism* [Uma introdução à crítica textual do Novo Testamento]. Rev. ed. Peabody, Mass.: Hendrickson, 1995. Um texto básico.

McCarter, P. Kyle, Jr. *Textual Criticism: Recovering the Text of the Hebrew Bible* [Criticismo textual: recuperando o texto da Bíblia hebraica]. Filadélfia: Fortress, 1986. Um volume compacto, mas abalizado.

Metzger, Bruce M., ed. *A Textual Commentary on the Greek New Testament* [Um comentário textual sobre o grego do Novo Testamento]. 2ª ed. New York: United Bible Societies, 1994.

Metzger, Bruce M., e Bart D. Ehrman. *The Text of the New Testament: Its Transmission, corrupção, and Restoration* [O texto do Novo Testamento: sua transmissão, corrompimento e restauração]. 4ª ed. Nova York: Oxford University Press, 2005. Uma excelente introdução à arte e à ciência da crítica textual, bem como a alguns dos principais manuscritos do NT e primeiras versões.

Tov, Emmanuel. *Textual Criticism of the Text of the Hebrew Bible* [Criticismo textual da Bíblia Hebraica]. 2ª rev. ed. Minneapolis: Fortress, 2001. Um trabalho padrão, agora atualizado.

Wegner, Paul D. *A Student's Guide to Textual Criticism of the Bible: Its History, Methods and Results* [Um guia do estudante para a crítica textual da Bíblia: sua história, métodos e resultados]. Downers Grove, Ill.: InterVarsity, 2006. Um excelente tratado da história e princípios, com ilustrações de textos específicos, que orienta a usar as edições críticas, possuindo um glossário e muito mais.

Weingreen, J. *Introduction to the Critical Study of the Text of the Hebrew Bible* [Introdução ao estudo de crítica textual da Bíblia Hebraica]. Oxford: Oxford University Press, 1982. Uma introdução básica à crítica textual para estudantes da Bíblia Hebraica.

Würthwein, Ernst. *The Text of the Old Testament: An Introduction to the Biblia Hebraica* [O texto do Antigo Testamento: uma introdução à Bíblia Hebraica]. 2ª ed. Traduzida por Erroll F. Rhodes. Grand Rapids: Eerdmans, 1995. Um guia para os textos, versões e uso da edição crítica da Bíblia Hebraica.

Bíblia em hebraico e grego

Aland, B., K. Aland, J. Karavidopulos, C. M. Martini, e B. M. Metzger, eds. *The Greek New Testament* [O Novo Testamento grego]. 4ª rev. ed. Stuttgart: Deutsche Bibelgesellschaft, 1993. O texto padrão do NT grego, com informação crítica das principais variantes textuais que afetam a tradução, distribuída pela United Bible Societies. Abreviação UBS4.

Biblia Hebraica Quinta (BHQ). Stuttgart: German Bible Society, em preparo, ca. 2010. Uma nova edição da Bíblia hebraica baseada no Códice de Leningrado, o mais antigo manuscrito completo da Bíblia hebraica, com notas de rodapé, referindo-se, por exemplo, às diferenças nos textos bíblicos dos Manuscritos do Mar Morto. A partir de 2008 foram publicados dois fascículos.

Jewish Publication Society. *JPS Hebrew-English Tanakh*. Filadélfia: Jewish Publication Society, 1999. Tradução do hebraico e do inglês em colunas paralelas (uma proeminente tradução judaica para o inglês).

Kittel, Rudolf, Karl Elliger, Wilhelm Rudolph, Hans P. Rüger, e Gérard E. Weil, eds. *Biblia Hebraica Stuttgartensia*. 5ª rev. ed.

Stuttgart: Deutsche Bibelgesellschaft, 1968-1977; 1984; 1997. O texto padrão da Bíblia Hebraica. Abreviação BHS.

Nestle, Eberhard, Erwin Nestle, Barbara Aland, e Kurt Aland, eds. *Novum Testamentum Graece* [Novo Testamento Grego]. 27ª ed. Stuttgart: Deutsche Bibelgesellschaft, 1993. O texto padrão do NT grego com crítica mais minuciosa das variantes textuais. O texto em si é o mesmo que o da United Bible Societies, 3ª e 4ª edições. Disponível também em uma edição com grego e inglês em páginas opostas.

Bíblias paralelas

Aland, Kurt, ed. *Synopsis of the Four Gospels: Greek-English Edition of the Synopsis Quattuor Evangeliorum* [Sinopse dos quatro Evangelhos: edição grego-inglesa da Sinopse Quattuor Evangeliorum] 10ª ed. Stuttgart: United Bible Societies, 1993. Esta sinopse dos Evangelhos em grego-inglês em colunas paralelas está disponível também em apenas inglês e em edições somente em grego (*Sinopse Quattuor Evangeliorum*).

Francis, Fred O., e J. Paul Sampley. *Pauline Parallels* [Paralelos paulinos]. 2ª ed. Filadélfia: Fortress, 1984. Um extenso livro encadernado em espiral que estabelece passagens semelhantes das cartas paulinas em colunas paralelas.

Throckmorton, Burton H., Jr., ed. *Gospel Parallels: A Comparison of the Synoptic Gospels* [Paralelos do evangelho: uma comparação dos Evangelhos sinóticos]. 5ª ed. Nashville: Nelson, 1992. Traz o texto da NRSV de Mateus, Marcos e Lucas em colunas paralelas.

Textos adicionais da Bíblia

The Catholic Comparative New Testament [O Novo Testamento católico comparativo]. Nova York: Oxford University Press, 2005. Contém a Bíblia Douay-Rheims, NAB, RSV, NRSV, JB, NJB, GNB (*Good News Bible*) e Christian Community Bible.

The Complete Parallel Bible: Containing the Old and New Testaments with the Apocryphal/Deuterocanonical Books [A Bíblia paralela completa: contendo o Antigo e Novo Testamento com os livros deuterocanônicos/apócrifos] Nova York: Oxford University Press, 1993. Apresenta as versões NRSV, REB, NAB e NJB em colunas paralelas.

Kohlenberger, John R., III, ed. *The Contemporary Parallel New Testament* [O Novo Testamento contemporâneo paralelo]. Nova

York: Oxford University Press, 1998. Apresenta os textos de oito traduções em colunas paralelas: CEV, KJV, *A Mensagem*, NASB, NCV (*New Contemporary Version*), NIV, NKJV e NLT.
Today's Parallel Bible [Bíblia paralela de hoje]. Grand Rapids: Zondervan, 2000. Contém as versões KJV, NASB, NIV e NLT.

Bíblias em CR-ROM

O que se segue é apenas uma amostra das Bíblias disponíveis em CD-ROM e uma breve introdução a algumas das várias ferramentas disponíveis. Mais e melhores produtos, sem dúvida, serão produzidos nos próximos anos e os que já estão disponíveis no mercado são constantemente revisados e ampliados. Alguns vêm como sistemas completos, enquanto outros aparecem em forma de módulos, para os quais outros componentes ou pacotes de componentes podem ser comprados de acordo com as necessidades do usuário. Muitos dos produtos oferecem vídeos de demonstração em seus *sites*, mas é aconselhável consultar o fabricante e alguns usuários finais desses produtos antes de fazer uma compra.

Dividi esses pacotes da Bíblia em três grupos: aqueles destinados à análise avançada dos textos em suas línguas originais (que também disponibilizam muitas traduções), produtos de médio alcance para quem possui alguma capacidade de ler o idioma original, e aqueles que são destinados para uso mais geral.

Softwares *bíblicos sofisticados — idioma original*

Enquanto quase todas as Bíblias eletrônicas são capazes de realizar rapidamente buscas de palavras simples, e muitas empregam várias versões estendidas por recursos secundários de quantidade e qualidade variadas, apenas umas poucas são capazes de aplicar esses recursos aos textos originais gregos e hebraicos. Como a primeira opção é para os estudiosos capazes de ler idiomas antigos (e os estudantes que algum dia esperam adquirir essas habilidades), essas referências sofisticadas permitem aos usuários que pesquisem e analisem tanto formas lexicais (palavras) quanto sintáticas (palavras relacionadas entre si). Embora seja uma inovação relativamente recente em estudos bíblicos (Gramcord é o avô dos produtos analisados aqui, feito em meados da década de 1970), a pesquisa computadorizada é cada vez mais empregada para a exegese, pois realiza buscas e análises complexas em poucos segundos ao que antes exigiam muitas horas de tediosa pesquisa.

Estes quatro produtos são todos capazes de realizar um sofisticado trabalho na língua original.

Accordance [Concordância]. Atualmente o único pacote de melhor qualidade disponível elaborado originalmente para Macintosh; os pacotes variam muito. Alguém pode pagar por um programa e receber uma pequena coleção gratuita de recursos em língua inglesa, ou comprar várias coleções ou pacotes como preferir. Todos, exceto o pacote inicial, incluem dez a quinze traduções em inglês (e.g., KJV, NASB, NAS95, NET) e há uma coleção judaica e católica (a última incluindo o NAB, NJB e NRSV), bem como um pacote básico em espanhol. Os pacotes acadêmicos também incluem ferramentas de linguagem, alguns comentários e outros auxílios. Pode-se comprar ferramentas exegéticas acadêmicas relevantes, outros auxílios de estudo e traduções adicionais para uso com qualquer pacote: <http://www.accordancebible.com>.

BibleWorks. Autodenominando-se "o primeiro programa linguístico original de *software* bíblico para exegese bíblica e pesquisa", esse é um pacote incrivelmente abrangente, com vários textos gregos e hebraicos, ferramentas analíticas eletrônicas, léxicos e muitos outros recursos de primeira linha. Vem com mais de cem traduções em 35 línguas, incluindo ASV, KJV, NAB, NAS95, NIV, NJB, NKJV, NET, NLT e NRSV. É vendido como um pacote completo com todos os títulos desbloqueados e pode ser instalado diretamente em um disco rígido. Módulos suplementares podem ser adquiridos com custo adicional. Estão disponíveis atualizações gratuitas de conteúdo pós-publicação. O *BibleWorks* tem suporte gratuito ao cliente e um fórum de usuários. Os usuários entusiastas criaram um blog dedicado ao *BibleWorks*: <http://www.bibleworks.com>.

Gramcord for Windows. Projetado especialmente para eruditos e estudantes avançados, esses recursos, que podem ser comprados em pacotes econômicos, incluem edições dos textos grego e hebraico, ferramentas de linguagem, muitas traduções (NASB, NAS95, NIV, NKJV, NRSV, RSV etc.) e obras de referência. Os recursos estão disponíveis nos formatos Windows e Mac. O formato modular do *Gramcord* permite a compra inicial de módulos gregos ou hebraicos com a possibilidade de adicionar textos e recursos suplementares posteriormente: <http://www.gramcord.org>.

Logos. A mais extensa de todas as coleções de CD-ROM relacionadas à Bíblia e à teologia, o sistema *Logos* proporciona uma biblioteca eletrônica completa e já desenvolveu uma notável coleção. O *Logos* disponibiliza várias traduções e recursos em vários CD-ROMs desbloqueáveis, oferecidos em vários pacotes, incluindo três pacotes "acadêmicos". Títulos adicionais podem ser comprados e desbloqueados. Mais de trinta traduções (CEV, ESV, GNB, KJV, LB, *A Mensagem*, NAB, NASB, NAS95, NET, NIV, NJB, NKJV, NLT, NRSV, RSV etc.) e centenas de recursos — incluindo algumas das melhores Bíblias que têm versão impressa, como *The Anchor Bible Dictionary* — estão disponíveis em todas as faixas de preços. Milhares de livros disponíveis no formato Libronix do *Logos* podem ser comprados e adicionados à biblioteca. Recursos adicionais robustos estão disponíveis *online*, incluindo extenso suporte técnico, um *blog* oficial, *newsgroups* para usuários, vídeos e artigos de tutoriais e a opção de compra dos recursos desejados: <http://www.logos.com>.

Para estudantes intermediários com alguma capacidade nos idiomas originais

PC Study Bible (Reference Bible). Esses cinco diferentes pacotes incluem traduções tais como a ASV, KJV, LB, NASB, NIV e RSV, cada uma com concordância, além de obras de referência. Alguns pacotes incluem ajuda de linguagem, que também pode ser adquirida separadamente. As versões "Profissional" e "Avançada" incluem as versões padrão de hebraico e grego e auxílio de linguagem <http://www.biblesoft.com>.

QuickVerse Deluxe, Deluxe Bible Reference Collection e *New Bible Reference Collection*. Esses pacotes contêm numerosas traduções (geralmente incluindo ASV, KJV, NIV, NASB, NRSV e NLT) e, infelizmente, uma série de ferramentas de referência, geralmente desatualizadas ou de baixa qualidade. A maioria dos pacotes, no entanto, contém a concordância de Strong: <http://www.quickverse.com>.

Softwares *bíblicos de uso geral*

The Basic Bible Library 6.0 for Windows. Zondervan. Esse pacote básico inclui: ESV, KJV, *A Mensagem*, NIV, TNIV e algumas referências muito básicas: <http://www.zondervan.com>.

The Zondervan Essential Bible Study Suite for Macintosh. OakTree Software, Inc./Zondervan. Esse pacote básico inclui KJV, NIV, TNIV e alguns recursos: <http://www.zondervan.com>.

SEÇÃO 3: RECURSOS PARA A PESQUISA DO TEXTO

Vários tipos de recursos são especialmente úteis para a aprimoramento e ampliação do levantamento inicial do texto. Essas são obras de referência proveitosas que fornecem boa informação básica e auxílio no estudo em pouco espaço, para uso dentro de um tempo limitado. Eles são particularmente favoráveis para a realização de uma "pesquisa do território" em particular e, mais tarde no processo de exegética, para a identificação de aspectos-chave do texto. Uma introdução ao Antigo e Novo Testamentos e comentários da Bíblia de um volume estão incluídos nesta seção. (Também são convenientes para uma breve visão geral os dicionários da Bíblia, que estão relacionados na próxima seção, "Recursos para a análise contextual".)

Não estão listados aqui "manuais bíblicos". Embora alguns desses trabalhos tenham méritos, eles geralmente tentam oferecer um pouco de tudo para todas as pessoas, combinando informações de fundo histórico sobre "tempos bíblicos" com introduções e resumos de livros bíblicos, breve comentário sobre o texto e elementos gráficos. Infelizmente, a maioria dos manuais de Bíblia não é projetada para estudantes, ou é de má qualidade (ou ambos os casos).

Introdução ao Antigo e Novo Testamentos

Muitas introduções a um ou aos dois Testamentos já foram publicadas. A seguir estão vários livros que são particularmente populares e úteis. Apresentam também bibliografias que podem ser bem aproveitadas.

Antigo Testamento/Bíblia Hebraica

Anderson, Bernhard W., e Katheryn Pfsterer Darr. ***Understanding the Old Testament*** [Compreendendo o Antigo Testamento]. 5ª ed., resumido e adaptado. Upper Saddle River, N.J.: Pearson Prentice Hall, 2007. Com mais de seiscentas páginas, uma nova versão de uma apresentação equilibrada, clássica.

Bandstra, Barry. ***Reading the Old Testament: An Introduction to the Hebrew Bible*** [Lendo o Antigo Testamento: uma introdução à Bíblia Hebraica]. 3ª ed. Belmont, Calif.: Wadsworth, 2004. Uma interpretação de nível introdutório dos escritos do AT como documentos históricos, literários e religiosos. Contém uma excelente bibliografia.

Birch, Bruce C., Walter Brueggemann, Terence E. Fretheim, e David L. Petersen. ***A Theological Introduction to the Old Testament*** [Uma introdução teológica ao Antigo Testamento]. 2ª ed. Nashville: Abingdon, 2005. Uma abordagem histórica, canônica e teológica padrão para o AT, com material novo da localização socioteológica na interpretação.

Brettler, Marc Zvi. *How to Read the Jewish Bible* [Como ler a Bíblia Hebraica]. Nova York: Oxford University Press, 2007. Uma investigação básica sobre textos representativos e como os métodos críticos os esclarecem.

Brueggemann, Walter. *An Introduction to the Old Testament: The Canon and Christian Imagination* [Uma introdução ao Antigo Testamento: o cânon e a imaginação cristã]. Louisville: Westminster John Knox, 2003. Uma introdução que incide sobre a "tradicionalização", ou repetição teológica, que ocorre de livro para livro no desenvolvimento do AT.

Collins, John J. *Introduction to the Hebrew Bible* [Introdução à Bíblia Hebraica]. Minneapolis: Fortress, 2004. Uma pesquisa em profundidade que lida com todo o AT (incluindo os apócrifos) e vem com um CD-ROM.

Coogan, Michael D. *The Old Testament: A Historical and Literary Introduction to the Hebrew Scriptures* [O Antigo Testamento: uma introdução histórica e literária das Escrituras hebraicas]. Nova York: Oxford University Press, 2006. Um texto fácil de se usar com muitas tabelas, figuras e mapas, modelado no volume semelhante do NT de Oxford por Bart Ehrman (veja adiante).

Flanders, Henry J., Robert W. Crapps, e David A. Smith. *People of the Covenant: An Introduction to the Hebrew Bible* [Povo da Aliança: uma introdução à Bíblia Hebraica]. 4ª ed. Nova York: Oxford University Press, 1996. Uma introdução básica que segue um quadro histórico, mas coloca ênfase em interpretações teológicas do povo da aliança sobre eventos e experiências.

Gottwald, Norman K. *The Hebrew Bible: A Socio-literary Introduction* [A Bíblia Hebraica: uma introdução socioliterária]. Filadélfia: Fortress, 1985. Uma abordagem precoce e já clássica, enfatizando características literárias e as funções políticas e sociais dos textos; a edição de 2002 vem com CD-ROM.

Hill, Andrew E., e J. H. Walton. *A Survey of the Old Testament* [Uma pesquisa do Antigo Testamento]. 2ª ed. Grand Rapids: Zondervan, 2000. Uma introdução básica a partir de uma perspectiva evangélica.

Laffey, Alice L. *An Introduction to the Old Testament: A Feminist Perspective* [Uma introdução ao Antigo Testamento: uma perspectiva feminista]. Filadélfia: Fortress, 1988. Uma breve introdução às divisões principais da Bíblia Hebraica, com discussão de temas e textos a partir de uma perspectiva feminista.

LaSor, William Sanford, David Allan Hubbard e Frederic Wm. Bush. Com contribuições de Leslie C. Allen et al. *Old Testament Survey: The Message, Form, and Background of the Old Testament* [Pesquisa sobre o Antigo Testamento: a mensagem, forma e pano de fundo do Antigo Testamento; 2ª ed. Grand Rapids: Eerdmans, 1996. Uma excelente introdução básica escrita sob uma perspectiva crítica evangélica, com ênfase na estrutura literária e mensagem teológica.

McKenzie, Steven L., e M. Patrick Graham, eds. *The Hebrew Bible Today: An Introduction to Critical Issues* [A Bíblia Hebraica hoje: uma introdução a questões críticas]. Louisville: Westminster John Knox, 1998. Um levantamento dos livros da Bíblia hebraica ou AT em relação a questões como autoria, estrutura, fontes e temas.

Novo Testamento

Achtemeier, Paul J., Joel B. Green, e Marianne Meye Thompson. *Introducing the New Testament: Its Literature and Theology* [Introdução ao Novo Testamento: sua literatura e teologia]. Grand Rapids: Eerdmans, 2001. Um volume projetado para envolver o leitor com o texto real do Novo Testamento, ao invés de meramente cobrir questões introdutórias.

Barr, David L. *New Testament Story: An Introduction* [A história do Novo Testamento: uma introdução]. 4ª ed. Belmont, Calif.: Wadsworth, 2008. Uma introdução que leva as abordagens sociocientíficas e retóricas seriamente, enquanto olha para os três "mundos do texto" (por trás, dentro e à frente dele).

Brown, Raymond E. *An Introduction to the New Testament* [Uma introdução ao Novo Testamento]. Nova York: Doubleday, 1997. Uma magistral introdução, como biblioteca e minicomentário, em sua grande parte na tradição histórico-crítica, mas com apreço pela narrativa e outras abordagens.

Carson, D. A., e Douglas J. Moo. *An Introduction to the New Testament* [Uma introdução ao Novo Testamento]. 2ª ed. Grand Rapids: Zondervan, 2005. Um trabalho feito por dois proeminentes acadêmicos evangélicos conservadores.

DeSilva, David A. *An Introduction to the New Testament: Contexts, Methods & Ministry Formation* [Uma introdução ao Novo

Testamento: contexto, métodos e formação ministerial]. Downers Grove, Ill.: InterVarsity, 2004. Uma introdução substancial, com especial atenção à retórica e para preencher a lacuna sobre ministério contemporâneo.

Ehrman, Bart D. *The New Testament: A Historical Introduction to the Early Christian Writings* [O Novo Testamento: uma introdução histórica aos primitivos escritos cristãos]. 4ª ed. Nova York: Oxford University Press, 2008. Uma pesquisa bem escrita, agradável para o leitor, que é orientada mais "historicamente do que confessionalmente", com excelentes tabelas, ilustrações e breves bibliografias anotadas.

Gorman, Michael J. *Apostle of the Crucified Lord: A Theological Introduction to Paul and His Letters* [Apóstolo do Senhor crucificado: uma introdução teológica a Paulo e suas cartas]. Grand Rapids: Eerdmans, 2004. Um trabalho que inclui introduções e breves comentários sobre todas as treze cartas paulinas.

Gundry, Robert H. *A Survey of the New Testament* [Uma pesquisa do Novo Testamento]. 4ª ed. Grand Rapids: Zondervan, 2003. Uma introdução básica padrão a partir de uma perspectiva evangélica.

Johnson, Luke Timothy, com Todd Penner. *The Writings of the New Testament: An Interpretation* [Os escritos do Novo Testamento: uma interpretação]. Rev. ed. Minneapolis: Fortress, 1999. Uma introdução padrão, elegantemente escrita com ênfase no mundo social e na mensagem teológica do texto, bem como na experiência cristã primitiva.

Matera, Frank J. *New Testament Theology: Exploring Diversity and Unity* [Teologia do Novo Testamento: explorando a diversidade e a unidade]. Louisville: Westminster John Knox, 2007. Uma introdução útil às teologias de cada livro do NT ou autor, com ênfase em soteriologia (teologia da salvação) e uma tentativa de síntese.

McDonald, Lee Martin, e Stanley Porter. *Early Christianity and Its Sacred Literature* [Cristianismo primitivo e sua literatura sacra]. Peabody, Mass.: Hendrickson, 2000. Uma introdução abrangente e bem ilustrada à literatura cristã primitiva em seu contexto, incluindo fotos coloridas bem como tabelas e mapas.

Pregeant, Russell. *Engaging the New Testament: An Interdisciplinary Introduction* [Envolvendo o Novo Testamento: uma introdução interdisciplinar]. Minneapolis: Augsburg Fortress, 1995. Uma introdução criativa que incorpora grande variedade de abordagens para a leitura do NT.

Toda a Bíblia

A maioria dos livros que cobre toda a Bíblia o faze muito superficialmente; uma exceção importante é a que segue:

Alter, Robert, e Frank Kermode, eds. *The Literary Guide to the Bible* [O guia literário da Bíblia]. Cambridge, Mass.: Belknap Press of Harvard University Press, 1987. Uma coleção de ensaios fantásticos sobre o gênero literário e características dos vários livros bíblicos.

Comentários de um volume

Os comentários a que nos referimos são obras sobre toda a Bíblia em um volume (diferentes de comentários de um volume sobre algum livro em particular). Esse tipo de livro de referência é útil para se familiarizar com um livro bíblico e alguma passagem, mas geralmente não é suficientemente aprofundado ou extenso para ser útil em pesquisas sérias. Isso não quer dizer, entretanto, que tal livro não seja acadêmico; na verdade, os melhores são escritos pelos estudiosos bíblicos mais bem preparados. Entretanto, esses estudiosos não podem desenvolver ou argumentar plenamente sua perspectiva em um espaço tão limitado.

O *Eerdmans Commentary on the Bible* e [*Comentário bíblico Eerdmans*] (Grand Rapids: Eerdmans, 2003) é um volume extenso preparado por um grupo internacional de estudiosos, que inclui comentários sobre a AT (incluindo todos os apócrifos considerados canônicos por qualquer tradição cristã) e o NT, bem como alguns artigos gerais. O trabalho é editado por James D. G. Dunn e John W. Rogerson. Dentro de suas 1.600 páginas o leitor vai encontrar uma variedade de abordagens para a exegese (incluindo as literárias e sociocientíficas recentes) e, portanto, uma variedade de resultados, alguns proeminentes e outros um pouco menos. O que todos os estudiosos oferecem em comum é uma análise do texto unidade por unidade (por exemplo, parágrafo por parágrafo), muitas vezes (sempre, de acordo com os editores) em linguagem relativamente não técnica, mas, às vezes, em prosa densa que não é facilmente acessada ou compreendida. As introduções a cada livro bíblico também variam significativamente em tamanho e qualidade (mas a qualidade nem sempre está ligada ao tamanho); bibliografias ao final de cada contribuição são geralmente extensas e excelentes. Talvez a maior força desse volume seja a coleção de artigos sobre temas, como o desenvolvimento histórico de cada Testamento, história e análise do estudo de ambos os Testamentos e introduções de várias partes da Bíblia (e.g., Pentateuco, profetas, Evangelhos, cartas).

Apesar de abrangente, mas um pouco desatualizado para hoje, encontra-se o *The New Jerome Biblical Commentary* [O novo comentário bíblico de Jerônimo] (Englewood Cliffs, N.J.: Prentice Hall, 1990), editado pelos grandes acadêmicos católicos Raymond E. Brown, Joseph A. Fitzmyer, e Roland E. Murphy. Uma revisão desse comentário (1968), editado pelos mesmos acadêmicos, é uma biblioteca dentro de um livro. São cerca de 1.500 páginas finamente impressas, incluindo, naturalmente, os livros deuterocanônicos; de introduções (algumas vezes breves, mais algumas vezes bem extensas) até esboços detalhados de cada livro; e como um bônus, mais de 25 artigos aprofundados sobre importantes tópicos de estudos bíblicos. Esses tópicos incluem apresentações para os vários tipos de literatura bíblica, hermenêutica, geografia bíblica e arqueologia, crítica moderna (estudo) da Bíblia e aspectos do pensamento (teologia) de cada Testamento e de alguns de seus principais autores (e.g., Paulo e João). Os artigos incluem excelentes e extensas bibliografias, assim como cada um dos comentários propriamente ditos. Embora seus autores sejam católicos romanos, o comentário tem um tom ecumênico. Sua única desvantagem é que o texto é por vezes muito técnico e denso, tornando-se um desafio de leitura.

Outro comentário de um volume muito útil é o **HarperCollins Bible Commentary** (rev. ed.; São Francisco: HarperSanFrancisco, 2000), editado por James L. Mays e escrito por membros da Society of Biblical Literature (como no caso de *The HarperCollins Study Bible*). Embora menos profundo do que o *Novo Jerônimo*, é mais fácil de usar. Além de introduções e comentários sobre cada um dos livros bíblicos, incluindo os apócrifos, esse recurso apresenta vários artigos gerais, artigos introdutórios sobre as principais divisões da Bíblia e várias dezenas de ensaios dentro dos vários artigos do comentário. Ele também contém um sistema de referências cruzadas para *Harper's Bible Dictionary*.

O ***New Bible Commentary*** [O novo comentário bíblico] tem sido um padrão durante meio século, agora em sua edição do século 21 (4ª ed.; Downers Grove, Ill.: InterVarsity, 1994), editado por D. A. Carson et al. Evangélico em sua orientação, a nova edição se baseia no texto da NVI. Todos os artigos da última edição (1970) foram revistos ou substituídos. A abordagem historicamente conservadora de muitos dos escritores de edições anteriores ainda está presente em alguns artigos, mas é oferecida com mais cautela e com menos foco; o texto em si é o centro das atenções. Um trabalho confiável e sólido, sendo, portanto, adequado para uma introdução aos textos bíblicos. O formato, no entanto, é menos contemporâneo e visualmente menos atraente do que algumas outras obras.

The Oxford Bible Commentary [Comentário bíblico Oxford] (Oxford: Oxford University Press, 2001), editado por John Muddiman e John Barton, é uma coleção de comentários acadêmicos e ensaios elegantemente escritos. Antigos métodos histórico-críticos são complementados por abordagens literárias e sociocientíficas mais recentes. O comentário inclui os apócrifos e também contém artigos introdutórios, mapas e bibliografias excelentes. Existem menos ensaios do que no *Novo Jerônimo* ou *Eerdmans*, com a maioria do volume dedicado ao comentário em si. Mas os escritores são mais diversificados do que os do *Novo Jerônimo* e a qualidade dos comentários é mais consistente do que no *Eerdmans*.

Uma perspectiva feminista é fornecida pelo ***Women's Bible Commentary*** [Comentário Bíblico da mulher] (Ed. exp., com apócrifos; Louisville: Westminster John Knox, 1998), editado por Carol A. Newsom e Sharon H. Ringe. Esse não é um comentário de um volume completo, mas que apenas comenta as passagens de um livro que o comentarista julga ser "de particular relevância para as mulheres" — especialmente os textos que falam sobre mulheres ou têm personagens femininas. Estão incluídos alguns artigos curtos e bibliografias breves para cada livro. Às vezes, oferecendo uma perspectiva não convencional dentro de uma hermenêutica da suspeita, esses breves artigos podem ser usados com outras perspectivas dentro do processo exegético.

Semelhante em seu foco, mas com uma abordagem mais evangélica, está o ***IVP Women's Bible Commentary*** [IVP Comentário bíblico da mulher IVP] (Downers Grove, Ill.: InterVarsity, 2002), editado por Catherine Clark Kroeger e Mary J. Evans. Tratamento de livros individuais são complementados por outros breves artigos, tabelas e ilustrações.

Um recurso único, em que estudiosos muito diversos de todo o mundo interpretam um livro bíblico atribuído explicitamente a cada um deles, a partir de sua própria localização particular, é o *Global Bible Commentary* [Comentário global da Bíblia] (Nashville: Abingdon, 2004), editado por Daniel Patte. Embora não seja um comentário de um volume em grande escala, as leituras oferecidas de vários contextos econômicos e culturais são uma alternativa bem-vinda aos métodos estritamente ocidentais e suas perspectivas.

É semelhante em foco, porém mais evangélico em sua perspectiva, o *Africa Bible Commentary: A One-Volume Commentary* [Comentário bíblico africano: em um volume] (Grand Rapids: Zondervan, 2006), editado por Tokunboh Adeyemo. Tem exegese seção por seção, mais artigos extras e mapas com todo o texto escrito na e para a África, mas também para um público internacional.

Embora cobrindo apenas o NT, outro recurso exclusivo é *True to Our Native Land: An African American New Testament Commentary* [Fiel à nossa terra natal: um comentário afro-americano do Novo Testamento] (Minneapolis: Fortress, 2007). Editado por Brian K. Blount e outros importantes estudiosos da Bíblia, apresenta um comentário mais ensaios temáticos sobre pregação, escravidão e outros tópicos principais.

Dicionários bíblicos

Também úteis para fins de pesquisa de uma passagem dentro de seu documento são as entradas de livros bíblicos nos dicionários bíblicos, as quais serão discutidas a seguir em recursos para a análise contextual.

SEÇÃO 4. RECURSOS PARA A ANÁLISE CONTEXTUAL

Os seguintes recursos — dicionários da Bíblia, estudos do "mundo bíblico" e Atlas — ajudam o exegeta especialmente em sua análise dos contextos histórico, social e cultural da Bíblia. Os artigos sobre livros bíblicos em particular (e.g., Êxodo) em dicionários da Bíblia também podem ser guias breves, mas úteis ao contexto literário e retórico geral de uma passagem. Para uma análise mais detalhada do contexto literário, o leitor deve consultar os comentários de um volume listados na seção anterior e especialmente os comentários descritos na secção 6.

Dicionários bíblicos

Um dicionário bíblico é uma enciclopédia arranjada em ordem alfabética de nomes bíblicos, lugares, eventos, costumes, ideias e livros e de outros tópicos, bem como dos termos (às vezes) técnicos relacionados ao estudo da Bíblia. Os dicionários bíblicos têm vários usos, tais como fornecer uma visão geral da situação histórica e a identificação de figuras-chave, eventos e costumes que aparecem em uma passagem. Também podem servir como fontes úteis para uma pesquisa do livro dentro do qual se encontra uma passagem.

Existem dicionários de um volume e de vários volumes. Os seguintes são de especial utilidade e de excelente qualidade:

Achtemeier, Paul J., gen. ed. *HarperCollins Bible Dictionary* [Dicionário bíblico HarperCollins]. Rev. ed. São Francisco: HarperSanFrancisco, 1996. Contém entradas breves, lúcidas, atualizadas, bem como numerosos ensaios estendidos sobre temas selecionados. As entradas para livros bíblicos contêm contornos detalhados.

Bromiley, Geoffrey W., ed. *The International Standard Bible Encyclopedia* [Enciclopédia bíblica internacional padronizada]. 4 vols. Rev. ed. Grand Rapids: Eerdmans, 1979-1988. Revisão de um clássico conservador de 1929. Ricamente ilustrada com mais de três centenas de mapas, centenas de ilustrações e fotos, bem como várias seções de lâminas coloridas. De orientação evangélica, contém boas bibliografias sobre muitos dos seus tópicos. Abreviatura ISBE.

Douglas, J. D., e N. Hillyer, eds. *The Illustrated Bible Dictionary* [Dicionário bíblico ilustrado]. 3 vols. Downers Grove, Ill.: InterVarsity, 1980. Com base na segunda edição do Novo dicionário da Bíblia (veja a seguir), essa minienciclopédia ricamente ilustrada convida o leitor a visitar o mundo do texto, com centenas de fotografias coloridas de boa qualidade, além de ilustrações e mapas para acompanhar as suas entradas.

Freedman, David Noel, ed. *The Anchor Bible Dictionary* [Dicionário bíblico Anchor]. 6 vols. Nova York: Doubleday, 1992. Essa enciclopédia, com mais de seis mil entradas, algumas equivalentes a pequenos livros, é um guia oficial para o conhecimento acadêmico com perspectivas sobre cada tópico relacionado com a Bíblia. Suas discussões de livros bíblicos específicos são particularmente úteis no estudo e estágios de análise contextual da exegese. Disponível também em CD-ROM. Abreviatura ABD.

____, ed. *Eerdmans Dictionary of the Bible* [Dicionário bíblico Eerdmans]. Grand Rapids: Eerdmans, 2000. Esse dicionário de primeira linha possui quase cinco mil contribuições de mais de 600 estudiosos, representando diversas abordagens teológicas e acadêmicas. Ele é considerado uma "obra de referência de pesquisa rápida".

Mills, Watson, gen. ed. *Mercer Dictionary of the Bible* [Dicionário bíblico Mercer]. Macon, Ga.: Mercer University Press, 1990. Produzido sob a liderança de estudiosos bíblicos batistas, mas com tom e substância ecumênicos.

Sakenfeld, Katherine Doob, ed. *New Interpreter's Dictionary of the Bible* [Novo dicionário de interpretação bíblica]. 5 vols. Nashville: Abingdon, 2006-2009. Substitui o original dicionário de interpretação bíblica (BID abreviado) e é uma reflexão de contribuição sólida para o estudo bíblico com interesses claramente teológicos. Abreviatura *NIDB*.

Wood, D. R. W., et al., eds. *New Bible Dictionary* [Novo dicionário bíblico]. 3ª ed. Downers Grove, Ill.: InterVarsity, 1996. Um volume completo e bastante competente na tradição da crítica evangélica. Abreviatura NBD.

A série a seguir procede de uma perspectiva crítica, ecumênica, evangélica. Alguns desses dicionários estão disponíveis, junto com outras obras de referência da InterVarsity, em CD-ROM.

Alexander, T. Desmond, e David W. Baker, eds. *Dictionary of the Old Testament: Pentateuch* [Dicionário do Antigo Testamento: Pentateuco]. Downers Grove, Ill.: InterVarsity, 2003.

Arnold, Bill T., e Hugh G. M. Williamson. *Dictionary of the Old Testament: Historical Books* [Dicionário do Antigo Testamento: livros históricos]. Downers Grove, Ill.: InterVarsity, 2005.

Evans, Craig A., e Stanley E. Porter, eds. *Dictionary of New Testament: Background* [Dicionário do Novo Testamento: pano de fundo]. Downers Grove, Ill.: InterVarsity, 2000.

Green, Joel B., Scot McKnight, e I. Howard Marshall, eds. *Dictionary of Jesus and the Gospels* [Dicionário de Jesus e dos Evangelhos]. Downers Grove, Ill.: InterVarsity, 1992.

Hawthorne, Gerald F., Ralph P. Martin, e Daniel G. Reid, eds. *Dictionary of Paul and His Letters* [Dicionário de Paulo e suas cartas]. Downers Grove, Ill.: InterVarsity, 1993.

Longman, Tremper, III, e Peter Enns, eds. ***Dictionary of the Old Testament: Wisdom, Poetry & Writings*** [Dicionário do Antigo Testamento: Sabedoria, Poéticos e Escritos]. Downers Grove, Ill.: InterVarsity, 2008.

Martin, Ralph P., e Peter H. Davids, eds. ***Dictionary of the Later New Testament & Its Developments*** [Dicionário do Novo Testamento tardio e seu desenvolvimento]. Downers Grove, Ill.: InterVarsity, 1997.

Reid, Daniel G., ed. ***The IVP Dictionary of the New Testament: A One-Volume Compendium of Contemporary Biblical Scholarship*** [Dicionário IVP do Novo Testamento: compêndio de um volume do estudo bíblico contemporâneo]. Downers Grove, Ill.: InterVarsity, 2004. Uma coleção dos artigos mais importantes do conjunto de quatro volumes previamente publicados.

Livros gerais sobre os "Mundos bíblicos"

Chilton, Bruce, et al., eds. ***The Cambridge Companion to the Bible*** [Compêndio para a Bíblia de Cambridge]. 2ª ed. Cambridge: Cambridge University Press, 2007. Um compêndio/introdução impressionante que salienta os contextos socioculturais da Bíblia, usando texto, fotos, tabelas e mapas.

Coogan, Michael D., ed. ***The Oxford History of the Biblical World*** [História do mundo bíblico Oxford]. Nova York: Oxford University Press, 1998. Doze eruditos contribuem para esse volume elegante sobre mundos sociais, econômicos, políticos, literários, arquitetônicos e ideológicos da Bíblia. Inclui mais de duzentas fotos (25 em cores), assim como desenhos e mapas, além de bibliografias anotadas.

Neusner, Jacob, e William Scott Green, eds. ***Dictionary of Judaism in the Biblical Period*** [Dicionário do judaísmo no período bíblico]. Peabody, Mass.: Hendrickson, 1999. Define termos, ideias, pessoas, lugares e práticas do povo judeu, desde o momento da formação do Pentateuco ao Talmude babilônico.

Livros sobre os contextos históricos e sociopolíticos do Antigo Testamento

Albertz, Rainer. ***A History of Israelite Religion in the Old Testament Period*** [História da religião israelita no período do Antigo Testamento]. Traduzido por John Bowden. 2 vols. The Old Testament Library. Louisville: Westminster John Knox, 1994. Uma história social completa de Israel, período por período, em interação com culturas ao redor e com especial ênfase na política, adoração, vida familiar, piedade e identidade da comunidade.

Clements, Roland E., ed. *The World of Ancient Israel: Sociological, Anthropological, and Political Perspectives* [O mundo do Israel antigo: perspectivas sociológicas, antropológicas e políticas]. Cambridge: Cambridge University Press, 1989. Uma útil coleção de ensaios sobre o impacto dessas perspectivas sobre a compreensão da Bíblia e a história dos seus povos.

Davies, Philip R., e John W. Rogerson. *The Old Testament World* [O mundo do Antigo Testamento]. 2ª ed. Louisville: Westminster John Knox, 2006. Contém capítulos sobre geografia, história, religião, vida e literatura do antigo Israel.

Soden, Wolfram von. *The Ancient Orient: An Introduction to the Study of the Ancient Near East* [O Antigo Oriente: uma introdução ao estudo do antigo Oriente Próximo]. Traduzido por Donald D. Schley. Grand Rapids: Eerdmans, 1994. Uma pesquisa muito útil sobre o mundo no qual os textos foram criados.

Sparks, Kenton L. *Ancient Texts for the Study of the Hebrew Bible: A Guide to the Background Literature* [Textos primitivos para o estudo da Bíblia Hebraica: um guia para o pano de fundo da literatura]. Peabody, Mass.: Hendrickson, 2005. Um guia amplo, bem como uma coleção de excertos de textos do antigo Oriente Próximo, de vários gêneros, que acrescentam informações relativas às Escrituras hebraicas.

Woude, A. S. van der, ed. *The World of the Old Testament* [O mundo do Antigo Testamento]. Manual bíblico 2. Traduzido por Sierd Woudstra. Grand Rapids: Eerdmans, 1989. Uma ótima coleção de artigos em formato de enciclopédia, com excelentes bibliografias.

Livros sobre os contextos históricos e sociopolíticos do Novo Testamento

Boring, M. Eugene, Klaus Berger, and Carsten Colpe, eds. *Hellenistic Commentary to the New Testament* [Comentário helenístico do Novo Testamento]. Nashville: Abingdon, 1995. Uma coleção de textos do mundo helenístico que são paralelos ao NT ou o ilustram, dispostos em ordem de Mateus a Apocalipse. Inclui referências cruzadas e índices.

Carter, Warren. *The Roman Empire and the New Testament: An Essential Guide* [O Império Romano e o Novo Testamento: um guia essencial]. Nashville: Abingdon, 2006. Uma visão geral muito útil da política e da economia na vida do Império — e resistência a ele.

Cohen, Shaye J. D. *From the Maccabees to the Mishnah* [Dos Macabeus ao Mishná]. 2ª ed. Louisville: Westminster John Knox, 2006. Uma visão clara, concisa e abalizada do judaísmo primitivo.

Evans, Craig A. *Ancient Texts for New Testament Studies: A Guide to the Background Literature* [Textos primitivos para estudos do Novo Testamento: Um guia para a literatura de pano de fundo]. Peabody, Mass.: Hendrickson, 2005. Um guia amplo e uma coleção de excertos de textos não canônicos que oferecem informações adicionais aos escritos do NT.

Ferguson, Everett. *Backgrounds of Early Christianity* [Pano de fundo do cristianismo primitivo]. 3ª ed. Grand Rapids: Eerdmans, 2003. Um tratado da política, religião e filosofia no contexto helenístico-romano, de excelente qualidade e de fácil leitura.

Jeffers, James S. *The Greco-Roman World of the New Testament Era: Exploring the Background of Early Christianity* [O mundo greco-romano da era do Novo Testamento: explorando o pano de fundo do cristianismo primitivo]. Downer's Grove, Ill.: InterVarsity, 1999. Uma excelente pesquisa de todos os aspectos da vida e da sociedade na era greco-romana.

Koester, Helmut. *History, Culture, and Religion of the Hellenistic Age* [História, cultura e religião da Idade helenística]. Vol. 1 da Introdução ao Novo Testamento. Rev. ed. Filadélfia: Fortress, 1995. Um estudo minucioso do padrão do mundo em que o NT nasceu, com ênfase nas dimensões não judaicas.

Malina, Bruce J. *The New Testament World: Insights from Cultural Anthropology* [O mundo do Novo Testamento: percepções da antropologia cultural]. 3ª ed. Louisville: Westminster John Knox, 2001. Usa modelos antropológicos para interpretar os valores fundamentais de honra e vergonha, personalidade, *status* social, parentesco e casamento, bem como pureza no primeiro século e nos textos do NT.

Stambaugh, John E., e David L. Balch. *The New Testament in Its Social Environment* [O Novo Testamento em seu ambiente social]. Library of Early Christianity. Filadélfia: Westminster, 1986. Uma pesquisa sobre mobilidade, economia, sociedade e vida urbana.

Atlas

Além dos volumes impressos relacionados aqui, existem agora muitos atlas eletrônicos e *online*. Especialmente úteis, por exemplo, são os atlas disponíveis nos pacotes do *Logos*, que em algumas versões trazem um hiperlink para o texto bíblico e links de mapas em <http://ntgateway.com/maps.htm>.

Aharoni, Yohanan, e Michael Avi-Yonah, eds. ***The Carta Bible Atlas*** [Atlas de mapas bíblicos]. Jerusalém: Carta, 2002 (anteriormente designado *The Macmillan Bible Atlas*). Nova York: Macmillan, 1993.

Curtis, Adrian, ed. ***Oxford Bible Atlas*** [Atlas bíblico Oxford]. 4ª ed. Nova York: Oxford University Press, 2007.

Lawrence, Paul, et al, eds. ***The IVP Atlas of Bible History*** [Atlas IVP da história bíblica]. Downers Grove, Ill., 2006.

Pritchard, James B., e L. Michael White, eds. ***The HarperCollins Concise Atlas of the Bible*** [Atlas bíblico conciso HarperCollins]. São Francisco: HarperCollins, 1997.

SEÇÃO 5. RECURSOS PARA UMA ANÁLISE FORMAL

Os seguintes recursos são manuais que facilitam a compreensão das formas, gêneros, estruturas e outros aspectos literários dos textos identificados no processo de exegese. Os conhecimentos gerais desses livros podem ser aplicados ao seu texto específico. Além dos livros listados abaixo, consulte Alter e Kermode, o *Guia literário da Bíblia* (na seção 3 deste capítulo) para gêneros literários e os mais recentes comentários para discussão da estrutura literária e retórica.

Alter, Robert. ***The Art of Biblical Narrative*** [A arte da narrativa bíblica]. Nova York: Basic Books, 1981. Um tratado clássico.

_____. ***The Art of Biblical Poetry*** [A arte da poesia bíblica]. Nova York: Basic Books, 1985. Outro tratado clássico sobre o assunto.

Aune, David. ***The New Testament in Its Literary Environment*** [O Novo Testamento em seu ambiente literário]. Library of Early Christianity. Filadélfia: Westminster, 1987. Uma ótima análise dos gêneros literários do NT em seu contexto.

Bailey, James L., e Lyle D. Vander Broek. ***Literary Forms in the New Testament: A Handbook*** [Formas literárias no Novo Testamento:

um manual]. Louisville: Westminster John Knox, 1992. Um guia muito útil para formas específicas encontradas em vários tipos de documentos do NT.

Berlin, Adele. *The Dynamics of Biblical Parallelism* [A dinâmica do paralelismo bíblico]. Rev. ed. Grand Rapids: Eerdmans, 2007. Um importante trabalho sobre o paralelismo que utiliza ideias extraídas da linguística moderna.

Dorsey, David A. *The Literary Structure of the Old Testament: A Commentary on Genesis–Malachi* [A estrutura literária do Antigo Testamento: um comentário de Gênesis a Malaquias]. Grand Rapids: Baker, 1999. Um novo "comentário" que considera a estrutura literária de cada livro e como essa estrutura afeta a interpretação de textos particulares.

Fee, Gordon D., e Douglas Stuart. *How to Read the Bible for All Its Worth: A Guide to Understanding the Bible* [Como aproveitar ao máximo a leitura bíblica: um guia para a compreensão da Bíblia]. 3ª ed. Grand Rapids: Zondervan. 2003. Uma útil introdução básica sobre as regras de exegese e interpretação para os diversos gêneros literários (epístolas, Evangelhos, parábolas, lei, salmos etc.) da Bíblia, escrita de uma perspectiva evangélica.

Johnson, Marshall D. *Making Sense of the Bible: Literary Type as an Approach to Understanding* [A Bíblia fazendo sentido: tipo literário como uma abordagem à compreensão]. Grand Rapids: Eerdmans, 2002. Uma introdução sobre a importância e a interpretação de formas literárias bíblicas.

Lohfink, Gerhard. *The Bible: Now I Get It! A Form-Criticism Handbook* [A Bíblia: agora entendi! Um manual da crítica da forma]. Traduzido por Daniel Coogan. Garden City, N.Y.: Doubleday, 1979. Uma deliciosa introdução a várias formas literárias na Bíblia, apresentada no âmbito de diferentes formas de comunicação na vida diária.

McKenzie, Steven L. *How to Read the Bible: History, Prophecy, Literature—Why Modern Readers Need to Know the Difference, and What It Means for Faith Today* [Como ler a Bíblia: história, profecia, literatura — por que os leitores modernos precisam saber a diferença entre elas e o que significam para a fé hoje]. Nova York: Oxford University Press, 2005. Um tratado sobre a importância do gênero para a interpretação e acerca dos cinco principais gêneros bíblicos (historiografia, profecia, sabedoria, apocalíptica, cartas) no que diz respeito a sua forma e propósito.

McKnight, Edgar V. *What Is Form Criticism?* [O que é crítica da forma?]. Guides to Biblical Scholarship. Filadélfia: Fortress, 1969. Repr., Eugene, Ore.: Wipf & Stock, 1997. Uma introdução-padrão breve para origens, prática e crítica do criticismo formal nos Evangelhos.

Ryken, Leland. *Words of Delight: A Literary Introduction to the Bible* [Palavras de deleite: uma introdução literária à Bíblia]. 2ª ed. Grand Rapids: Baker, 1992. Uma discussão muito perspicaz da narrativa bíblica, poesia e formas literárias menores, incluindo o elogio, provérbio, sátira, drama e as muitas formas literárias encontradas nos Evangelhos (parábolas, histórias de chamados, histórias de milagres etc.).

Tucker, Gene M. *Form Criticism of the Old Testament* [Crítica da forma no Antigo Testamento]. Guides to Biblical Scholarship [Guias para o estudo bíblico acadêmico]. Filadélfia: Fortress, 1971. Um guia básico sobre as origens e aplicação da crítica da forma do AT.

Além dos trabalhos citados, os alunos de AT/Bíblia Hebraica poderão estar interessados em uma série publicada pela Eerdmans, intitulada The Forms of the Old Testament Literature [As formas da literatura do Antigo Testamento], editada por Rolf Knierim e Gene M. Tucker.

SEÇÃO 6. RECURSOS PARA A ANÁLISE DETALHADA

Existem inúmeras ferramentas disponíveis para a análise detalhada do texto. Nesta seção descrevemos manuais sobre análise detalhada, concordâncias, gramáticas, dicionários e recursos semelhantes, artigos e comentários. Aqueles que desejam encontrar tais recursos em CD-ROM devem buscar informação em "Bíblias em CD-ROM" na seção 2, "Recursos para a compreensão do texto", neste capítulo.

Manuais e outros trabalhos para a análise textual detalhada

Em complemento aos capítulos sobre temas como análise lexical, gramática e sintaxe e análise crítica, que podem ser encontrados em livros sobre o método exegético (veja o seção 1, "Recursos para a compreensão da tarefa") e, além de livros sobre a análise de gêneros específicos (consulte a seção 5, "Recursos a análise formal"), os seguintes livros podem ser de grande valor para expandir o ensino teórico, bem como oferecer recursos práticos para fazer a análise detalhada a partir de uma variedade de perspectivas.

Barr, James. *The Semantics of Biblical Language* [A semântica da linguagem bíblica]. Oxford: Oxford University Press, 1961. Repr., Eugene, Ore.: Wipf & Stock, 2004. O tratamento clássico do abuso e do uso apropriado de palavras, gramática e outros fenômenos linguísticos mais gerais na teologia e exegese bíblicas.

Beale, G. K., e D. A. Carson, eds. ***Commentary on the New Testament Use of the Old Testament.*** Grand Rapids: Baker Academic, 2007. [Comentário do uso do Antigo Testamento no Novo Testamento]. Um tratado que analisa livro por livro a intertextualidade escriturística, feito por uma equipe de eminentes estudiosos evangélicos do NT.

Bock, Darrell L. **"New Testament Word Analysis"** [Análise de palavras no Novo Testamento]. pp. 97-113 em *Introducing New Testament Interpretation* [Introduzindo a interpretação do Novo Testamento]. Editado por Scot McKnight. *Guides to New Testament Exegesis*. Grand Rapids: Baker, 1989. Um guia conciso e perspicaz para as práticas e superação das armadilhas da análise de palavras, apropriado para estudantes iniciantes, especialmente aqueles que utilizam línguas originais.

Cotterell, Peter, e Max Turner. ***Linguistics and Biblical Interpretation*** [Linguística e interpretação bíblica]. Downers Grove, Ill.: InterVarsity, 1989. Um excelente guia para aplicar os princípios da moderna linguística no estudo da Bíblia, incluindo palavras, gramática, frases, discursos e linguagem não literal. Apropriado para leitores intermediários e avançados.

Fewell, Danna N., ed. ***Reading between Texts: Intertextuality and the Hebrew Bible*** [Leitura entre os textos: intertextualidade na Bíblia Hebraica]. Louisville: Westminster John Knox, 1992. Uma coleção de artigos sobre o empréstimo textual dentro da Bíblia hebraica.

Horrell, David, ed. ***Social-Scientific Approaches to New Testament Interpretation*** [Abordagem sociocientífica para a interpretação do Novo Testamento]. Edimburgo: T&T Clark, 1999. Uma coleção de ensaios clássicos nesse campo, com bibliografias e uma introdução à abordagem sociocientífica.

Kingsbury, Jack Dean, ed. ***Gospel Interpretation: Narrative-Critical & Social-Scientific Approaches*** [Interpretação dos Evangelhos: abordagens crítico-narrativa e sociocientífica]. Harrisburg, Pa.: Trinity, 1997. Uma coleção de artigos sobre cada um dos quatro Evangelhos que revela os métodos e perspectivas de abordagens sincrônicas recentes para análise detalhada dos Evangelhos. Os artigos não focam a exegese de textos curtos, mas um Evangelho específico como um todo. No entanto, a apresentação dos métodos em ação é extremamente útil tanto para estudantes iniciantes quanto avançados.

Patte, Daniel. ***What Is Structural Exegesis?*** [O que é exegese estrutural?] Guides to Biblical Scholarship [Guias para estudo bíblico acadêmico]. Filadélfia: Fortress, 1976. Uma introdução à teoria e prática de exegese estrutural aplicada ao NT.

Perrin, Norman. ***What Is Redaction Criticism?*** [O que é crítica redacional?]. Guides to Biblical Scholarship. Filadélfia: Fortress, 1969. Uma exposição clássica e breve das origens, prática e significação do método, com amostras de seu uso nos Eangelhos.

Porter, Stanley E., ed. ***Hearing the Old Testament in the New Testament*** [Ouvindo o Antigo Testamento no Novo Testamento]. Grand Rapids: Eerdmans, 2006. Uma coleção de ensaios sobre intertextualidade escriturística em várias porções no NT.

Resseguie, James L. ***Narrative Criticism of the New Testament: An Introduction*** [Crítica narrativa do Novo Testamento: uma introdução]. Grand Rapids: Baker Academic, 2005. Uma introdução aos princípios, com exemplos.

Silva, Moisés. ***Biblical Words and Their Meaning: An Introduction to Lexical Semantics*** [Palavras bíblicas e seus significados: uma introdução à semântica lexical]. Rev. ed. Grand Rapids: Zondervan, 1994. Uma introdução básica, mas muito útil ao estudo de palavras, com base em princípios modernos da linguística.

Concordâncias

A concordância é uma listagem em ordem alfabética das palavras que ocorrem em um texto de literatura, com uma referência (e.g., 2Reis 3:4) e, geralmente, uma linha breve de seu contexto. Uma concordância "completa" relaciona todas as palavras, mas não todas as ocorrências; a concordância "exaustiva" apresenta todas as ocorrências de cada palavra (embora não com as linhas de contexto para palavras frequentes como "e"); e a concordância "analítica" de uma tradução tem um sistema para indicar as ocorrências de palavras de acordo com suas equivalentes na língua original (por exemplo, sob a palavra "amor", aparecem vários tipos de entradas correspondentes a vários termos em hebraico e grego que são traduzidos por "amor"). Algumas concordâncias oferecem sistemas de numeração de palavras na tradução, em ligação com as palavras na língua original. Muitos tipos de concordâncias estão agora disponíveis eletronicamente, tanto em CD-ROM quanto *online*.

Concordâncias da Bíblia em idiomas originais

Bachmann, H., e W. Slaby. ***Computer Concordance to the Novum Testamentum Graece of Nestle-Aland, 26th Edition, and to the Greek New Testament, 3rd Edition*** [Concordância computadorizada para o *Novum Testamentum* Nestle-Aland, 26ª ed., e para o Novo Testamento Grego, 3ª ed.]. 3ª ed. Berlin: de Gruyter, 1987. Concordância padrão no NT, gerada em computador, impressa em páginas grandes com tipo e formatação de boa legibilidade.

Clapp, Philip S., Barbara Friberg e Timothy Friberg, eds. ***Analytical Concordance of the Greek New Testament*** [Concordância analítica do Novo Testamento grego]. 2 vols. Grand Rapids: Baker, 1991. Uma concordância sobre as reais formas e estruturas de palavras gregas no NT. Para estudantes interessados em questões de gramática.

Even-Shoshan, Abraham, ed. ***A New Concordance of the Bible*** [Nova concordância bíblica]. 2ª ed. Jerusalem: Kiryat Sefer, 1983. Repr., Grand Rapids: Baker, 1989. Uma concordância padrão da Bíblia Hebraica.

Lisowsky, Gerhard, e Hans P. Rüger. ***Konkordanz zum hebräischen Alten Testament*** [Concordância do Antigo Testamento Hebraico]. 3ª ed. Stuttgart: Deutsche Bibelgesellschaft, 1993. Uma concordância da Bíblia hebraica gerada por computador. Incluso, material introdutório em inglês.

Mandelkern, Solomon, et al. ***Veteris Testamenti concordantiae hebraicae atque chaldaicae*** [Concordância hebraica e caldaica do Antigo Testamento hebraico]. Jerusalem: Schocken, 1978. Uma concordância padrão do Antigo Testamento.

Moulton, William F., Alfred S. Geden, e Howard Marshall. ***A Concordance to the Greek Testament*** [Concordância do Testamento grego]. 6ª ed. Nova York: T&T Clark, 2002.

Concordância para traduções inglesas selecionadas

Goodrick, Edward W., e John R. Kohlenberger III, eds. *NIV Exhaustive Concordance* [Concordância exaustiva da NVI]. Grand Rapids: Zondervan, 1990. Uma concordância gerada por computador com um sistema de numeração para indicar a palavra subjacente na língua original.

___, eds. *The Strongest NIV Exhaustive Concordance* [A concordância exaustiva mais completa da NVI]. Grand Rapids: Zondervan, 2004.

Hartdegen, Stephen J., ed. *Nelson's Complete Concordance of the New American Bible* [Concordância completa de Nelson da NAB]. Nashville: Nelson, 1977. Não inclui a atualização da NAB para o NT.

___, ed. *The NRSV Concordance Unabridged Including the Apocryphal/ Deuterocanonical Books* [Concordância completa da NRSV, incluindo os livros apócrifos/deuterocanônicos]. Grand Rapids: Zondervan, 1991. Uma concordância gerada por computador com um "índice tópico" adicional, mas sem referência aos idiomas originais.

Strong, James. *Strong's Exhaustive Concordance* [Concordância bíblica exaustiva de Strong]. Vários editores, datas e formatos. Contém um sistema de numeração amplamente utilizado pela KJV. A edição feita pela Hendrickson inclui CD-ROM para Windows e Mack.

Whitaker, Richard E., e James Goehring, eds. *The Eerdmans Analytical Concordance to the Revised Standard Version of the Bible* [Concordância analítica Eerdmans para a RSVB]. Grand Rapids: Eerdmans, 1988. Uma concordância gerada por computador, em que cada entrada é acompanhada pela palavra original que traduz, a qual, por sua vez, é numerada. Os números levam o leitor a um índice de todas as palavras das línguas originais.

Gramáticas

Blass, F., e A. Debrunner. *A Greek Grammar of the New Testament and Other Early Christian Literature* [Gramática grega para o Novo Testamento e outras literaturas cristãs primitivas]. Traduzida e revisada por R. W. Funk. Chicago: University of Chicago Press, 1961. Gramática padrão para os escritos do NT.

Gesenius, W., E. Kautzsch, e Arthur E. Cowley. *Gesenius' Hebrew Grammar* [Gramática hebraica de Genésio]. Mineola, N.Y.: Dover, 2006. Um trabalho antigo (1910), porém, padrão.

Joüon, Paul. *A Grammar of Biblical Hebrew* [Gramática da Bíblia Hebraica]. Traduzida e revisada por T. Muraoka. 2 vols. Roma:

Pontifical Biblical Institute, 1991. Um tratado abrangente, publicado inicialmente em 1923.

Wallace, Daniel B. ***Greek Grammar beyond the Basics: An Exegetical Syntax of the New Testament*** [Gramática grega para além do básico; uma sintaxe exegética do Novo Testamento]. Grand Rapids: Zondervan, 1996. Um manual de primeira linha, de uso fácil, para os detalhes de gramática grega e sua importância para a exegese, com tabelas, índices e bibliografias.

Waltke, Bruce K., e M. O'Connor. ***An Introduction to Biblical Hebrew Syntax*** [Uma introdução à sintaxe da Bíblia Hebraica]. 9ª ed. corrigida. Winona Lake, Ind.: Eisenbrauns, 2004. Uma gramática intermediária sólida, com abundantes ilustrações do texto bíblico.

Dicionários/léxicos, vocabulários e enciclopédias

Trabalhos que podem ser usados com pouco ou nenhum conhecimento dos idiomas originais

Além dos trabalhos listados a seguir, veja especialmente *The Anchor Bible Dictionary* já citado na seção 4, "Recursos para análise contextual".

Brown, Colin, ed. ***The New International Dictionary of New Testament Theology*** [Novo dicionário internacional de teologia do Novo Testamento]. 4 vols. Grand Rapids: Zondervan, 1975-1978; 1986. Artigos sobre palavras de significado teológico no NT, organizados em ordem alfabética pelas palavras, em inglês. Abreviação NIDNTT. Também disponível em CD-ROM.

VanGemeren, Willem A., ed. ***The New International Dictionary of Old Testament Theology and Exegesis*** [Novo dicionário internacional de teologia e exegese do Antigo Testamento]. 5 vols. Grand Rapids: Zondervan, 1997. Artigos sobre palavras de significado teológico no AT, organizados em ordem alfabética pelas palavras, em inglês. Abreviação NIDOTTE. Também disponível em CD-ROM.

Trabalhos que requerem prática com os idiomas originais

Antigo Testamento

Botterweck, G. Johannes, Helmer Ringgren, e Hans-Josef Fabry, eds. ***Theological Dictionary of the Old Testament*** [Dicionário teológico do Antigo Testamento]. Traduzido por John T. Willis. 10+ vols.

Grand Rapids: Eerdmans, 1974-. Uma abordagem do "estudo de palavras-chave" dos termos hebraicos e aramaicos da Bíblia. Esse conjunto, como o TDNT (veja a seguir) faz muitas contribuições, mas também promove compreensão incorreta, como "vocabulário". Como uma enciclopédia, no entanto, é uma mina de ouro de informações. Abreviação TDOT.

Brown, F., S. R. Driver, e C. A. Briggs, eds. *Hebrew and English Lexicon of the Old Testament* [Léxico hebraico e inglês do Antigo Testamento]. Boston: Houghton Mifflin, 1906. Repr., Peabody, Mass.: Hendrickson, 2005. Um léxico clássico da Bíblia hebraica. Abreviação BDB.

Holladay, William L. *A Concise Hebrew and Aramaic Lexicon of the Old Testament* [Um léxico hebraico e aramaico conciso do Antigo Testamento]. Grand Rapids: Eerdmans, 1971. Um léxico básico e útil para estudantes.

Jenni, Ernst, e Claus Westermann, eds. *Theological Lexicon of the Old Testament* [Léxico teológico do Antigo Testamento]. Traduzido por M. Biddle. 3 vols. Peabody, Mass.: Hendrickson, 1997. Um excelente recurso para o vocabulário teológico, bem como conceituação do AT.

Koehler, Ludwig, Walter Baumgartner, Mervyn E. J. Richardson, e Johann Jakob Stamm. *The Hebrew and Aramaic Lexicon of the Old Testament* [Léxico hebraico e aramaico do Antigo Testamento]. Traduzido e editado por M. E. J. Richardson et al. 5 vols. Leiden: Brill, 1994-2000. Um léxico completo e acadêmico, também disponível em CD-ROM. Abreviação HALOT.

Novo Testamento

Bauer, Walter. *A Greek-English Lexicon of the New Testament and Other Early Christian Literature* [Léxico grego-inglês do Novo Testamento e literatura cristã primitiva]. Editado e revisado por Frederick W. Danker. Traduzido e adaptado por W. F. Arndt, F. W. Gingrich e Frederick W. Danker. 3ª ed. Chicago: University of Chicago Press, 2000. Essa edição, cuja abreviação é BDAG (Bauer-Danker-Arndt-Gingrich), é uma versão completamente revisada do padrão filologicamente orientado do léxico NT. A edição de 1979 é frequentemente citada. Abreviação BAGD (Bauer-Arndt-Gingrich-Danker).

Danker, Frederick W., ed. *A Greek-English Lexicon of the New Testament and Other Early Christian Literature* [Um léxico grego-inglês do Novo Testamento e literatura cristã primitiva]. Veja "Bauer", já citado.

Friberg, Timothy, Barbara Friberg, e Neva F. Miller. *Analytical Lexicon of the Greek New Testament* [Léxico analítico do grego do Novo Testamento]. Victoria, B.C.: Trafford, 2005. Uma apresentação em ordem alfabética de todas as formas gregas encontradas nas edições principais do NT grego, fornecendo definições de todas as raízes das palavras e "análises" de todas as formas.

Kittel, Gerhard, e Gerhard Friedrich, eds. *Theological Dictionary of the New Testament* [Dicionário teológico do Novo Testamento]. Traduzido e editado por Geoffrey W. Bromiley. 10 vols. Grand Rapids: Eerdmans, 1964-1976. Disponível também em CD-ROM. Uma "enciclopédia de teologia do Novo Testamento, organizada em ordem alfabética com base no seu acervo léxico" (Cotterell e Turner, *Linguistics and Biblical Interpretation*, 108). Deve ser usado com alguma cautela, porque confunde o sentido das palavras no contexto e nos conceitos teológicos/históricos das ideias. Melhor usado como um recurso para campo semântico e o uso de palavras na antiguidade. Abreviação TDNT.

Liddell, H. G., e R. Scott. *A Greek-English Lexicon* [Léxico grego-inglês]. Rev. ed. Aug. por H. S. Jones. 9ª rev. ed. Oxford: Clarendon, 1996. Léxico padrão do grego clássico. Abreviação LSJ.

Louw, Johannes P., e Eugene Nida, eds. *Greek-English Lexicon of the New Testament: Based on Semantic Domains* [Léxico grego-inglês do Novo Testamento: com base nos domínios semânticos]. 2ª ed. Nova York: United Bible Societies, 1989. Um dicionário que não é focado na história das palavras, mas nas relações semânticas. Um bom complemento para o léxico tradicional. Agora disponível em CD-ROM, apresentado por uma empresa chamada iExalt.

Spicq, Ceslas. *Theological Lexicon of the New Testament* [Léxico teológico do Novo Testamento]. Traduzido por James Ernest. 3 vols. Peabody, Mass.: Hendrickson, 1994. Um excelente recurso para o vocabulário teológico, bem como conceituação do NT.

Periódicos

O que se segue é uma breve descrição de alguns jornais principais no campo de estudos bíblicos. Eles são úteis para muitos tópicos, porém mais especialmente para o tratamento detalhado dos textos. Versões *online* com artigos completos são anotadas; outras revistas podem ter *sites* com informações limitadas, incluindo resumos de artigos.

Biblica — artigos técnicos publicados em vários idiomas; também disponíveis *online* em: <http://www.bsw.org/index.php?l=71>.

Biblical Archaeology Review [Arqueologia bíblica revisada] — artigos de fácil leitura sobre descobertas e questões acadêmicas (não se destina especialmente a eruditos); parcialmente disponível *online* em: <http://www.bib-arch.org/bar>.

Biblical Theology Bulletin [Boletim de teologia bíblica] — apesar do título, um periódico dedicado principalmente às perspectivas sociocientíficas; alguns temas *online* acessíveis em: <http://academic.shu.edu/btb/>.

Catholic Biblical Quarterly [Periódico bíblico católico trimestral] — contribuições de um grupo ecumênico de estudiosos, em grande parte na tradição histórico-crítica.

Ex Auditu [Pelo ouvir] — artigos exegéticos e temáticos com forte interesse teológico; alguns artigos *online*: <http://www.northpark.edu/sem/exauditu/>.

Expository Times — publicação britânica, internacional no seu escopo, com breves, mas úteis, artigos, comentários e pesquisas de tendências atuais em estudos acadêmicos.

Harvard Theological Review [Revista teológica Harvard] — artigos sobre tradição histórico-crítica.

Horizons in Biblical Theology [Perspectivas em teologia bíblica] — artigos sobre métodos, questões e temas em teologia bíblica.

Interpretation [Interpretação] — artigos exegéticos e temáticos, com um forte interesse teológico e homilético; texto *online* para assinantes.

Journal for the Study of the New Testament [Periódico para o estudo do Novo Testamento] — artigos técnicos a partir de uma variedade de perspectivas e de diversos países, enfatizando questões literárias e teológicas [NT].

Journal for the Study of the Old Testament [Periódico para o estudo do Antigo Testamento] — artigos técnicos a partir de uma variedade de perspectivas e de diversos países, enfatizando questões literárias e teológicas [AT].

Journal of Biblical Literature [Periódico de literatura bíblica] — artigos técnicos em grande parte de tradição histórico-crítico; alguns temas e informações, bem como assinatura para as versões *online* e impressão, estão disponíveis em: <http://www.sbl-site.org/publications/journals_jbl_noLogin.aspx>.

Journal of Hebrew Scriptures [Periódico da Bíblia Hebraica] — um periódico *online* de estudos com alguns temas agora disponíveis para impressão: <http://www.arts.ualberta.ca/JHS/>.

Journal of Scriptural Reasoning [Periódico de argumentação bíblica] — um periódico interdenominacional para aqueles que leem as Escrituras com propósitos religiosos: <http://etext.virginia.edu/journals/ssr/>.

Journal of Theological Interpretation [Periódico de interpretação teológica] — um novo periódico (iniciado em 2007) dedicado à exegese teológica, às conexões entre a Bíblia e a teologia, à história da interpretação e recepção de textos e assuntos relacionados.

Journal of Theological Studies [Periódico de estudos teológicos] — um periódico teológico com artigos frequentemente relacionados com estudos bíblicos.

Neotestamentica — uma revista internacional de NT sediada na África do Sul; resumos e alguns artigos *online* em: <http://www.neotestamentica.net/>.

New Testament Studies [Estudos neotestamentários] — uma revista internacional de artigos técnicos, representando várias abordagens para exegese; texto *online* para assinantes.

Novum Testamentum [Novo Testamento] — uma revista internacional de artigos técnicos, representando várias abordagens para exegese; texto *online* para assinantes.

Review and Expositor [Avaliação e Explicação] — artigos exegéticos e temáticos.

Scottish Journal of Theology [Periódico escocês de teologia] — uma revista teológica com fortes interesses bíblicos e hermenêuticos; texto *online* para assinantes.

Semeia [Sinais] — um jornal "experimental", enfocando recentes e novas abordagens e métodos; cessou sua publicação em 2002, mas ainda é um recurso valioso.

Vetus Testamentum [Velho Testamento] — uma revista internacional de artigos técnicos, representando várias abordagens exegéticas.

Word and World [Palavra e Mundo] — um periódico de teologia, estudos bíblicos e vida/ministério cristãos; alguns artigos em: <http://www.luthersem.edu/word&world/>.

Nos próximos anos, um número crescente de revistas certamente estará disponível *online*. A Associação Americana de Bibliotecas Teológicas (ATLA) está em processo de digitalização de, aproximadamente, 50 revistas teológicas para acesso do público. Entre elas várias se dedicam a estudos bíblicos, incluindo *Catholic Biblical Quarterly, Interpretation, Journal for the Study of the New Testament, Journal for the Study of the Old Testament, Journal of Biblical Literature, Novum*

Testamentum, e *Vetus Testamentum*. Mais informações estão disponíveis no site da ATLA: <http://www.atla.com>. Outras revistas estão ou estarão disponíveis através de assinaturas individuais em serviços de biblioteca, incluindo JSTOR, o projeto de arquivo do jornal acadêmico (http://www.jstor.org/).

Comentários

Parece verdadeiramente não haver limite para a produção de comentários. Mesmo os especialistas que os escrevem se queixam de que são muitos, mas a linha de produção não está diminuindo. Numa conferência profissional de estudiosos da Bíblia, um amigo perguntou: "Não me diga você também que está escrevendo um comentário sobre Filipenses. Todos os que conheço estão!" (Felizmente, eu não era um deles.) Nesta seção consideraremos comentários dedicados (geralmente) a um livro da Bíblia (ou talvez a dois ou três livros curtos), ao contrário de comentários da Bíblia de um volume, que foram discutidos na seção 3, "Recursos para pesquisa do texto".

Há comentários de vários tipos, representando uma ampla variedade de propósitos e perspectivas. Alguns são de natureza "devocional" ou "espiritual", destinados a nutrir a vida religiosa de seus leitores e muitas vezes (embora não sempre) elaborados por autores com pouca ou nenhuma experiência acadêmica no respectivo tema. Semelhantes a esses, porém, mais frequentemente escritos por especialistas reconhecidos, são os comentários "homiléticos", os quais classifico como coleções de sermões sobre livros bíblicos ou comentários, que se destinam principalmente a fornecer ideias que tenham relevância para pregadores. Esses dois tipos de comentários têm seu lugar na vida espiritual, na reflexão teológica das comunidades de fé, e a tarefa da exegese é amplamente entendida como um diálogo permanente, que provoca reflexão sobre o texto. Com efeito, alguns dos comentários mais importantes de todos os tempos são homiléticos, tais como os sermões de Agostinho, Crisóstomo e Calvino. Infelizmente, exegetas mais modernos evitam tais comentários, mas eles o fazem tão somente em detrimento próprio. O pensamento literário, histórico e principalmente teológico desses autores é muitas vezes profundo e desafiador.

A seguinte série procura capturar o pensamento exegético dos pais da Igreja na Bíblia:

Oden, Thomas C., ed. ger. ***Ancient Christian Commentary on Scripture*** [Comentário sobre o antigo cristianismo nas Escrituras]. 27 vols.

programados. Downers Grove, Ill.: InterVarsity, 1998-. Um conjunto de vários volumes de antologias de citações de antigos escritores cristãos sobre cada livro da Bíblia.

Wilken, Robert Louis, series ed. *The Church's Bible* [A Bíblia da Igreja]. Grand Rapids: Eerdmans, 2003-. Uma série similar de antologias de citações e trechos de comentários de escritores cristãos primitivos e medievais.

Os sermões e comentários de alguns dos grandes teólogos e intérpretes bíblicos da Igreja incluem os de Agostinho, Crisóstomo, Martinho Lutero, João Calvino, João Wesley e Matthew Henry. Esses trabalhos podem ser encontrados em várias edições. Obras completas de Calvino e uma extensa coleção de obras de Lutero estão agora disponíveis no CD-ROM, assim como aqueles dos antigos pais da Igreja.

Para efeitos de uma análise cuidadosa e detalhada, os exegetas contemporâneos geralmente buscam primeiro os comentários preparados pelos eruditos bíblicos modernos. Esses, também, falham em vários aspectos. Embora sejam preparados por estudiosos que trabalham com a Bíblia em suas línguas originais, os comentários podem ser do texto em grego ou hebraico, de uma tradução específica (como a NVI) ou da tradução do comentarista (como no caso da série *Anchor Bible*). Exegetas que não dominam o idioma original podem, de modo geral, ainda tirar vantagem de um comentário sobre o texto grego ou hebraico, mas muitas vezes irão perder determinadas nuances e podem achar a discussão ou argumento difícil de ser entendido. Com isso podem se irritar com a quantidade de grego ou hebraico no comentário. Por essa razão, muitos comentaristas optam por basear suas análises em uma tradução e fazem referência às línguas originais empregando a transliteração de termos. No entanto, quando a transliteração é usada em abundância, os leitores que não conhecem o idioma original podem facilmente experimentar os mesmos problemas que sentem em relação aos comentários cheios de palavras em grego e hebraico.

Comentários acadêmicos também variam quanto a sua abordagem e propósito. Alguns, especialmente aqueles dos 75 primeiros anos do século 20, estão interessados principalmente na exegese diacrônica, ou na origem e desenvolvimento do texto. Esses comentários enfatizam a origem, forma, tradição e redação crítica, bem como paralelos históricos e literários ao texto no mundo antigo. Tais comentários ainda estão sendo produzidos, utilizando os resultados de pesquisas atuais na área histórica, filológica, arqueológica, científica e outras para analisar o texto. Esses comentários podem ser considerados comentários *histórico-críticos*.

Uma ramificação recente do tradicional comentário historicamente orientado é o comentário de *ciência social* ou *sociocientífico*. Esse tipo de comentário realça a importância de se compreender as dimensões sociais e culturais do texto e das comunidades nas quais e para as quais foi produzido. Comentários mais recentes, no entanto, mesmo aqueles que ressaltam o contexto sociopolítico de um escrito, parecem dar ênfase maior, ou mesmo exclusiva, na forma final do texto em vez de nas suas origens e desenvolvimento. Os autores desses comentários estão envolvidos principalmente na exegese sincrônica. Eles ressaltam a crítica literária e retórica. Com efeito, uma das tendências mais recentes tem sido combinar as críticas sociocientíficas e a retórica para produzir comentários *sociorretóricos*.

Ainda outros comentários, enquanto beneficiam algumas ou todas as abordagens possíveis de exegese, enfatizam o substancial conteúdo literário e teológico da forma final do texto. É provável que a maioria dos exegetas iniciantes adote, de alguma forma, essa abordagem eclética, simplesmente porque eles possivelmente não possam dominar todos os métodos críticos técnicos.

Um recente desenvolvimento (ou a renovação de uma antiga abordagem) na produção de comentários lida com comentários teológicos específicos (e primariamente assim), dentre os quais duas séries começaram a ser publicadas em 2005 (*Theological Commentary on the Bible* [Comentário teológico da Bíblia], da Brazos, e *The Two Horizons Commentary* [Comentário dos dois horizontes], da Eerdmans); outro, em 2007 (Paideia: *Commentaries on the New Testament*, da Baker Academic); e ainda outro, em 2008 (the *New Covenant Commentary Series* [Série de comentários nova aliança], da Wipf & Stock). Mais desse tipo de comentários têm sido publicados, tanto em série quanto em volumes autônomos.

Exegetas podem e devem beneficiar-se de uma variedade de tipos de comentários, usando as ideias de vários para corrigir, aperfeiçoar e expandir sua própria exegese do texto.

Comentários também são publicados em séries, em que geralmente um volume é dedicado a um livro bíblico; em conjuntos de vários volumes nos quais vários livros são tratados em cada volume de um conjunto; ou como volumes autônomos, ou trabalhos publicados independentemente de uma série ou conjunto. Seguem-se várias das atuais séries disponíveis (muitas das quais estão incompletas) e de alguns dos conjuntos de vários volumes. O espaço não permite a discussão dos muitos bons comentários independentes.

Séries

O *Abingdon New Testament Commentaries* [Comentários Abingdon do Novo Testamento] (ANTC; Nashville: Abingdon, 1996-) representa estudos acadêmicos de nível superior em formato acessível. Cada volume tem uma introdução, um comentário do texto unidade por unidade, uma bibliografia comentada e um índice de assuntos. Os comentaristas são sensíveis às dimensões literárias, históricas e teológicas do texto.

O *Abingdon Old Testament Commentaries* [Comentários Abingdon do Antigo Testamento] (AOTC; Nashville: Abingdon, 2001-) complementa a série do NT.

A série *Anchor Bible* (AB; Garden City, N.Y.: Doubleday, 1964-) é um empreendimento interdenominacional, em grande parte sobre a tradição histórico-crítica, mas originalmente concebido para o leitor "geral". Todos os termos em grego e hebraico aparecem em transliteração. Cada volume fornece uma extensa introdução, seguida, em cada seção do livro bíblico, de uma tradução do texto pelo próprio autor; notas detalhadas sobre questões lexicais, gramaticais e outros aspectos interpretativos; e comentários ampliados sobre o texto. A série *Anchor Bible* produziu alguns volumes ótimos, até mesmo clássicos; mas também publicou alguns catastróficos (especialmente logo no início), que estão sendo substituídos. Com exceção dos poucos volumes problemáticos, essa série é muito respeitada entre os estudiosos. Cada volume inclui também uma excelente bibliografia.

O *Augsburg Commentary on the New Testament* [Comentário Augsburg do Novo Testamento] (Minneapolis: Augsburg, 1980-1990) é uma excelente série dedicada à literatura e análise teológica, produzida especialmente para estudantes e pastores.

O *Berit Olam* (Collegeville, Minn.: Liturgical, 1996-) é uma série que usa uma abordagem principalmente literária para a exegese do AT, com destaque para a mensagem teológica do texto. A NRSV é a principal tradução para o inglês a que os comentaristas fazem referência.

O *Black's New Testament Commentaries* [Comentário Black do Novo Testamento] (BNTC; orig. Nova York: Harper, 1957-; agora

Peabody, Mass.: Hendrickson) é uma série muito apreciada, com volumes selecionados que já foram substituídos. O texto é explicado em blocos, com atenção às questões históricas, literárias e teológicas. Essa série foi publicada originalmente como *Harper's New Testament Commentaries*.
O ***Brazos Theological Commentary on the Bible*** [Comentário Brazos teológico da Bíblia] (Grand Rapids: Brazos, 2005-) é uma série única, escrita principalmente por teólogos proeminentes (ao invés de especialistas bíblicos), a partir de uma perspectiva explicitamente teológica com atenção à tradição de interpretação na igreja.
O ***Continental Commentary Series*** [Série continental de comentários] (Filadélfia: Fortress, 1984-) é uma tradução europeia (principalmente do alemão) que trabalha com teologia e literatura, bem como com interesse histórico-crítico. Até agora têm sido publicados mais volumes sobre o AT do que sobre o NT.
Hermeneia (Filadélfia: Fortress, 1971-) é um projeto histórico-crítico clássico, inspirado em estudos acadêmicos alemães. (Na verdade, alguns dos volumes são traduções de originais alemães.) Sua força está na atenção dada para fontes antigas e nos paralelos com o texto bíblico; e, mais recentemente, para antigos recursos de retórica e literários dos livros bíblicos.
O ***International Critical Commentary*** [Comentário crítico internacional] (ICC; Edimburgo: T&T Clark, 1896-) é uma série altamente técnica, a primeira a ser produzida na virada do século 20, e está em processo de reestruturação, volume por volume, já por várias décadas. Com muito texto e notas de rodapé, contendo intrincadas discussões da gramática, história da interpretação, literatura não bíblica e tópicos relacionados, esses volumes — especialmente os recentes — são inestimáveis para aqueles que trabalham com as línguas originais, e também são úteis mesmo para aqueles que não têm esse objetivo.
O ***International Theological Commentary*** [Comentário teológico internacional] (Grand Rapids: Eerdmans, 1983-) busca descompactar a mensagem religiosa do livro bíblico em breves, mas perspicazes, comentários, cada um deles focado em um tema identificado como central para o livro sob particular consideração. Até o presente foram publicados apenas volumes sobre o AT.
Interpretation [Interpretação] (Louisville: Westminster John Knox, 1982-) é uma série ecumênica projetada para o "ensino" e a "pregação". Embora a série seja um tanto irregular, produziu um número

de comentários muito bons. O objetivo da série é levar os comentaristas a se concentrarem sobre a forma final do texto e suas importantes características literárias e teológicas. Muitas têm notas sobre a utilização do seu livro no lecionário e a maioria tem seções específicas dedicadas à reflexão teológica sobre o texto. Disponível também em CD-ROM.

O *New Cambridge Bible Commentary* [Novo comentário bíblico Cambridge] (NCBC; Cambridge: Cambridge University Press, 2003-) é um comentário acadêmico dirigido a não especialistas, que dá especial atenção às dimensões retóricas e sociocientíficas do texto, bem como para fazer uma ligação entre os horizontes antigos e modernos.

O *New Covenant Commentary Series* [Série de comentários nova aliança] (NCCS; Eugene, Ore.: Wipf & Stock, 2008-) é uma nova série de comentários relativamente breves sobre dimensões retóricas e narrativas dos escritos do NT que leva os livros a sério como textos sacros determinantes para as igrejas cristãs do passado e do presente, com foco especial no relacionamento do NT com o AT e assim fundindo os dois horizontes dos contextos passado e presente (os mundos "em, ao redor e além do texto").

O *New International Biblical Commentary* [Novo comentário bíblico internacional] (NIBC; Peabody, Mass.: Hendrickson, 1989-) é uma série de bolso [talvez disponível em brochura] muito boa, bastante acessível, preparada em grande parte, embora não exclusivamente, por eruditos evangélicos conhecidos. Quando citam a Bíblia, os comentários reproduzem a NVI em negrito e as notas de fim para cada seção são especialmente competentes em transmitir a história da interpretação e da variedade de interpretações contemporâneas importantes dos aspectos-chave do livro. O NT já está concluído e o AT está em preparo.

O *New International Commentary on the Old Testament* [Novo comentário internacional do Antigo Testamento] (NICOT; Grand Rapids: Eerdmans, 1965-) e o *New International Commentary on the New Testament* [Novo comentário internacional do Novo Testamento] (NICNT; Grand Rapids: Eerdmans, 1952-) são séries acadêmicas bem conceituadas, preparadas e editadas por muitos dos principais estudiosos evangélicos do último meio século. Alguns dos mais antigos (e/ou menores) volumes agora estão sendo substituídos. Seu formato apresenta, em geral, tradução e notas além de comentários versículo por versículo. Volumes mais recentes têm seções sobre forma e estrutura, bem como reflexões teológicas.

O *New International Greek Testament Commentary* [Novo comentário internacional do grego] (NIGTC; Grand Rapids: Eerdmans, 1978-) é uma série técnica sobre o grego do NT. Os comentários detalhados, longos (vários se aproximam ou ultrapassam mil páginas), dão atenção especial às questões linguísticas e históricas.

NIV Application Commentary [Comentário NVI de aplicação] (Grand Rapids: Zondervan, 1994-), uma série preparada em sua maior parte de autoria de respeitáveis estudiosos evangélicos, tem como objetivo principal "apresentar uma mensagem antiga num contexto moderno". Além de uma introdução, estrutura de tópicos e bibliografia, o comentário para cada livro contém três partes: a "mensagem original", uma seção chamada "ligação entre contextos" e uma denominada "significado contemporâneo". Essa abordagem é ambiciosa e criativa, sendo às vezes um pouco repetitiva. Em geral, no entanto, essa série é rica em reflexão teológica e conteúdo homilético no contexto da cultura ocidental no início de um novo milênio. Partes disponíveis em CD-ROM.

O *Old Testament Library Series* [Série biblioteca do Antigo Testamento] (OTL; Louisville: Westminster John Knox, 1961-) traz estudos de críticos acadêmicos alemães, com interesses literários e teológicos para o mundo de língua inglesa e agora inclui as contribuições de estudiosos em língua inglesa. Além de comentários, a série contém monografias sobre temas relevantes. Uma contrapartida para o NT (NTL) está prestes a ser publicada com trabalhos originais em inglês.

O *Paideia: Commentaries on the New Testament* [*Paideia*: Comentários do Novo Testamento] (Grand Rapids: Baker Academic, 2007-) é uma série extremamente ecumênica de comentários do NT que dá atenção especial aos recursos de narrativa e retórica sobre a forma final dos escritos do NT, com enfoque sobre questões teológicas de que trata, as quais são motivos de interesse dos leitores cristãos hoje.

O *Sacra Pagina* (Collegeville, Minn.: Liturgical, 1991-) é uma excelente coleção de comentários sobre o NT feita por acadêmicos católicos romanos bem conhecidos. Termos do idioma original aparecem em transliteração. O formato de cada volume inclui uma introdução e análise de passagem por passagem, cada uma com notas em cada versículo, uma discussão da passagem como um todo e uma boa bibliografia. Esses volumes são muito sensíveis às abordagens contemporâneas, assim como ao significado teológico.

Smith & Helwys Bible Commentary [Comentário bíblico Smith & Helwys] (Macon, Ga.: Smith & Helwys, 2001-) abrange ambos os Testamentos e está sendo preparado em sua maior parte (embora não exclusivamente) por distintos estudiosos batistas, mas com sensibilidade ecumênica. Cada seção de cada volume é dividida em duas partes: "Comentário" e "Conexões' (ou seja, reflexões contemporâneas). Cada comentário vem com um CD-ROM que inclui um arquivo PDF do livro além de outros recursos.

Two Horizons Commentary [Comentário dos dois horizontes] (Grand Rapids: Eerdmans, 2005-) é projetado para preencher a lacuna entre o mundo antigo e nosso mundo através de cuidadoso trabalho literário e histórico, levando à reflexão teológica.

Word Biblical Commentary [Comentário bíblico Palavra] (WBC; originalmente Waco, Tex.: Word; agora Nashville: Thomas Nelson, 1983-) é uma série muito completa, técnica e altamente respeitada, produzida por alguns dos maiores estudiosos do mundo evangélico. O grego e hebraico são usados em toda a série. O formato de cada comentário inclui uma introdução extensa. Para cada passagem há: uma bibliografia; uma tradução com notas textuais; uma explicação da "forma/estrutura/configuração"; um "comentário" verso por verso; e uma "explicação" que se concentra em uma síntese do significado e função da passagem no contexto. Disponível também em CD-ROM.

Séries de vários volumes

Gaebelein, Frank, Ed. Ger. ***The Expositor's Bible Commentary*** [Comentário bíblico expositor]. 12 vols. Grand Rapids: Zondervan, 1976-1992. Essa série, feita por um grupo clássico de estudiosos evangélicos conservadores com base na NVI, é um trabalho responsável, mas um tanto quanto previsível na perspectiva exegética e teológica. Deve, portanto, ser usado com alguma cautela e equilíbrio, com o emprego de outras perspectivas. Disponível também em CD-ROM para Windows e Mac.

New Interpreter's Bible [Bíblia do novo intérprete]. 12 vols., mais um volume de índice. Nashville: Abingdon, 1994-2004. Uma realização monumental, essa série substitui a antiga ***Interpreter's Bible*** (1951-57). Esse estudo acadêmico é ecumênico e de primeira linha, tem formato atraente, e a conexão entre o comentário e a reflexão é muito boa. Para cada livro da Bíblia, incluindo os livros apócrifos/deuterocanônicos, há uma introdução substancial que precede o comentário e a reflexão unidade por unidade. Todo o texto da NRSV e da NVI (excluindo os apócrifos) está impresso, incluindo tabelas e outras ajudas. Muitos dos volumes contêm artigos gerais ou artigos que introduzem tipos específicos de literatura. Uma ferramenta inestimável, que na verdade já é um clássico. Também disponível em CD-ROM com recursos poderosos.

SEÇÃO 7. RECURSOS PARA A SÍNTESE

A síntese é uma parte da exegese que pode ser criada apenas depois de se dar atenção ao contexto, estrutura e detalhes. Além disso, o caráter individual e criativo desse elemento desafia a produção simplista de "como fazer" dos manuais propondo a dimensão sintética da exegese.

Determinados tipos de recursos já discutidos podem, no entanto, ser úteis. Comentários da Bíblia em um volume, por exemplo, podem ser valiosos na execução do "arremate" do texto, em virtude de sua brevidade necessária e, portanto, concisão (idealmente). Mas talvez os recursos mais úteis para a síntese sejam os comentários que deem uma atenção especial tanto para os recursos retóricos do texto quanto para suas afirmações teológicas, ou (de preferência) ambas.

É difícil indicar uma série de comentários em particular que sejam igualmente úteis para esse caso, uma vez que os volumes, em cada série, variam em relação à qualidade e acuidade. A série *Interpretation* é frequentemente útil devido à atenção para com as dimensões teológicas do texto que pode ser pregado e ensinado. Além disso, pode valer a pena consultar, para esse elemento do processo exegético, as séries *Word Biblical Commentary* e *Sacra Pagina*, com sua atenção frequente à forma e estrutura.

SEÇÃO 8. RECURSOS PARA REFLEXÃO: INTERPRETAÇÃO TEOLÓGICA

Os seguintes recursos fornecem várias estruturas para a prática da exegese. São livros sobre hermenêutica (geralmente, a arte da interpretação) e interpretação teológica. Eles representam diversas abordagens para a leitura do texto por sua importância religiosa.

Como tal, eles podem ser mais bem estudados não no calor da preparação de um trabalho de exegese ou sermão, mas em outras ocasiões quando é possível fazer uma reflexão mais cuidadosa sobre questões complexas. Dos muitos livros possíveis que poderiam ser listados aqui, tentei selecionar alguns que representam importantes tendências recentes.

Obras gerais

Adam, A. K. M. *What Is Postmodern Biblical Criticism?* [O que é criticismo pós-moderno?]. Guides to Biblical Scholarship. Minneapolis: Fortress, 1995. Uma introdução breve e de fácil leitura para o pós-modernismo e a desconstrução, crítica política e tópicos relacionados.

Crítica ideológica

González, Justo. *Santa Biblia: The Bible through Hispanic Eyes* [Santa Bíblia: a Bíblia através do olhar hispânico]. Nashville: Abingdon, 1996. Considera cinco paradigmas para interpretação bíblica (e.g., marginalidade, pobreza) baseada na experiência latina.

Gottwald, Norman K., e Richard A. Horsley. *The Bible and Liberation: Political and Social Hermeneutics* [A Bíblia e a libertação: hermenêutica política e social]. 2ª ed. Maryknoll, N.Y.: Orbis, 1993. Uma coleção impressionante de mais de 30 artigos metodológicos e interpretativos feita pelos principais proponentes dessas abordagens à exegese.

Rowland, Christopher, e Mark Corner. *Liberating Exegesis: The Challenge of Liberation Theology to Biblical Studies* [Exegese libertadora: o desafio da teologia da libertação para estudos bíblicos]. Louisville: Westminster John Knox, 1989. Uma discussão provocativa de vários tipos de estudo bíblico na América Latina e seu possível impacto sobre o estudo da Bíblia no "primeiro mundo", com ilustrações usando textos do NT.

Schüssler Fiorenza, Elisabeth, ed. *Searching the Scriptures* [Em busca das Escrituras]. Vol. 1. *A Feminist Introduction* [Uma introdução feminista]. Vol. 2. *A Feminist Commentary* [Um comentário feminista]. Nova York: Crossroad, 1993, 1994. Perspectivas feministas sobre interpretação bíblica e textos, com uma avaliação das abordagens tradicionais.

Segovia, Fernando F., e Mary Ann Tolbert, eds. *Reading from This Place* [Lendo a partir deste lugar]. Vol. 1. *Social Location and Biblical Interpretation in the United States* [Localização social e interpretação bíblica nos Estados Unidos]. Vol. 2. *Social Location and Biblical Interpretation in Global Perspective* [Localização social e interpretação bíblica em uma perspectiva global]. Minneapolis: Fortress, 1995. Exemplos extraídos de uma variedade de lugares sobre a importância do contexto humano na leitura da Bíblia.

Sugirtharajah, R. S., ***Postcolonial Criticism and Biblical Interpretation***
[Crítica pós-colonial e interpretação bíblica]. Nova York: Oxford
University Press, 2002. Um trabalho padrão da relação entre a
crítica pós-colonial e estudos bíblicos feito por dois principais
expoentes da interpretação pós-colonial.

Interpretação teológica, pregação e ensino

Além dos recursos listados a seguir, veja também vários periódicos e
séries de comentários apresentados na seção 6, especialmente os
periódicos: *Ex Auditu* [Pelo ouvir], *Horizons in Biblical Theology*
[Perspectivas na teologia bíblica], *Interpretation* [Interpretação] e
Journal of Theological Interpretation [Periódico de interpretação teológica]; a série de comentários *Brazos Theological Commentary on the Bible* [Comentário teológico Brazos da Bíblia], *Interpretation* [Interpretação] e *The Two Horizons Commentary* [Comentário dos dois horizontes]; também o multivolume *The New Interpreter's Bible* [Bíblia do novo intérprete].

Adam, A. K. M., Stephen E. Fowl, Kevin J. Vanhoozer, e Francis Watson. ***Reading Scripture with the Church: Toward a Hermeneutic for Theological Interpretation*** [Lendo as Escrituras com a Igreja: rumo à hermenêutica para a interpretação teológica]. Grand Rapids: Baker Academic, 2006. Quatro ensaios e quatro respostas de quatro dos principais proponentes da interpretação teológica, com especial ênfase na singularidade *versus* pluralidade na interpretação de textos.

Braaten, Carl E., e Robert W. Jenson, eds. ***Reclaiming the Bible for the Church*** [Recuperando a Bíblia para a Igreja]. Grand Rapids: Eerdmans, 1995. Uma coleção de ensaios de um grupo ecumênico de eruditos bíblicos e teólogos que desejam usar a abordagem histórica à Bíblia dentro de contextos hermenêuticos do cânon inteiro, bem como convicções centrais e práticas de fé da igreja.

Childs, Brevard. **"Toward Recovering Theological Exegesis"** [Rumo à recuperação da exegese teológica], *Pro Ecclesia* 6 (1997): 16-26. Um ensaio importante feito por uma das principais vozes (datado de 2007) da crítica canônica e interpretação teológica.

Davis, Ellen F., e Richard B. Hays, eds. ***The Art of Reading Scripture*** [A arte de ler as Escrituras]. Grand Rapids: Eerdmans, 2003. Uma importante coleção de ensaios feitos por editores e doze outros eminentes teólogos e estudiosos da Bíblia que participaram juntos no projeto "Escritura", além de sermões preparados pelos editores, demonstrando a aplicação de nove teses sobre a interpretação teológica das Escrituras.

Fowl, Stephen E. *Engaging Scripture: A Model for Theological Interpretation. Challenges in Contemporary Theology* [Escritura envolvente: um modelo de interpretação teológica]. Oxford: Blackwell, 1998. Um argumento muito significativo e desafiador de que "os cristãos devem ler a Escritura à luz de suas finalidades como cristãos — cada vez mais em comunhão com o Deus Trino e uns com os outros", com exemplos do modelo proposto.

___, ed. *The Theological Interpretation of Scripture: Classic and Contemporary Readings* [A interpretação teológica das Escrituras: leituras clássicas e contemporâneas]. Oxford: Blackwell, 1997. Uma coleção de ensaios significativos do passado e do presente.

Fowl, Stephen E., e L. Gregory Jones. *Reading in Communion: Scripture and Ethics in Christian Life* [Lendo em comunidade: a Escritura e a ética da vida cristã]. Grand Rapids: Eerdmans, 1991. Repr., Eugene, Ore.: Wipf & Stock, 1998. Um livro magistral sobre a natureza da interpretação bíblica como uma prática comum, que incorpora as Escrituras dentro de uma tradição interpretativa em curso, com atenção para intérpretes e textos específicos.

Green, Joel B., e Max Turner, eds. *Between Two Horizons: Spanning New Testament Studies and Systematic Theology* [Entre dois horizontes: abrangendo estudos do Novo Testamento e teologia sistemática]. Grand Rapids: Eerdmans, 2000. Uma inovadora coleção de ensaios sobre a relação entre a Bíblia e teologia, em preparação para a série *The Two Horizons Commentary* [Comentário dois horizontes], comentário já mencionado.

Green, Joel B., e Michael Pasquarello III, eds. *Narrative Reading, Narrative Preaching: Reuniting New Testament Interpretation and Proclamation* [Leitura narrativa, pregação narrativa: reunindo a interpretação e a proclamação do Novo Testamento]. Grand Rapids: Baker, 2003. Uma série de ensaios sutis, exibindo a teoria e a prática da interpretação narrativa por vários livros e gêneros.

Hall, Christopher A. *Reading Scripture with the Church Fathers* [Lendo a Bíblia com os pais da igreja]. Downers Grove, Ill.: InterVarsity, 1998. Viçosa, Ultimato, 2007. Uma introdução bem escrita sobre os pais da igreja, seus métodos teológicos de exegese e especialmente sua insistência sobre o papel da comunidade e do personagem na interpretação bíblica adequada.

Hays, Richard B. **"Reading the Bible with Eyes of Faith: The Practice of Theological Exegesis."** [Lendo a Bíblia com os olhos da fé: a prática da exegese teológica]. *Journal of Theological Interpretation* 1 (2007): 5-22. Uma declaração concisa e programática das marcas de interpretação teológica das Escrituras.

___. **"Salvation by Trust? Reading the Bible Faithfully"** [Salvação pela fé? Lendo a Bíblia fielmente]. *Christian Century* 114 (26 de fevereiro de 1997): 218-23. Um artigo importante e controverso, discutindo a hermenêutica da fé ("leitura receptiva e com fé..., mas não aceitando tudo no texto pelo seu valor nominal") contra uma hermenêutica da suspeita. Reimpresso em Richard B. Hays, *The Conversion of the Imagination: Paul as Interpreter of Israel's Scripture* [A conversão da imaginação: Paulo como intérprete das Escrituras de Israel] (Grand Rapids: Eerdmans, 2005), 190-201.

Lash, Nicholas. **"Performing the Scriptures"** [Apresentando as Escrituras]. Páginas 37-46 em *Theology on the Way to Emmaus* [Teologia no caminho de Emaús]. Londres: SCM, 1986. Um ensaio clássico sobre interpretação bíblica como uma apresentação.

Levenson, Jon. *The Hebrew Bible, the Old Testament, and Historical Criticism: Jews and Christians in Biblical Studies* [A Bíblia Hebraica, o Antigo Testamento e a crítica histórica: judeus e cristãos em estudos bíblicos]. Louisville: Westminster John Knox, 1993. Uma crítica significativa do método histórico-crítico do ponto de vista judaico e inter-religioso, com sugestões sobre formas mais adequadas de ler a Bíblia.

McKim, Donald K., ed. *Dictionary of Major Biblical Interpreters* [Dicionário dos principais intérpretes bíblicos]. Downers Grove, Ill.: InterVarsity, 2007. Uma coleção de mais de 200 artigos sobre figuras-chave e suas estratégias de interpretação.

Peterson, Eugene. *Eat this Book: A Conversation in the Art of Spiritual Reading* [Coma este livro: Um diálogo na arte da leitura espiritual]. Grand Rapids: Eerdmans, 2006. Um livro prático e pastoral sobre a arte de *lectio divina* (leitura sagrada) e a Escritura como um roteiro para ser seguido.

Seitz, Christopher, e Kathryn Greene-McCreight, eds. *Theological Exegesis: Essays in Honor of Brevard S. Childs* [Exegese teológica: ensaios em honra a Brevard S. Childs]. Grand Rapids: Eerdmans, 1999. Uma coleção de ensaios de alunos, colegas e amigos, dedicados a uma reflexão mais aprofundada sobre a crítica canônica que Childs adotou.

Stuhlmacher, Peter. *Historical Criticism and Theological Interpretation of Scripture: Toward a Hermeneutics of Consent* [Crítica histórica e interpretação teológica das Escrituras: rumo a uma hermenêutica de consenso]. Traduzido por Roy A. Harrisville. Filaldéldia: Fortress, 1977. Uma breve e clássica história e crítica das mudanças no método exegético desde o tempo do cristianismo primitivo, que separava a fé da exegese, e a defesa de uma "hermenêutica de consenso", o que inclui "abertura à transcendência".

Thiselton, Anthony C. *New Horizons in Hermeneutics: The Theory and Practice of Transforming Biblical Reading* [Novos horizontes em hermenêutica: teoria e prática de leitura bíblica transformadora]. Grand Rapids: Zondervan, 1992. Uma revisão abrangente e desafiadora da abordagem hermenêutica e sua incorporação na interpretação bíblica real, juntamente com a tese do próprio Thiselton, baseando-se na teoria do discurso sobre como as formas de leitura da Bíblia podem e devem transformar seus leitores.

Thompson, John L. *Reading the Bible with the Dead: What You Can Learn from the History of Exegesis That You Can't Learn from Exegesis Alone* [Lendo a Bíblia com os mortos: o que você pode aprender com a história da exegese que não se aprende somente com a exegese]. Grand Rapids: Eerdmans, 2007. Um estudo do tratado de nove textos difíceis das Escrituras por intérpretes patrísticos, medievais e da Reforma.

Treier, Daniel J. *Introducing Theological Interpretation of Scripture: Recovering a Christian Practice* [Introduzindo a interpretação teológica da Escritura: recuperando uma prática cristã]. Grand Rapids: Baker Academic, 2008. Um guia para as fontes, temas comuns e desafios em curso do revivalismo na interpretação teológica.

Vanhoozer, Kevin J., ed. ger.; Craig G. Bartholomew, Daniel J. Treier, e N. T. Wright, eds. assocs. *Dictionary for Theological Interpretation of the Bible* [Dicionário de interpretação teológica da Bíblia]. Grand Rapids: Baker, 2005. Uma impressionante coleção de artigos bíblicos, teológicos e hermenêuticos que normalmente poderia ser encontrada em um dicionário da Bíblia, em um dicionário teológico geral e em um manual de interpretação bíblica — tudo em um só lugar e com maior finalidade teológica, e uma visão do que os livros de referência padrão normalmente demonstram. Esse dicionário deve tornar-se uma obra de referência padrão tanto para novos quanto para intérpretes experientes das Escrituras.

Watson, Francis. *Text, Church, and World: Biblical Interpretation in Theological Perspective* [O texto, a Igreja e o mundo; interpretação bíblica na perspectiva teológica]. Grand Rapids: Eerdmans, 1994. Repr., Londres: T&T Clark, 2004. Um livro importante, argumentando que a "interpretação bíblica deve ocupar-se principalmente de questões teológicas levantadas pelos textos bíblicos no nosso âmbito eclesial contemporâneo, cultural e questões sociopolíticas".

Wink, Walter. *The Bible in Human Transformation: Toward a New Paradigm for Biblical Study* [A Bíblia na transformação humana: em direção a um novo paradigma para o estudo bíblico]. Filadélfia: Fortress, 1973. Um pequeno clássico da abordagem "existencialista" da exegese.

SEÇÃO 9. RECURSOS BIBLIOGRÁFICOS

Exegetas têm a sua disposição muitos recursos além daqueles descritos no livro. Alguns livros dedicados à bibliografia e alguns índices padrão de literatura periódica estão listados a seguir. Esses podem ser usados para localizar livros e artigos sobre temas gerais ou específicos e para complementar bibliografias encontradas ou criadas a partir de outros tipos de recursos. Procurar apostilas de cursos e outras fontes *online* também pode ser algo valioso.

Livros

Bauer, David R. *An Annotated Guide to Biblical Resources for Ministry* [Um guia anotado de recursos bíblicos para o ministério]. Peabody, Mass.: Hendrickson, 2003. Uma lista contendo mais de dois mil recursos.

Danker, Frederick W. *Multipurpose Tools for Bible Study* [Ferramentas multiuso para o estudo bíblico]. Ed. rev. e ampl. Minneapolis: Fortress, 2003. A última edição de um clássico primeiramente publicado em 1960, agora com um CD-ROM, esse livro contém uma fonte de informações sobre os melhores recursos de todos os tipos (concordâncias, edições e traduções do texto, dicionários, comentários etc.), orientações sobre a melhor forma de utilizá-los e também exemplos de exegese, auxiliado pelas ferramentas descritas. Leitura repetida obrigatória para estudantes que levam a sério o estudo da Bíblia. Disponível em CD-ROM, produzido por Libronix.

Periódicos

Guias para periódicos foram publicados em três formas: como volumes encadernados, como CD-ROMs e como bancos de dados *online*. Entre os mais importantes estão:

The ATLA Religion Database [O banco de dados sobre religião da ATLA]. Publicado pela American Theological Library Association (ATLA), é o principal banco de dados de artigos de periódicos, coleções de ensaios em forma de livros e resenhas de livros, no estudo da religião, incluindo estudos bíblicos (abrangendo todas as obras que constam no antigo Índice de Religião, índice um e dois, referenciados a seguir). Está disponível *online* por assinatura institucional. A publicação da versão completa em CD-ROM cessou após 2008. Subconjuntos de banco de dados em CD-ROM poderão estar disponíveis, mas apenas para os indivíduos, no futuro.

New Testament Abstracts [Resumos do Novo Testamento] *(NTA)* e *Old Testament Abstracts* [Resumos do Antigo Testamento] *(OTA)*. Esses dois periódicos, publicados três vezes ao ano pela Associação Bíblica Católica *(OTA)* e Boston College *(NTA)*, fornecem sínteses de artigos acadêmicos recentes, organizados por tópico e livro da Bíblia. Há também informações de livros publicados recentemente. Por meio de uma parceria entre a ATLA e os dois editores, ambas as revistas também estão disponíveis *online* através de assinatura institucional. Não disponíveis em CD-ROM.

Religion Index One: Periodicals [Índice um de religião: periódicos]. Essa ferramenta, publicada anualmente pelo ATLA, traz artigos de revistas, em todos os campos de teologia e estudos religiosos, incluindo estudos bíblicos. Artigos sobre a Bíblia, organizados pelo tópico e escritor bíblico, livro bíblico, podem ser ali encontrados. A publicação impressa cessou após o volume de 2009.

Religion Index Two: Multi-Author Works [Índice dois de religião: trabalhos de vários autores]. Esse importante auxílio, paralelo ao *Religion Index One*, relaciona artigos publicados por vários autores (coleções de ensaios). Publicação interrompida em 1999.

Religious and Theological Abstracts [Resumos de conteúdos teológicos e religiosos]. Este recurso acessível *online* inclui artigos sobre assuntos bíblicos: <http://rtabstracts.org/>.

APÊNDICE A

TABELAS DE MÉTODOS EXEGÉTICOS
Três abordagens

As tabelas a seguir tentam organizar e exibir os diversos métodos utilizados pelos praticantes das abordagens sincrônica, diacrônica e existencialista à exegese. Para cada método, uma tabela apresenta as questões ou problemas que os usuários do método observam e procuram abordar; os objetivos e alguns exemplos de perguntas que o método pode gerar.

As tabelas não são completas, pois existem métodos e "submétodos" que poderiam ser adicionados, mas os que estão incluídos aqui, que são discutidos neste livro, são os principais, e os exegetas devem estar familiarizados com eles. Deve-se lembrar sempre que há uma sobreposição significativa entre certos métodos sincrônicos e diacrônicos, e que a abordagem existencial também faz uso de métodos das outras duas abordagens.

MÉTODOS SINCRÔNICOS

(sincrônico = dentro do tempo) ou leitura atenta

- **Questões ou problemas:** o texto é o produto final.
- **Objetivos:** analisar o texto em sua forma final.

ANÁLISE LITERÁRIA E RETÓRICA

Método	Questões	Objetivos	Amostras de questões
Crítica literária (incluindo análise contextual) Nota: "crítica literária" é um termo bastante vago usado em uma variedade de formas; veja também crítica narrativa e crítica retórica a seguir.	O significado dos textos depende de seus contextos mais próximos (ou imediatos) e maiores. Os documentos bíblicos existem como vários tipos de obras literárias com características correspondentes.	Determinar contextos e seus significados. Analisar vários aspectos literários do texto como literatura.	Qual é o contexto literário do chamado hino do Servo sofredor (Isaías 53)? Que tipos de linguagem figurada são usados no livro de Jó? Quais são as características dramáticas do livro de Apocalipse? O Salmo 19 ou João 1:1-18 tem paralelismo? *Inclusio*? Quiasma?
Análise de gênero e forma (Gênero = tipo literário ou padrão.) Veja também a crítica retórica a seguir e faça críticas sob os métodos diacrônicos.	Os escritos bíblicos contêm vários tipos de estilos literários.	Determinar o gênero ou a forma do texto e quaisquer variações-chave de padrões normais. Descrever a estrutura e o movimento do texto (também parte da crítica literária e retórica).	Que tipo de salmo é o Salmo 51? Como ele é organizado em versos (estrofes)? Que tipo de escrita é 1Coríntios 13? Como está estruturado 1Coríntios 13? Existem partes que podem ser discernidas?

Crítica narrativa	Muitos escritos bíblicos contêm, ou são baseados em narrativas explícitas ou implícitas (histórias).	Analisar o texto no que diz respeito a linhas temáticas, enredo, desenvolvimento do personagem, do ponto de vista ou de outras características adequadas de narrativas.	Qual é o enredo e quais são os pontos-chave na sequência de eventos, no ciclo de José (Gênesis 37-50)? Como o Evangelho de Marcos retrata os discípulos?
Crítica retórica (Retórica = arte da comunicação efetiva.)	Os textos existem para ter um efeito sobre o ouvinte/leitor, e os escritos bíblicos apresentam dispositivos e formas retóricas antigas e universais.	Determinar as estratégias de retórica utilizadas (incluindo o tom, estilo) e suas funções. Categorizar o texto em termos de formas clássicas de retórica. Descrever a estrutura retórica do texto.	Qual é a estratégia retórica e efeito das intervenções de Deus no livro de Jó? Dos tipos de escrita persuasiva, conhecidos na antiguidade, qual é o de Gálatas?
Análise intertextual	Textos bíblicos citam, fazem alusão a ou ecoam outros textos, assim como realidades culturais extratextuais.	Determinar a existência e o significado de citações sobre outros textos, alusões a eles ou ecos deles.	De que maneiras o Terceiro Isaías (Isaías 56-66) faz alusões às histórias da criação de Israel? Lucas ecoa a ideologia imperial e, em caso afirmativo, com que efeitos teológicos e retóricos?

ANÁLISE LINGUÍSTICA

Método	Questões	Objetivos	Amostras de questões
Análise gramatical e análise sintática (Vocabulário, formas de palavras, arranjos de palavras.) Veja também linguística histórica a seguir, em métodos diacrônicos.	Os escritos bíblicos contêm palavras significativas, formas gramaticais e construções sintáticas, algumas das quais podem ser obscuras.	Determinar o significado das palavras-chave, expressões idiomáticas. Determinar o significado das principais formas gramaticais. Determinar o significado das principais estruturas sintáticas.	É "Filha Sião" ou "Filha de Sião" a melhor tradução da frase bíblica? Se o Espírito é uma "promessa" ou "garantia" (2Coríntios 1:22), o que isso significava nos dias de Paulo?
Análise semântica ou do discurso (semântica = estudo dos significados)	O significado é encontrado não apenas nas palavras e suas formas e arranjos, mas também nas relações contextuais entre elas.	Usar ferramentas modernas de linguística para analisar a estrutura profunda e outros recursos semânticos das unidades do discurso.	Como podem os entendimentos contemporâneos da função linguística de aforismos auxiliarem na interpretação do livro de Provérbios? Que afirmações são o núcleo da frase "[Jesus] foi entregue à morte por nossos pecados e ressuscitado para nossa justificação". (Romanos 4:25)?

CRÍTICA SOCIOCIENTÍFICA

Método	Questões	Objetivos	Amostras de questões
Descrição social (geral)	Textos bíblicos foram produzidos em uma situação sociopolítica e cultural concreta. Textos bíblicos se referem explícita ou implicitamente a realidades políticas e costumes sociais, classes, condições, relacionamentos etc.	Determinar e descrever o contexto sociopolítico e condições culturais do autor e destinatários. Descrever o mundo social dos israelitas ou cristãos primitivos.	Em que contextos de mudanças sociopolíticas Jeremias pregou? Qual era a situação da comunidade joanina? Que provas de valores patriarcais ou elitistas podem ser encontradas no livro de Provérbios? Qual era o nível socioeconômico dos primeiros seguidores de Jesus, ou dos cristãos de Corinto?
Análise sociocientífica	Escritos bíblicos podem refletir realidades que as ciências sociais podem explicar.	Analisar o texto ou sua comunidade com métodos e modelos sociológicos ou antropológicos.	Existem modelos antropológicos ou teorias que ajudam a explicar a ascensão da realeza no antigo Israel? A crença na ressurreição de Jesus poderia ser explicada pela teoria da "dissonância cognitiva"?

Apêndice A

MÉTODOS DIACRÔNICOS

(diacrônico = através do tempo) ou método histórico-crítico

- **Questões ou problemas:** um texto possui uma história.
- **Objetivos:** Discernir e analisar a origem e desenvolvimento do texto (e sua forma final à luz desses objetivos).

Método	Questões	Objetivos	Amostras de questões
Crítica textual	Não existem "autógrafos" (originais). Manuscritos e outros testemunhos têm discordância devido a mudanças intencionais e não intencionais, durante o processo de cópia e transmissão.	Estabelecer o melhor texto, mais próximo do original quanto possível.	O texto original diz "Deus unigênito" ou "Filho unigênito" (João 1:18)? Como termina o Evangelho de Marcos? A história da mulher que foi apanhada em adultério faz parte do original do Evangelho de João?
Histórico linguístico (vocabulário, formas de palavras, arranjo de palavras). Veja também análise lexical, gramatical e sintática, mencionada há pouco, com uso de métodos sincrônicos.	Escritos bíblicos contêm palavras significativas, formas gramaticais e construções sintáticas, algumas das quais podem ser obscuras, e esses itens têm uma história importante.	Ver os objetivos à luz de métodos sincrônicos, léxicos, gramaticais e análise sintática, e mais... Determinar a medida em que o desenvolvimento histórico desses itens linguísticos é importante para a compreensão do texto.	Ver exemplos de perguntas em métodos sincrônicos, lexicais, gramaticais e análise sintática, e mais... Como as histórias das palavras para "assembleia" na Bíblia se desenvolveram ao longo do tempo e refletem ou afetam o entendimento dos escritores sobre Israel ou sobre a antiga Igreja reunida nas casas?

Crítica da forma (Forma = padrão consistente.) Veja também análise de gênero e forma em métodos sincrônicos.	Escritos bíblicos contêm várias formas ou padrões pré-literários. Isso inclui, por exemplo, provérbios, histórias de chamados, parábolas, bem-aventuranças, milagres da natureza, relatos de ressurreição, hinos, credos, lemas, bênçãos.	Ver objetivos em métodos sincrônicos, léxicos, gramáticas e análises sintáticas, e mais... Determinar a extensão em que o desenvolvimento histórico desses itens linguísticos é importante para a compreensão do texto.	Ver exemplos em métodos sincrônicos, léxicos, gramáticas e análises sintáticas, e mais... Como as histórias das palavras usadas para "assembleia" na Bíblia se desenvolveram de modo a afetar ou refletir a compreensão dos israelitas ou dos cristãos das igrejas em lares?
Crítica da tradição Nota: Essa é uma ação difícil e muitas vezes especulativa.	A tradição oral foi modificada no processo de transmissão.	Determinar como uma perícope em particular passou a ser inserida através de um processo de crescimento por transmissão oral.	Como a história da promessa da aliança para com Davi (2Samuel 7) foi modificada ao ser transmitida? A história do homem paralítico que foi baixado pelo telhado e curado (Marcos 2:1-12) é uma história única ou uma compilação de fontes orais?
Crítica da fonte	Cada escritor parece ter usado várias fontes para construir o texto acabado.	Determinar as fontes utilizadas, além de seus tipos e perspectivas.	Que fontes diferentes foram usadas para montar as duas histórias da criação em Gênesis 1—3? Qual a natureza do material que Mateus e Lucas têm em comum e está ausente em Marcos?

Crítica redacional (Redação = edição; cf. também intertextualidade [sob a ótica de métodos sincrônicos] = inserção em outros documentos escritos.)	Cada escritor tanto adotou quanto adaptou fontes, resultando em perspectivas distintas.	Determinar como o autor (ou a escrita) usa (muda, não muda) as fontes; pergunte o porquê. Rastrear as tendências, características distintivas, ênfases etc. em um documento.	Como o editor do Êxodo combinou e editou fontes sobre Moisés e para que propósitos? Como e por que Mateus adotou e adaptou o relato de Marcos sobre o batismo de Jesus?
Crítica histórica	Formas pré--literárias bíblicas e textos reais foram produzidos em situações históricas concretas. Por ter sido a tradição oral modificada no processo de transmissão e redação, pode ser que nem todas as palavras e os atos refletidos no texto bíblico realmente tenham ocorrido. Outras coisas alegadas nos escritos bíblicos podem ou não ter acontecido tal como apresentado.	Determinar os contextos históricos refletidos nas formas pré-literárias e no texto escrito. Determinar o que, se há alguma coisa, uma figura histórica realmente disse e fez, e o que foi modificado e/ou criado através do processo de tradição e redação.	Pode-se saber alguma coisa da experiência real do personagem Abraão? Como pode ser feito um relato sobre a divisão do mar Vermelho/dos Juncos em termos históricos e científicos? Qual foi período em que Habacuque foi escrito? As histórias dos conflitos de Jesus com os fariseus correspondem aos seus conflitos reais, aqueles do tempo dos evangelistas? Jesus previu seu próprio sofrimento, morte e ressurreição, ou a Igreja Primitiva colocou essas palavras na sua boca?

MÉTODOS EXISTENCIALISTAS

(existencialista = referente à vida real)

- **Questões:** Um texto bíblico faz reivindicações e fala para os leitores de tempos posteriores, mas há um largo fosso histórico e cultural entre o tempo de escrita e os dias de hoje.
- **Objetivos:** Discernir o significado contemporâneo do texto usando abordagens sincrônicas e diacrônicas envolvidas com contextos, teorias e métodos adicionais.

HERMENÊUTICA DA FÉ OU CONSENTIMENTO

Método	Questões	Objetivos	Amostras de questões
Crítica canônica	Na perspectiva da comunidade cristã, documentos e textos bíblicos não existem separadamente, mas fazem parte de uma coleção maior, o cânon.	Determinar o significado e a autoridade dos textos em sua relação com outros textos semelhantes e não similares.	Como compreendemos a natureza de Deus retratada nos livros de Oseias e Amós à luz do cânon completo? Como a ênfase de Paulo sobre a justificação pela fé e o destaque de Tiago sobre boas obras trazem compreensão um para o outro?
Exegese teológica	Em última análise, a Bíblia é a expressão de Deus e parte dos meios divinos de revelação e salvação.	Entender a fé cristã à luz do testemunho da Escritura, e vice-versa. Discernir as afirmações teológicas e éticas autorizadas do texto.	O que as imagens do livro do Apocalipse revelam aos cristãos sobre Deus e Cristo? Para que modo de vida o profeta Jeremias nos aponta?

Hermenêutica missional	A Escritura testemunha da *missio Dei* e convida a comunidade cristã para ver-se como um agente dessa missão, discerni-la e participar dela.	Discernir e participar na *missio Dei*.	Como a promessa de Deus de abençoar as nações por intermédio de Abraão pode comunicar a identidade e a finalidade da comunidade cristã hoje? O que as Bem-aventuranças no Sermão da Montanha (Mateus 5) dizem sobre a identidade e a missão da Igreja no mundo?
Leitura espiritual (ou sacra) (*Lectio divina*, ou Leitura orante e "leitura em comunhão".)	Em última análise, a Escritura, como a Palavra de Deus, não é algo para ser dissecado, mas para ser ouvido e responder às divinas mensagens enviadas a indivíduos e comunidades.	Discernir a específica palavra de Deus dirigida a mim ou a nós.	Como o Salmo 150 expressa e nutre a nossa vida de louvor? O que a história de negação de Pedro nos revela? Como podemos estar negando nosso Senhor?
Incorporação ou efetivação (Praticando, atuando e vivendo a exegese.)	Em última análise, a Escritura não é algo apenas para estudar, mas para viver.	Incorporar as declarações, promessas e imperativos do texto como uma pessoa fiel e de uma comunidade.	Como identificar e tratar o "órfão e a viúva" em nosso meio? O que devemos fazer especificamente para incorporar a preocupação pelos marginalizados e excluídos que Jesus apresenta em Lucas?

HERMENÊUTICA DA SUSPEITA

Método	Questões	Objetivos	Amostras de questões
Exegese militante e liberacionista (Inclui feminismo e outras perspectivas liberacionista.)	Os escritos bíblicos têm sido interpretados de forma a ofender ou oprimir (antissemitismo, escravidão, discriminação de gênero etc.). Escritos bíblicos próprios podem conter aspectos considerados por alguns como ofensivos ou opressivos.	Determine como a Bíblia tem sido usada para oprimir e use textos específicos para enfatizar seu significado libertador e não opressivo. Considerar ou determinar que textos e temas precisam ser evitados e quais usar, a fim de defender e trabalhar pela libertação.	Como as pessoas usaram a Bíblia para justificar a discriminação contra as mulheres? Seria o Evangelho de João tão inerentemente antissemita a ponto de sua presença no Novo Testamento cristão poder ser problemática?
Crítica ideológica (Inclui interpretação pós-colonial.)	Escritos bíblicos podem refletir e dar apoio a expressões inapropriadas de poder.	Determinar e criticar as relações inapropriadas de poder	De que relações apropriadas e inadequadas de poder econômico a literatura de sabedoria dá testemunho? As críticas do Novo Testamento ao poder imperial romano, que transferem títulos imperiais para Deus e para Jesus, ajudam a subverter ou a perpetuar as ideologias colonial e imperial posteriores?

Apêndice A

APÊNDICE B

DIRETRIZES PRÁTICAS PARA ESCREVER UM TRABALHO DE PESQUISA EXEGÉTICA

Há cinco fases principais para escrever um trabalho de pesquisa exegética: preparação, exegese inicial, pesquisa, consolidação e redação.

I. Preparação

    A. Determinar um texto apropriado para a exegese: uma unidade viável, relativamente autônoma, com claro início e fim (capítulo 2).

        1. O tamanho normalmente não deve ser inferior a um parágrafo ou estrofe e não mais do que alguns parágrafos ou estrofes (e.g., cerca de cinco a vinte e cinco versículos).
        2. Bíblias de estudo ou comentários de um volume por serem úteis para determinar unidades.
        3. Consulte seu instrutor para obter orientações, se necessário.

    B. Obtenha os textos bíblicos com os quais você planeja trabalhar — uma Bíblia de estudo, uma ou mais traduções adicionais, edições com textos paralelos (e.g., paralelos do Evangelho, caso seja apropriado) e o texto grego ou hebraico (se você puder ler).

    C. Imprima um texto eletrônico da Bíblia ou faça a cópia de uma Bíblia impressa de, pelo menos, uma versão do seu texto com a finalidade de marcá-lo.

        1. Coloque o texto no centro da página, com margens largas em cada lado. Se possível, importe o texto por meio de um processador de texto e imprima com espaço duplo entre as linhas.

2. Se possível, crie também, no processador de texto, uma tabela de duas colunas com frase por frase do texto para ser usado na análise detalhada.

II. Exegese inicial

Observação: trabalhe no texto por conta própria, escrevendo tudo o que descobrir e quaisquer perguntas que lhe vierem à mente à medida que você segue os principais passos do processo exegético. Marque sua cópia impressa ou cópia do texto: sublinhe, faça um círculo, faça anotações etc. Anote quaisquer perguntas específicas que você deseje pesquisar nos comentários, livros e artigos que usará na próxima fase: a expansão e aperfeiçoamento da exegese. Você pode organizar suas observações em cartões de anotações ou em folhas de papel dedicados aos vários elementos (com cartões separados ou folhas para cada versículo examinado na análise detalhada).

A. Pesquisa: Primeiro elemento (capítulo 3)
1. Leia o texto várias vezes e em diversas versões.
   a. Escreva as primeiras observações, diferenças básicas nas traduções e questões que podem surgir.
   b. Faça um trabalho inicial de tradução do texto, se você puder ler o idioma original.
2. Leia ou examine o livro todo no qual o texto aparece, dando especial atenção aos textos que vêm antes e depois da passagem.
3. Consulte um ou mais recursos que trabalham com o livro no qual a passagem está localizada (texto introdutório, comentário de um volume ou dicionário bíblico).
   a. Anote o que você descobriu sobre o contexto histórico básico — as circunstâncias em que foi escrito (quem, o quê, quando, por quê, onde etc.).
   b. Anote o que você descobriu acerca do contexto literário básico — um esboço geral do livro e a localização da passagem nesse esboço.
4. Comece a preparar uma bibliografia anotando quaisquer comentários relevantes, livros ou artigos mencionados nos recursos consultados.
5. Apresente uma sugestão sobre o significado da passagem e use-a como uma tese de trabalho.

B. Análise contextual: Segundo elemento (capítulo 4)

1. Contexto histórico, social e cultural — use um dicionário bíblico ou recurso similar para a obtenção da informação básica necessária.
2. Contexto literário e retórico.
   a. Encontre ou crie um esboço geral do livro como um todo.
   b. Considere cuidadosamente o contexto maior assim como o mais próximo ou imediato.

C. Análise formal: Terceiro elemento (capítulo 5). Forma, estrutura e movimento da passagem.

1. Forma: considere o gênero literário do livro e a forma literária da passagem.
2. Estrutura: crie seu próprio esboço da passagem.
3. Movimento: considere a fluência do texto desde o seu começo até o fim.

D. Análise detalhada: Quarto elemento (capítulo 6). Discussão de versículo por versículo

1. Use a tabela de duas colunas, frase por frase, criada durante a fase de preparação.
2. Encontre os atores principais (sujeitos, verbos etc.), qualificando frases, outras palavras e imagens etc.
3. Dê atenção especial à função das palavras (porque, para, embora, quando, se etc.).
4. Procure alusões a outros textos, especialmente das Escrituras, evidências de outras fontes e como elas são usadas.

E. Síntese: Quinto elemento (capítulo 7). Formule o ponto principal do texto.

F. Reflexão — Interpretação teológica: Sexto elemento (capítulo 8). Faça observações sobre o significado contemporâneo do texto, a partir de sua própria perspectiva.

III. Pesquisa: Sétimo elemento (capítulo 9)
Expansão e aperfeiçoamento de sua exegese inicial

A. Prepare uma bibliografia.

1. Ao registrar os dados manualmente ou no computador, esteja seguro de que as informações estejam corretas e completas.
2. Tipos de recursos: livros de referência (dicionários bíblicos e similares); monografias que discutem a passagem escolhida; comentários sobre o livro; artigos de periódicos; capítulos em volumes contendo coleção de ensaios.
3. Como encontrar recursos: leia bibliografias e notas em livros de texto, comentários, livros de referência, Bíblias de estudo etc.; utilize ferramentas bibliográficas; procure livros e periódicos atuais nas bibliotecas; pesquise o catálogo de cartões tradicionais ou eletrônicos da biblioteca; pesquise bibliografias *online* e *sites* relevantes.
4. Extensão da bibliografia — regra de ouro: aproximadamente um item bibliográfico para cada página de texto (e.g., um trabalho de quinze páginas deve ter cerca de quinze entradas bibliográficas).

B. Faça anotações cuidadosas.

1. Use comentários antes dos artigos (dos gerais para os específicos).
2. Procure informações, ideias e interpretações que tenham escapado à sua exegese inicial.
3. Procure desafiar, aclarar e corrigir seu próprio trabalho.
4. Procure e registre evidências de aspectos importantes do texto.
5. Procure interpretações alternativas sobre questões importantes e busque documentá-las.
6. De modo geral, tome notas em suas próprias palavras; coloque notas diretamente nas marcas de citação; observe todas as fontes. Proteja a si mesmo contra o plágio involuntário.

C. Revise suas notas.

1. Procure por lacunas nos seus dados ou interpretações.
2. Reutilize recursos ou encontre novos recursos conforme a necessidade.

IV. Consolidação: Sétimo elemento (capítulo 9)
Ampliação e aperfeiçoamento de sua tese inicial
(continuação)

A. Combine sua exegese inicial com as correções, confirmações, novos dados e evidências etc. extraídos de outras fontes.

B. Escreva suas próprias conclusões e afirmações sobre o contexto, forma/estrutura/movimento, principais aspectos (incluindo pontos debatidos) da detalhada análise e síntese.

C. Desenvolva e registre uma declaração de tese sobre o(s) ponto(s) principal(is) e a função da passagem.

D. Desenvolva um esboço do seu trabalho que siga as principais etapas no processo de exegética.

V. Redação

A. Comece com os contextos e então forma/estrutura/movimento. Faça a análise detalhada, a síntese a seguir e, por último, a introdução do livro (a menos que você inclua uma seção de reflexões pessoais e seu envolvimento, que pode ser escrita por último).

B. Observe que a "ampliação e aperfeiçoamento da exegese" não é uma parte em separado do trabalho, somente um estágio do processo.

C. Discuta e avalie as mais importantes alternativas das principais questões, mas não faça uma colagem com um relatório de um livro ou uma revisão de pesquisa.

D. Documente — entre parênteses, notas finais ou notas de rodapé — as informações (outras além do conhecimento comum), ideias e interpretações que tenham sido descobertas em sua pesquisa, assim dando crédito às ideias que você utilizou.

E. Siga o padrão para artigos descritos no guia para preparação de trabalhos usados em sua instituição.

F. Releia, reescreva, releia, reescreva.

┌   ┐
  APÊNDICE C
└   ┘

TRÊS EXEMPLOS DE TRABALHOS DE EXEGESE

UM TRABALHO BREVE DE EXEGESE (NT)

O trabalho breve de exegese a seguir foi escrito em determinado ponto de um curso sobre o Evangelho de João. A autora era estudante em tempo parcial de mestrado em um programa de teologia; como não lia grego, ela trabalhou com a NRSV. As únicas fontes que ela consultou para o trabalho foram os livros-texto do curso e os de outras matérias sobre origens cristãs. Esse ótimo ensaio não foi editado, a não ser pequenos ajustes de formato. A autora agora é sacerdotisa episcopal.

Uma exegese de João 11:45-53
Annette Chappell

[45]Muitos dos judeus que tinham vindo visitar Maria, vendo o que Jesus fizera, creram nele. [46]Mas alguns deles foram contar aos fariseus o que Jesus tinha feito. [47]Então os chefes dos sacerdotes e os fariseus convocaram uma reunião do Sinédrio. "O que estamos fazendo?", perguntaram eles. "Aí está esse homem realizando muitos sinais miraculosos. [48]Se o deixarmos, todos crerão nele, e então os romanos virão e tirarão tanto o nosso lugar como a nossa nação". [49]Então um deles, chamado Caifás, que naquele ano era o sumo sacerdote, tomou a palavra e disse: "Nada sabeis! [50]Não percebeis que vos é melhor que morra um homem pelo povo, e que não pereça toda a nação". [51]Ele não disse isso de si mesmo, mas, sendo o sumo sacerdote naquele ano, profetizou que Jesus morreria pela nação judaica, [52]e não somente por aquela nação, mas também pelos filhos de Deus que estão espalhados, para reuni-los num povo. [53]E daquele dia em diante, resolveram tirar-lhe a vida. (NVI)

João 11:45-53 apresenta a posição do Sinédrio judaico de uma maneira que vários temas joaninos são reforçados, especialmente as respostas do povo que se mostra dividido em relação a Jesus; a crescente hostilidade da liderança judaica para com Jesus; a ironia dessa hostilidade perante o inabalável plano de Deus; e a necessidade divina da crucificação como a "conclusão" da carreira de Jesus na terra.

Contexto histórico

A interpretação dessa perícope é particularmente importante para entender a relação delicada e precária das autoridades judaicas com seus governantes romanos. As deliberações do Sinédrio judaico revelam não só uma preocupação (talvez em benefício próprio) com a preservação da liderança que os romanos lhes permitiram exercer, mas também um medo provavelmente legítimo de que qualquer atividade que perturbasse as autoridades romanas acabaria resultando na repressão tanto da religião judaica quanto do povo judeu.

Contexto literário

Essa passagem está situada perto do final da primeira metade do Evangelho de João (o "livro dos sinais"), logo após a ressurreição de Lázaro. A ressurreição de Lázaro é o mais dramático e o mais claramente escatológico dentre os sinais de Jesus. Esse incidente é sua última "aparição pública" antes dos eventos que associamos com a Semana Santa (a entrada triunfal em Jerusalém e tudo o que se segue). Portanto, João 11:45-53 fornece uma ponte entre as seções principais da narrativa e um entendimento mais apurado do evangelista em face das causas (humana e divina tão ironicamente misturadas) do julgamento e crucificação.

Forma, estrutura, movimento

Essa perícope fornece tanto uma conclusão para a história de Lázaro, quanto uma transição para os eventos cada vez mais tensos da semana final de Jesus na terra. Não só a passagem prenuncia a crucificação de modo geral ("E daquele dia em diante, resolveram tirar-lhe a vida", v. 53), mas também mostra as complexas manipulações que as autoridades judaicas usariam para persuadir seus senhores romanos a ordenar e concretizar a execução.

A perícope é estruturada como um diálogo estendido, uma série de discursos implícitos e explícitos, ilustrando a sequência de reações a

Jesus em face da ressurreição de Lázaro. A discussão se move a partir do nível mais público, no qual a reação dos espectadores se apresenta dividida (v. 45-46), para os círculos da liderança judaica, em que o evento é visto como o mais recente, de uma sequência de ações de Jesus cada vez mais censuráveis (v. 47-50 e v. 51-52); e a decisão de eliminar Jesus parece ser a única conclusão adequada a que o Sinédrio deve chegar (v. 53).

Análise detalhada

Em 11:45-46, como em muitas ocasiões no quarto Evangelho, a reação ao ato de Jesus é incontestavelmente confusa. A ressurreição de Lázaro é o ato mais extraordinário que Jesus realizou nesse Evangelho, tanto por até então ter transcendido as leis ordinárias da natureza, quanto pelo fato de Jesus usar tão explicitamente a oração, em 11:41,42, como uma forma de ensino. No entanto, apesar de "muitos" terem crido nele, como resultado, há "alguns" que, em vez disso, vão aos fariseus para testemunhar contra Jesus. Esses testemunhos são transmitidos sem citações dramáticas; podemos supor, porém, que não são deliberadamente "falsos testemunhos" (como em Marcos e Mateus), mas equivocados, porque aqueles que vão para os fariseus não conseguiram entender quem é Jesus.

O segmento 11:47-50 apresenta uma cena dramática, em que as autoridades judaicas articulam os temores políticos que as atividades de Jesus evocam. O problema, como é expresso pelo "chefes dos sacerdotes e fariseus" nos versículos 47-49, é que a popularidade de Jesus entre as multidões (judeus) pode chamar a atenção dos romanos à nação judaica como um todo. Na opinião deles, os romanos irão presumir que a popularidade de Jesus poderia levar a uma revolta nacionalista e, para evitar tal revolta, eles irão reprimir a religião judaica ("tirarão... nosso lugar", no v. 48, pode significar a destruição física do templo e certamente significa eliminar o sistema de adoração lá realizado), o que levará à destruição da "nação" judaica, uma vez que a única identidade nacional dos judeus sob domínio romano era sua devoção ao templo e à Torá.

Comentaristas notam que o quarto evangelista foi impreciso em caracterizar os membros do Sinédrio (Kysar 1986, 184), usando o termo "fariseus" de uma forma adequada para o seu tempo, mas não para o tempo de Jesus. A implicação, no entanto, é clara: o Sinédrio é composto por líderes religiosos ("chefes dos sacerdotes e fariseus") para quem Jesus representa uma ameaça tanto ao seu próprio *status* quanto a sua religião e nação.

O sumo sacerdote, Caifás, no entanto, sugere que a solução é bastante simples (11:49,50): Jesus deve "morrer pelo povo" para que a nação inteira não seja destruída. A partir dessa percepção clara, a conspiração contra Jesus pode ser facilmente desenvolvida.

O foco literário da perícope inteira é sobre as camadas de ironia implícitas no pronunciamento de Caifás. Embora possa haver interesse histórico na questão de saber se 11:51 indica uma crença geral no fato de que, como sumo sacerdote, ele foi capaz de profetizar (Kysar 1986, 186; Talbert 1992, 177; Meeks, 1993, n. 2037), a principal função dos versículos 51,52 é chamar a atenção do leitor para a complexa ironia.

Nessa passagem, pelo menos os seguintes níveis de ironia estão operando ao mesmo tempo. (1) Caifás e o restante dos membros do Sinédrio acreditam que eles estão se opondo a Jesus e frustrando sua missão, quando na verdade são instrumentos para precipitar a crucificação, que é precisamente a "conclusão" em direção a qual o ministério de Jesus deve se mover. (2) Caifás acredita que é mais esperto do que o restante do Sinédrio, porque só ele descobriu como se livrar de Jesus, quando, de fato, ele é tão alheio à verdade como todo o Sinédrio. (3) Caifás e o Sinédrio concluem que a morte de Jesus salvará "toda a nação" dos romanos, considerando que, na verdade, sua morte vai salvar não só a nação de Israel, mas também os "filhos de Deus que estão espalhados", incluindo os romanos e outros pagãos que o Sinédrio tanto teme. (4) Caifás e o Sinédrio acreditam que estão protegendo o templo e seu culto da destruição por mãos romanas, embora o evangelista e seus leitores já soubessem que os romanos destruíram o templo em 70 d.C., bem como toda a estrutura social/eclesiástica/litúrgica que ele sustentava. (5) Caifás e o Sinédrio estão preocupados em proteger o judaísmo dos gentios pagãos, os romanos, mas a morte de Jesus será "não somente por aquela nação, mas também pelos filhos de Deus que estão espalhados, para reuni-los num povo", incluindo todos os gentios, e o resultado será o estabelecimento de comunidades cristãs como a de João, que exemplificam esse multiculturalismo, e tornarão obsoleta a marca do Sinédrio de um judaísmo acomodado. (6) Os principais servos de YHWH, representantes de Deus para o povo, estão convencidos de que, em favor das pessoas, precisam conseguir a morte do Profeta de Deus, o Filho de Deus, o Logos de Deus, o próprio Deus, porque negam que é esse a quem estão condenando. (7) Para os propósitos do próprio Deus, é necessário que o Filho venha a morrer; o Sinédrio participa involuntariamente contribuindo para a conclusão do plano de Deus para a nação de Israel e "os filhos de Deus que estão espalhados".

A perícope termina com a decisão do Sinédrio (11:53) de encontrar uma maneira de condenar Jesus à morte. Como sabemos, no capítulo 12, eles realmente concluíram que também precisariam matar Lázaro, que é visivelmente um beneficiário do poder divino de Jesus. A ironia final desta passagem, então, é que Caifás e o Sinédrio calculam mal a natureza do testemunho. Além de pensar em Lázaro como não mais do que um inconveniente elemento de prova, eles assumem que as pessoas já não serão testemunhas, uma vez que Jesus estará morto. No entanto, como o evangelista deixa cada vez mais claro nesse Evangelho, o testemunho é o resultado da crença; e uma vez que as pessoas realmente acreditam em Jesus, elas não cessam de testemunhar a respeito dele. Essa passagem, portanto, leva para a segunda metade do Evangelho de João, o "livro da glória", a história dos últimos dias de Jesus na terra e sua exaltação como filho de Deus na cruz.

Síntese/conclusão

Através da pequena história dramática da discussão do Sinédrio após a ressurreição de Lázaro, o quarto evangelista apresenta diversos propósitos. Ele cria uma transição da última história do grande sinal, a ressurreição de Lázaro, para o início da história dos últimos dias de Jesus. Ao fazê-lo, ele aumenta a tensão, uma vez que Jesus está cada vez mais em perigo por parte das autoridades. Ele lembra seus leitores/audiência da resposta dividida em relação a todas as ações de Jesus, evocadas pelo povo e da oposição implacável das autoridades judaicas. Ele usa uma ironia complexa para indiciar a liderança judaica sobre sua incompreensão a respeito de Jesus, de Deus e do plano de Deus para o mundo. Ele reforça o sentido de inevitabilidade com que sua narrativa se constrói na direção da crucificação, como o momento em que Cristo é "levantado" como Senhor e Salvador.

Reflexão

No contexto da sua própria apologética, o quarto evangelista parece inclinado a transformar as autoridades judaicas em antagonistas deliberadamente maldosos. Afinal, para João, eles "representam" as autoridades maiores da sinagoga que expulsaram os cristãos joaninos, impedindo-os de adorar e ter comunhão na sinagoga. A arte do autor, no entanto, é mais generosa do que ele talvez soubesse, e sua ironia nessa pequena cena transcende a antipatia pelos líderes judaicos. Assim, embora certamente não haja doçura no tratamento de João para com os "chefes dos sacerdotes e fariseus", eles são vistos como confusos, mas talvez não como seres humanos tão perversos, capturados em algo que não poderiam compreender, nem ignorar, enfrentando um novo problema com as velhas formas erradas de raciocínio. Infelizmente, a Igreja de hoje não está imune a esse tipo de erro, por isso deve ser um conforto lembrar da ironia graciosa de Deus que pode fazer de nossos erros atrapalhados uma parte de seu grande plano.

Obras consultadas

Ferguson, Everett. *Backgrounds of Early Christianity*. 2 ed. Grand Rapids: Eerdmans, 1993.

Kysar, Robert. *John*. Augsburg Commentary on the New Testament. Minneapolis: Augsburg, 1986.

Meeks, Wayne, et al., eds. *The HarperCollins Study Bible: New Revised Standard Version, with the Apocryphal/Deuterocanonical Books*. Nova York: HarperCollins, 1993.

Talbert, Charles H. *Reading John: A Literary and Theological Commentary on the Fourth Gospel and the Johannine Epistles*. Nova York: Crossroad, 1992.

UM TRABALHO EXTENSO DE EXEGESE (NT)

O trabalho de exegese apresentado nas páginas a seguir foi escrito no decorrer de um curso sobre as epístolas paulinas. O autor era estudante de tempo integral num programa de mestrado em teologia, preparando-se para o sacerdócio na Igreja Católica Romana. Na época, ele se encontrava no início do segundo ano de um programa com duração total de quatro. Seu trabalho foi baseado, em grande parte, na versão NAB, com referência a NRSV e ao grego, idioma que ele não dominava bem. O trabalho inclui pesquisa de literatura secundária e notas de rodapé. Esse excelente ensaio não sofreu alterações, requerendo somente pequenos ajustes técnicos. O autor atualmente é sacerdote católico.

A fraqueza como credencial apostólica: 2Coríntios 12:1-10
Brian Lowe

¹É necessário que eu continue a gloriar-me com isso. Ainda que eu não ganhe nada com isso, passarei às visões e revelações do Senhor.

²Conheço um homem em Cristo que há catorze anos foi arrebatado ao terceiro céu. Se foi no corpo ou fora do corpo, não sei; Deus o sabe. ³E sei que esse homem — se no corpo ou fora do corpo, não sei, mas Deus o sabe — ⁴foi arrebatado ao paraíso e ouviu coisas indizíveis, coisas que ao homem não é permitido falar. ⁵Nesse homem me gloriarei, mas não em mim mesmo, a não ser em minhas fraquezas. ⁶mesmo que eu preferisse gloriar-me não seria insensato, porque estaria falando a verdade. Evito fazer isso para que ninguém pense a meu respeito mais do que em mim vê ou de mim ouve. ⁷Para impedir que eu me exaltasse por causa da grandeza dessas revelações, foi-me dado um espinho na carne, um mensageiro de Satanás, para me atormentar. ⁸Três vezes roguei ao Senhor que o tirasse de mim. ⁹Mas ele me disse: "Minha graça é suficiente para você, pois o meu poder se aperfeiçoa na fraqueza". Portanto, eu me gloriarei ainda mais alegremente em minhas fraquezas, para que o poder de Cristo repouse em mim. ¹⁰Por isso, por amor de Cristo, regozijo-me nas fraquezas, nos insultos, nas necessidades, nas perseguições, nas angústias. Pois, quando sou fraco é que sou forte. (NVI)

A segunda carta de Paulo aos Coríntios não é um dos textos paulinos mais conhecidos. Embora tenha havido muito debate acerca da integridade literária dessa carta, não há dúvida de que ela circulou originalmente já na sua atual forma canônica. A passagem a ser analisada, 2Coríntios 12:1-10, é interessante por várias razões. Nela temos o próprio relato de Paulo (embora narrado em terceira pessoa) de sua visão no Paraíso, ainda que, pelos padrões da maioria das pessoas, isso certamente teria dado a Paulo uma boa razão para se "vangloriar". O motivo que o levou a incluir esse relato é especificamente mostrar que a ostentação não é, de modo algum, o padrão para um apóstolo. Paulo está apresentando um argumento polêmico contra os chamados "super apóstolos" em Corinto, os quais pareciam estar tentando suplementar seu ensino com um evangelho diferente.

No contexto maior do argumento de Paulo, a fraqueza é o tema principal. Paulo usa a palavra frequentemente dentro dessa passagem, sendo que "fraco" ou "fraqueza" ocorrem cinco vezes. Essa fraqueza é um aspecto central na vida apostólica de Paulo. Ao vivermos mais em conformidade com a vida de Cristo e no estilo de vida "cruciforme" que Paulo apresenta, seremos menos autossuficientes e, portanto, o poder de Deus poderá ser exposto claramente em nós, de modo que todos possam ver.

O argumento de Paulo nos dá mais do que apenas um vislumbre do que seus oponentes em Corinto estavam reivindicando. A passagem apresenta uma compreensão mais clara da visão de Paulo sobre o ministério apostólico em geral. Frases como "minha graça é suficiente para você" e "quando eu sou fraco é que sou forte" são bem conhecidas da maioria das pessoas, até mesmo daquelas que têm um conhecimento limitado da Escritura. Quando se analisa o argumento de Paulo em 2Coríntios 12:1-10, essas afirmações assumem um significado novo e mais sofisticado.

Contexto histórico e literário

Paulo foi o fundador da comunidade cristã em Corinto. Parece que ele, de início, permaneceu lá por aproximadamente dezoito meses. Ao que parece, Paulo escreveu uma série de cartas aos coríntios em sua tentativa de ser, à distância, o pastor de uma comunidade, o que obviamente representava um desafio para ele. Mary Ann Getty assim descreve essa situação:

> As cartas que conhecemos como 1 e 2Coríntios faziam parte de uma grande coleção de diversas cartas que Paulo escreveu à comunidade de Corinto. O relacionamento do apóstolo com os coríntios era complexo e tumultuado, e parece que os coríntios formavam uma comunidade particularmente desafiadora.[1]

Isso parece ser um eufemismo, para dizer o mínimo. A questão da lealdade de Paulo em confronto com outras era aparente em 1Coríntios, e o mesmo tipo de problema é novamente tocado em 2Coríntios. O máximo que sinto que poder ser dito com convicção é que Paulo teve de lidar com numerosas questões com respeito aos coríntios em sua condição de apóstolo.

Tem havido muita especulação no que diz respeito à integridade literária de 2Coríntios, bem como em relação à data em que a carta foi escrita. A maior fonte de controvérsia parece estar relacionada com os capítulos 10 a 13. Embora existam outras partes dessa carta que também são consideradas inserções (alguns sugerem que existem até cinco diferentes cartas), o foco desta seção será sobre os capítulos 10—13. Esses quatro capítulos são, obviamente, uma unidade literária integral. O desacordo surge ao se determinar se esses capítulos

---

[1] Mary Ann Getty, "Paul and His Writings" [Paulo e seus escritos] em *The Catholic Study Bible* [Bíblia católica de estudo] (ed. Donald Senior; Nova York: Oxford University Press, 1990), RG [guia de leitura] 485.

originalmente faziam parte da carta ou foram combinados com os capítulos 1—9 por um redator posterior. O ponto de debate aparece na mudança de tom aparentemente abrupta de 9:15 a 10:1. Muitos comentaristas (como Martin, Murphy-O'Connor e Furnish) consideram essa mudança tão drástica que, para eles, os capítulos 10—13 devem ser considerados uma carta separada, ou pelo menos parte de uma carta diferente.

Por outro lado, creio que os temas sejam tão consistentes, ao longo de 2Coríntios, que a carta inteira deve ser vista como um todo. Ao longo das primeiras partes da carta, Paulo se refere a problemas na comunidade e a uma próxima visita. Isso parece lançar as bases para os capítulos 10—13. O assunto sobre "cartas de recomendação" em 3:1 poderia ser visto como o início de sua discussão, a qual é concluída nos capítulos posteriores. O tema de uma próxima visita, no capítulo 7, é ecoado nos capítulos 10—13. Linda Belleville afirma que essa "conversa sobre a visita" é que liga os capítulos 7—13.[2] A discussão de Paulo sobre seu ministério em 4:7-18 certamente parece ser resumida na frase "quando eu sou fraco, então eu sou forte" em 12:10b. A continuidade dos temas expostos entre as várias partes da carta são suficientes para me convencer de que a forma canônica de 2Coríntios foi originalmente considerada uma carta intacta, mas, como afirma Raymond Brown, "essa garantia não pode ser confirmada".[3]

Em relação à data em que a carta foi produzida, a maioria dos comentaristas tem escolhido algum momento do ano 55 para os capítulos 1—9 (ou toda a carta para a minoria que concorda com minha opinião); e os capítulos 10—13 escritos alguns meses mais tarde.[4] O lugar em que a carta foi escrita é geralmente indicado como a Macedônia. Com base na menção de Paulo sobre uma terceira visita, parece provável que essa tenha ocorrido em algum momento no final de 55 ou 56.

No contexto literário maior, 2Coríntios 12:1-10 é uma parte da unidade que compreende os capítulos 10—13, como discutido há pouco. Paulo dedica toda essa seção a uma vigorosa defesa de seu ministério e de suas credenciais apostólicas. A unidade da seção pode

---

[2]Linda L. Belleville, *2 Corinthians* [2Coríntios] (IVP New Testament Commentary Series 8; Downers Grove, Ill.: InterVarsity, 1996), 21.
[3]Raymond E. Brown, *An Introduction to the New Testament* [Uma introdução ao Novo Testamento] (Nova York: Doubleday, 1997), 551.
[4]Para discussões mais detalhadas sobre a datação dessa carta e a visita de Paulo a Corinto, veja os trabalhos de Belleville, Brown, Furnish, Martin e Murphy-O'Connor.

ser vista particularmente no fato de que a "lista de experiências" apresentadas por Paulo ocorre no meio da seção. "A centralidade dessa 'lista de experiências' dentro dos capítulos 10—13 é também literal, uma vez que 11:21b-29 ocorre exatamente no meio da última seção da carta."[5] A concentração dos sofrimentos de Paulo é fundamental para o seu argumento de que o apostolado não é sobre aparência física. Jerry Sumney escreve:

> Declarações explícitas nos capítulos 10—13 mostram que a questão central em Corinto é o modo de vida apropriado para os apóstolos. Os oponentes afirmam que verdadeiros apóstolos devem ser indivíduos impressionantes. Devem ser dinâmicos e oradores persuasivos, tendo uma conduta de comando. Esse modo de vida distinto inclui o poder de superar os problemas.[6]

No contexto literário próximo, 2Coríntios 12:1-19 é parte do "discurso insensato" que segue de 11:1 até 12:13.[7] Paulo está falando sobre seus oponentes que estão usando seus próprios métodos e suplica aos coríntios que "suportem uma pouco [sua] insensatez" (11:1). Ele está aparentemente usando alguns dos argumentos de seus oponentes contra eles mesmos em sua fala, embora seja difícil ter certeza disso. A questão a respeito de quem são os oponentes de Paulo nesta seção também precisa ser discutida brevemente. A abordagem de Paulo sobre as suas alianças em 2Coríntios 3 sugere que o apóstolo estivesse lidando com um grupo de "judaizantes" que valorizava o carisma pessoal na pregação, enquanto tentava complementar o ensino de Paulo com a lei mosaica.

Forma, estrutura e movimento

A segunda carta de Paulo aos Coríntios tem, obviamente, a forma de carta. Quando considerada como um todo, toda a estrutura de 2Coríntios

---

[5]Michael L. Barré, "Qumran and the 'Weakness' of Paul" [Cunrã e a 'fraqueza' de Paulo]. *Catholic Biblical Quarterly* 42 (1980): 216.
[6]Jerry L. Sumney, *Identifying Paul's Opponents: The Question of Method in 2 Corinthians* [Identificando os oponentes de Paulo: a questão de método em 2Coríntios] (Journal for the Study of the New Testament Supplement Series 40; Sheffield, Inglaterra: JSOT Press, 1990), 162.
[7]Jerome Murphy-O'Connor, *The Theology of the Second Letter to the Corinthians* [A teologia da segunda carta aos Coríntios] (New Testament Theology; Cambridge: Cambridge University Press, 1991), 107.

parece seguir o "padrão típico de Paulo, "A-B-A', que influenciou tão fortemente o desenvolvimento de 1Coríntios": os capítulos 1—7 são uma discussão das dificuldades em Corinto (A); os capítulos 8—9 são uma discussão dos sucessos observados em Corinto (B), e os capítulos 10—13 são um retorno às dificuldades (A').[8] O texto de 2Coríntios 12:1-10 é um argumento polêmico dentro de seu argumento maior nos capítulos 10—13 sobre a autoridade apostólica.[9] Nessa seção ele aborda seus oponentes, usando sua própria compreensão do que constitui a autoridade apostólica. Ralph Martin assim resume:

> Em 12:1-10 temos um mosaico de dispositivos literários que produzem uma imagem interessante. Nessa passagem Paulo está respondendo a uma crítica de seus oponentes, isto é, que ele se vangloria pouco e, mesmo quando se gaba, é apenas de sua fraqueza. A resposta de Paulo envolve um argumento *ad hominem*. Ele irá se encontrar pessoalmente com os adversários em seu próprio nível e, em então, de forma magistral, mostrar que é seu ministério que vem de Deus, não o deles.[10]

Para o propósito da discussão, essa passagem por ser dividida em cinco partes distintas. Três divisões, embora de alguma forma arbitrárias, são baseadas em mudanças temáticas na passagem, assim como no conteúdo. As divisões são as seguintes:

a. Introdução — a necessidade de se gloriar (v. 1)

b. "Visões e revelações" de Paulo (vv. 2-4)

c. Retorno à menção de se gloriar (vv. 5-7a)

d. O "espinho na carne" de Paulo (vv. 7b-9a)

e. Gloriando-se na fraqueza (vv. 9b,10)

Análise detalhada

Introdução — a necessidade de se gloriar (v. 1)

Paulo começa essa seção aparentemente enfrentando seus oponentes nos próprios termos deles. Sua declaração "devo me gloriar" (ou "É

---

[8] A citação e designação das várias seções são extraídas de Getty "Escritos", RG 496.
[9] Ralph P. Martin, *2 Corinthians* [2Coríntios] (Word Biblical Commentary 40; Waco, Tex.: Word, 1986), 390-91.
[10] Ibid., 390.

necessário que eu continue a gloriar-me", 2Coríntios 12:1) parece ser uma concessão a seus adversários que, se ele precisa argumentar contra eles, deve fazê-lo da mesma maneira que eles argumentam. No entanto, Paulo imediatamente mostra que sua jactância não terá proveito (ou, isso não fará bem nenhum). Parece provável que seus oponentes possam ter reivindicado suas próprias experiências extáticas e "o valor que a igreja colocava em tais experiências pode ser visto a partir do fato de Paulo se gloriar em visões e revelações".[11] Paulo, em 11:17, já havia descrito seu "estado de jactância" como "tolice" e ele obviamente não vê nenhum ganho em gloriar-se de qualquer outra coisa senão de suas fraquezas, que ele descreve anteriormente em 11:21b-29. Portanto, essa jactância final, por parte de Paulo, é visivelmente para responder às alegações que seus oponentes estão fazendo. Nas palavras de Victor Furnish:

> Paulo apoia seu apostolado somente no gloriar-se de suas fraquezas (11:30; 12:5, 9-10): ao mesmo tempo em que se mostra disposto a relatar esse caso como uma experiência religiosa particular, ele está bem pouco disposto a reivindicá-la como uma credencial apostólica.[12]

"Visões e revelações" de Paulo (vv. 2-4)

A estrutura da descrição de Paulo sobre suas "visões e revelações" é incomum, para dizer o mínimo. As questões imediatas que surgem à mente são:

a. Por que ele usa a terceira pessoa para descrever a experiência?

b. Qual a importância da data "quatorze anos atrás"?

c. Por que ele usa uma aparente estrutura de redundância em recontar essa experiência?

Tratarei cada uma dessas questões individualmente.

A. Muitas possibilidades têm sido apresentadas para explicar o uso de Paulo da terceira pessoa em lugar da primeira em seu relato. À primeira vista, parece que Paulo está simplesmente tentando afastar a si

---

[11]Belleville, *2 Corinthians* [2Coríntios], 299.
[12]Victor Paul Furnish, *II Corinthians: Translation, Introduction, Notes and Commentary* [2Coríntios: tradução, introdução, notas e comentário] (Anchor Bible 32a; Nova York: Doubleday, 1984), 544.

mesmo dessa descrição, uma vez que ele não tem a intensão de se gloriar a respeito disso. No entanto, refletindo melhor, eu acredito que Victor Furnish oferece a razão mais provável. Ele acredita que Paulo estava dando sequência à forma usada em outros relatos antigos de viagens. O uso da terceira pessoa torna-se então uma espécie de "autotranscedência", a partir da qual ele narra a história.[13] Isso parece fazer sentido porque fica claro, a partir do contexto do argumento como um todo, que Paulo está descrevendo algo que lhe aconteceu pessoalmente.

B. O tempo "quatorze anos" parece ser muito importante para Paulo ao descrever sua experiência. É provável que ligar a experiência extática a uma data exata seja a única maneira que Paulo pode validar sua experiência. Isso seria especialmente verdadeiro uma vez que ele não pode discutir o que ouviu. Também é provável que a data deva ter sido significativa para Paulo, do ponto de vista pessoal. "Quando se trata de uma experiência tão marcante, ele tem a data exata bem clara na mente."[14]

C. A estrutura da narrativa de Paulo é o aspecto mais intrigante dessa seção, por causa da maneira em que o v. 2 parece ser paralelo aos vv. 3,4. A pergunta mais comum seria se Paulo estaria descrevendo uma viagem única ou duas viagens. Mais uma vez é improvável que se trate de uma descrição de duas viagens separadas. É possível que Paulo estivesse usando a estrutura paralela para destacar a importância do evento, mas isso não se parece com alguma técnica que ele tenha utilizado antes. Então parece ser redundante, simplesmente por uma questão de ser redundante. A explicação mais plausível é oferecida por James Tabor e ele apresenta a viagem como uma única concluída em duas etapas:

> O Paraíso é o objetivo da viagem e é o maior objetivo que alguém poderia reivindicar, algo que se poderia chamar de "extraordinário" e sobre o qual alguém poderia facilmente se orgulhar (2Coríntios 12:7). Ele relata uma viagem de dois estágios, o que esclarece a estrutura paralela. Ele foi para o terceiro céu, sim, mas além disso, ele entrou no Paraíso. E está lá, no Paraíso, diante do trono de Deus, onde ele ouve coisas indizíveis. Essa interpretação parece melhor se adequar à estrutura e ao conteúdo do relato.[15]

---

[13]Ibid., 543.
[14]James D. Tabor, *Things Unutterable: Paul's Ascent to Paradise in Its Greco-Roman, Judaic, and Early Christian Contexts* [Coisas indizíveis: a ascensão de Paulo ao Paraíso no seu contexto greco-romano, judaico e cristão primitivo] (Studies in Judaism); Lanham, Md.: University Press of America, 1986), 115.
[15]Ibid., 119.

Nesse cenário, o "terceiro céu" seria a primeira etapa da jornada de Paulo, que é também um destino que seus oponentes poderiam ter reivindicado. A segunda etapa da viagem — "Paraíso" — seria muito mais notável, porque implicaria necessariamente em algum tipo de contato direto com Deus, isto é, onde ele ouviu coisas indizíveis. "De modo significativo, e em marcante contraste com outros relatos antigos de tais viagens, o apóstolo não tem nada a dizer sobre o que viu no Paraíso."[16] Essa diferença entre o relato de Paulo e os relatos tradicionais, certamente parecia destinar-se a colocar sua jornada em uma categoria superior à de seus adversários. As declarações de Paulo sobre não saber se sua jornada foi realizada dentro ou fora do corpo são aparentemente de pouca importância para sua descrição. Elas parecem meramente ser declarações sobre o fato de que ele não está certo de como a viagem foi realizada, exceto pelo fato de que ele foi "arrebatado". Sua intenção de evitar qualquer tentativa de entender como isso aconteceu poderia se encaixar bem com seu desejo de que seus oponentes vissem isso como um relato factual e não como uma interpretação de sua jornada.

Retorno à vanglória (vv. 5-7a)

Tendo descrito sua experiência no Paraíso, Paulo se volta mais uma vez ao assunto da jactância. A ironia do relato de Paulo é que um encontro real com Deus parece ser algo digno do qual se gloriar, mas ele se recusa a isso, exceto por sua fraqueza. Nessa seção, torna-se evidente que o uso paulino da terceira pessoa para descrever sua experiência deveu-se mais do que apenas a uma conveniência. Ao manter distância de sua experiência extática, ele se mostra mais facilmente capaz de salientar que essa experiência não está sendo usada como reivindicação de credenciais apostólicas. Ele põe em relevo, no entanto, que se quisesse gabar-se de sua experiência, não seria tolo porque ele está "dizendo a verdade" (v. 6). Sua razão para não se gloriar é que ele acredita que a única coisa pela qual um apóstolo deve ser julgado é o que seus seguidores veem e ouvem. Ele não quer que os coríntios julguem suas credenciais unicamente baseados na "abundância de revelações" (v. 7a). Isso está, provavelmente, em direta oposição às pretensões de seus oponentes.

---

[16]Furnish, *II Corinthians*, 545.

O "espinho na carne" de Paulo (v. 7b-9a)

Com base no valor que se observa em suas revelações, Paulo explica como Deus o impediu de ficar muito "exaltado". No grego, Paulo refere-se a um *skolops tēi sarki*, que tem sido traduzido como uma estaca, espinho ou outro instrumento pontiagudo em sua carne. Isso talvez possa corresponder a nossa expressão "dor no pescoço", se de fato for uma referência a seus oponentes.[17] Outras possibilidades foram sugeridas para explicar o que Paulo quis dizer com seu "espinho na carne", incluindo doenças, debilidades e tormentos espirituais,[18] mas nenhum desses aspectos parece caber no contexto que Paulo está falando nessa seção. O principal problema que vejo com essas outras teorias é que Paulo também descreve seu "espinho" como "um anjo (ou 'mensageiro' NRSV) de Satanás", que parece muito personificado para descrever uma doença. Ao comparar a escrita de Paulo com os escritos descobertos em Cunrã, Michael Barré enuncia um argumento convincente para a identificação da angústia do apóstolo com seus adversários. Sua conclusão é que

> o "espinho na carne" e o "mensageiro de Satanás" devem aludir a adversários de Paulo, não a uma doença, debilidade ou a qualquer uma das outras inumeráveis interpretações sugeridas dessas expressões.[19]

A descrição de Paulo acerca de sua aflição deixa claro que esta lhe foi dada pelo Senhor para evitar que ele se tornasse muito exaltado. Mas essa não é a única razão. Paulo também torna explícito que seu "espinho" está lá para que o poder de Deus possa ser manifestado em sua fraqueza. Embora Paulo rogasse ao Senhor" sobre isso três vezes, em seu desejo de ter removido esse tipo de perseguição, é provável que, nesse caso, ele esteja descrevendo um tipo diferente de experiência daquela que é descrita em 12:2-4. Como aponta Furnish:

> É certamente injustificado juntar esse relato com a informação anterior de uma jornada celestial e supor que essas petições foram dirigidas ao Senhor entronizado enquanto Paulo esteve diante dele no Paraíso (assim entende RM Price 1980:37), pois o apóstolo já havia dito que o que ouviu ali lhe foi proibido de repetir (v. 4).[20]

---

[17] Belleville, *2 Corinthians*, 305.
[18] Veja Furnish, *II Corinthians*, 547-50 para uma discussão detalhada dessa questão.
[19] Barré, "Weakness" [Fraqueza], 225.
[20] Furnish, 550.

A razão para ele pedir três vezes também tem sido várias vezes discutida, mas acho que a explicação que faz mais sentido para mim é encontrada nas notas de rodapé da Bíblia Católica (NAB), que descreve sua oração como "incessante".

Paulo não recebe a resposta que deseja, que seu "espinho" será removido. Em vez disso, o Senhor lhe informa: "Minha graça é suficiente para você, pois o meu poder se aperfeiçoa na fraqueza" (v. 9). A implicação parece ser que o Senhor não removerá a aflição de Paulo, mas dará a graça para suportá-la. Além disso, torna-se evidente que o poder de Deus se torna manifesto (perfeito) apenas quando o destinatário é "fraco" ou talvez não autossuficiente. Barré parece oferecer a descrição mais adequada desse processo de pensamento em sua tradução: "Minha graça é suficiente para você; (meu) poder é consumado através de (sua) fraqueza/perseguição".

Gloriando-se novamente na fraqueza (vv. 9b,10)

Na seção final dessa passagem, Paulo retorna outra vez ao tema de se gloriar, mas apenas para se gabar de suas fraquezas. Esse gloriar-se, no entanto, é diferente do tipo a que seus oponentes se entregaram. Ao invés de gabar-se unicamente de suas credenciais como um apóstolo, Paulo prefere se gloriar em suas fraquezas, para que o poder de Cristo "repouse" nele (v. 9b). É duvidoso afirmar que Paulo está declarando que a fraqueza seja necessária para que o poder de Deus se manifeste. Ao contrário, para Paulo, a fraqueza pessoal é o verdadeiro sinal do apostolado. Ele não está feliz com suas fraquezas, mas parece ficar "contente com elas" se forem para ter "o amor de Cristo". Gerald O'Collins resume bem esse aspecto:

> A "fraqueza" constitui uma marca especial de "serviço" apostólico. A obra de Paulo em pregar o evangelho não deve, naturalmente, ser interpretada separadamente de sua cristologia. A compreensão da crucificação como o evento em que Cristo provou ser radicalmente "fraco" constitui o pano de fundo para toda a discussão de Paulo. No caso da crucificação e da ressurreição, a fraqueza e o poder constituem uma unidade inseparável. Ao ressuscitar Cristo, o poder de Deus foi eficaz e manifestado em face da "fraqueza" final que a crucificação significava. Por sua vez, o ministério apostólico realizado em nome de Cristo envolve a participação nessa fraqueza e poder do Calvário e da Páscoa... A nossa passagem pode ser parafraseada da seguinte forma: o poder que é eficaz e manifestado na ressurreição

do Cristo crucificado concretiza-se para o apóstolo (não em experiências extáticas, mas) em diversas "fraquezas". Quando, nesse sentido, o apóstolo se torna fraco, ele é de fato forte e eficaz em seu ministério (cf. 10:4).[21]

Síntese

O que é exigido de um potencial apóstolo? Essa é a questão que Paulo está abordando nessa passagem. Seus oponentes aparentemente sentem que isso seja o carisma pessoal e a habilidade retórica. A definição de Paulo é muito mais simples — para ser um apóstolo é preciso ser fraco. Paulo evita a tentação de defender seu *status* de apóstolo por suas experiências extáticas. Em vez disso, ele espera que os coríntios reconheçam que sua aparência e ações sejam as coisas pelas quais ele deseja ser julgado. A exigência de Paulo é que os apóstolos sejam aqueles pelos quais as pessoas sejam capazes de ver o poder de Deus manifesto no mundo.

Reflexão: 2Coríntios 12:1-10 hoje

A que áreas da nossa vida hoje essa passagem pode falar? Vou sugerir três delas. Primeiro, ela pode falar com cada um de nós sempre que formos tentados a ser muito autoconfiantes. Em segundo lugar, ela pode falar em relação às formas com que cada um de nós manifesta a atividade apostólica em nossas próprias circunstâncias particulares. Finalmente, ela pode falar sobre questões de dor e sofrimento. Discutiremos cada uma dessas questões.

Em primeiro lugar, muitas vezes há o potencial para cada um de nós se tornar excessivamente autossuficiente. Sempre que começamos a perder de vista o fato de que nossas habilidades são dádivas de Deus, começamos a perder o foco. Essa parece ter sido a situação a que Paulo estava se referindo em Corinto. Seus oponentes estavam se vangloriando de suas grandes realizações e depreciando a aparência de Paulo e sua habilidade retórica. Ele usou a ironia de seu argumento para mostrar-lhes que, aparentemente, ao tentar construir sua própria imagem, eles estavam desconstruindo a Igreja. A mensagem de Paulo lembra a cada um de nós que, mesmo que possamos nos vangloriar

---

[21]Gerald G. O'Collins, "Power Made Perfect in Weakness: 2Coríntios 12:9-10" [Poder aperfeiçoado na fraqueza: 2Coríntios 12:9-10], *Catholic Biblical Quarterly* 33 (1971): 532-33.

de nossas habilidades, elas fazem bem pouco. Exaltar nossos próprios dons não ajuda a edificar a Igreja de Cristo aqui na terra. Ao contrário, usando nossos dons com sabedoria, ajudamos a edificar a comunidade cristã e, assim, permitir que o poder do Senhor seja visto.

Em segundo lugar, devemos estar conscientes de como manifestamos nossa própria atividade apostólica. "Meu poder se aperfeiçoa na fraqueza" tem um grande significado para cada um de nós em nosso chamado apostólico. A mensagem de Paulo é que devemos buscar ativamente oportunidades para sermos perseguidos, depreciados ou feridos para sermos fiéis à missão apostólica? Certamente que não. Mas também não afirma que devemos evitar essas circunstâncias se elas surgirem. Devemos lembrar que ser "fraco" significa estar em conformidade com Cristo. É essa "cruciformidade" que se torna o verdadeiro sinal do ministério apostólico.[22] Em última análise, a Igreja pertence a Cristo, que é seu fundador, não a seus membros como indivíduos. Ser "fraco" pode ser tão simples quanto buscar conselho de Deus através da oração, ou tão complicado como suportar as dificuldades que Paulo descreve em sua carta. Essa "cruciformidade" do estilo de vida dá um significado e uma ênfase completamente diferentes à ideia de viver o evangelho e difundi-lo.

Terceiro, e talvez o aspecto mais importante, essa passagem fala de questões de dor e sofrimento em nossa vida. Em 2Coríntios 12:10, Paulo declara que está "contente com" os numerosos sofrimentos pelos quais teve que passar por causa de Cristo. Essa é uma atitude que pode ser adotada por qualquer cristão em todas as circunstâncias de vida. Paulo não está tentando entender por que ele tem de sofrer, apenas aceita que isso deve acontecer. Ele está feliz com isso? Aparentemente não, porque ele pede a Deus para remover dele o espinho. A resposta de Deus é a promessa reconfortante que cada um pode encontrar pessoalmente em tempo de necessidade — "minha graça é suficiente para você". A promessa de Deus não é que, se seguirmos sua vontade, a vida nos será fácil ou estaremos livres de dificuldades. Ele sempre prometeu, no entanto, estar conosco durante todas as nossas lutas. Paulo lembra a seus leitores e oponentes que o poder de Deus se manifesta nas dificuldades que enfrentam. Ao unir nossa própria dor e sofrimento pessoal aos sofrimentos de Cristo, estamos exercendo um espírito "cruciforme".

---

[22]Tomei emprestado esse termo de Michael J. Gorman e do seu quarto livro, agora publicado, *Cruciformity: Paul's Narrative Spirituality of the Cross* [Cruciformidade: a narrativa espiritual de Paulo sobre a cruz] (Grand Rapids: Eerdmans, 2001).

Vemos hoje exemplos do mesmo tipo de problemas que Paulo enfrentou em Corinto? Eu diria que os vemos quase diariamente. Onde quer que as pessoas se esqueçam de que Deus é o doador de todas as nossas habilidades e dons, a mesma atitude a que Paulo se referia se manifestará. Toda vez que as pessoas reivindicam sua autoridade por causa dos dons que possuem em vez de os considerarem resultado do poder de Deus trabalhando por intermédio deles, o mesmo será verdadeiro. Diariamente as pessoas sofrem dificuldades enquanto tentam espalhar a mensagem do evangelho aos outros. O que devemos fazer? A resposta que Paulo indubitavelmente daria seria lembrar que ser fraco aos olhos do mundo é ser eficaz no ministério cristão. Estar em conformidade com a morte e ressurreição de Cristo não é uma tarefa fácil, mas é uma maneira segura de saber que estamos vivendo uma existência verdadeiramente cristã.

Bibliografia

Barré, Michael L. "Qumran and the 'Weakness' of Paul" [Cunrã e a 'fraqueza' de Paulo] *Catholic Biblical Quarterly* 42 (1980): 216-27.

Belleville, Linda L. *2 Corinthians* [2Coríntios]. IVP New Testament Commentary Series 8. Downers Grove, Ill.: InterVarsity, 1996.

Brown, Raymond E. *An Introduction to the New Testament* [Uma introdução ao Novo Testamento]. Nova York: Doubleday, 1997.

Furnish, Victor Paul. *II Corinthians: Translation, Introduction, Notes and Commentary* [2Coríntios: tradução, introdução, notas e comentário]. Anchor Bible 32A. Nova York: Doubleday, 1984.

Getty, Mary Ann. *"Paul and His Writings"* [Paulo e seus escritos] RG 470-RG 540 in *The Catholic Study Bible* [Bíblia católica de estudo]. Editado por Donald Senior. Nova York: Oxford University Press, 1990.

Gorman, Michael J. *Cruciformity: Paul's Narrative Spirituality of the Cross* [Cruciformidade: a narrativa espiritual de Paulo sobre a cruz]. Grand Rapids: Eerdmans, 2001.

Martin, Ralph P. 2 Corinthians. Word Biblical Commentary 40. Waco, Tex.: Word, 1986.

Murphy-O'Connor, Jerome. *The Theology of the Second Letter to the Corinthians* [A teologia da segunda carta aos Coríntios]. New Testament Theology. Cambridge: Cambridge University Press, 1991.

O'Collins, Gerald G. "Power Made Perfect in Weakness: 2 Corinthians 12:9-10." [Poder aperfeiçoado na fraqueza]. *Catholic Biblical Quarterly* 33 (1971): 528-37.

Sumney, Jerry L. *Identifying Paul's Opponents: The Question of Method in 2 Corinthians* [Identificando os oponentes de Paulo: a questão do método em 2Coríntios]. Journal for the Study of the New Testament Supplement Series 40. Sheffield, Inglaterra: JSOT Press, 1990.

Tabor, James D. *Things Unutterable: Paul's Ascent to Paradise in Its Greco-Roman, Judaic, and Early Christian Contexts* [Coisas indizíveis: o arrebatamento de Paulo ao Paraíso nos seus contextos greco-romano, judaico e cristão primitivo]. Studies in Judaism. Lanham, Md.: University Press of America, 1986.

TRABALHO LONGO DE EXEGESE (AT)

Esse trabalho de exegese foi escrito por uma estudante do segundo ano de religião e filosofia, no Wesleyan Roberts College, em Rochester, Nova York, para uma classe sobre os Salmos e literatura sapiencial, ministrada pelo Professor J. Richard Middleton. O trabalho foi baseado em grande parte na NVI, sem o uso do hebraico. Foi editado por questões de comprimento e formatação. Por ser a exegese de um salmo, as questões menos difíceis do contexto histórico e literário são tratadas apenas brevemente na introdução, que também considera a forma literária ou gênero do salmo.

Deus está com todos aqueles que andam em seus caminhos:
Uma exegese do Salmo 84
Amanada Hanselman

Salmo 84[23]
Para o diretor de música. De acordo com Gittith. Dos filhos de Coré. Um salmo.

I. Desejando estar com o SENHOR (vv. 1-7)
  A. Ansiando estar com Deus no seu templo (vv. 1-4)
    1. Desejo individual de estar no templo de Deus (vv. 1-2)

¹ Como é agradável o lugar da tua habitação, SENHOR dos Exércitos!
² A minha alma anela, e até desfalece pelos átrios do SENHOR; o meu coração e o meu corpo cantam de alegria ao Deus vivo.

---

[23] O texto da NVI foi organizado de acordo com a estrutura literária, com títulos e subtítulos.

2. Todas as criaturas têm um lugar no templo de Deus (v. 3)

³ Até o pardal achou um lar, e a andorinha um ninho para si, para abrigar os seus filhotes, um lugar perto do teu altar, ó Senhor dos Exércitos, meu Rei e meu Deus.

3. Todos os que habitam no templo de Deus são abençoados (v. 4)

⁴ Como são felizes os que habitam em tua casa; louvam-te sem cessar! *Pausa*

B. Caminhada até Sião para estar com o Senhor (vv. 5-7)

⁵ Como são felizes os que em ti encontram sua força, e os que são peregrinos de coração!
⁶ Ao passarem pelo vale de Baca, fazem dele um lugar de fontes; as chuvas de outono também o enchem de cisternas.
⁷ Prosseguem o caminho de força em força, até que cada um se apresente a Deus em Sião.

II. Oração pelo rei (vv. 8,9)

⁸ Ouve a minha oração, ó Senhor Deus dos Exércitos; escuta-me, ó Deus de Jacó. *Pausa*
⁹ Olha, ó Deus, que és nosso escudo; trata com bondade o teu ungido.

III. Deus está com todos os que são fiéis a ele (vv. 10-12)

A. Um dia com o Senhor é melhor do que uma eternidade de iniquidade (v. 10)

¹⁰ Melhor é um dia nos teus átrios do que mil noutro lugar; prefiro ficar à porta da casa do meu Deus a habitar nas tendas dos ímpios.

B. O Senhor concede favor e bênçãos a todos os que o seguem (vv. 11-12)

¹¹ O Senhor Deus é sol e escudo; o Senhor concede favor e honra; não recusa nenhum bem aos que vivem com integridade.
¹² Ó Senhor dos Exércitos, como é feliz aquele que em ti confia!

Introdução ao Salmo 84 — gênero, data, paralelos

O Salmo 84 está localizado no Livro III do Saltério (Salmos 73—89) como um salmo coraíta. O autor do Salmo 84 é um israelita desconhecido que faz uma peregrinação a Sião para um festival de outono (baseado na referência à chuva de outono no versículo 6). Esse salmo é um cântico de Sião, porque expressa o desejo do salmista em procurar Deus tanto no templo, que estava localizado no monte Sião em Jerusalém, quanto em sua peregrinação a Sião. Em sua jornada para o templo, o salmista descobre que Deus habita não só no templo, mas também com aqueles que caminham com ele, e abençoa aqueles que lhe são obedientes. Esse salmo expressa, assim, uma transição sutil na fé do salmista e em suas ideias da presença de Deus fora do templo.

O salmo é claramente uma canção de Sião de acordo com o seu tema, mas alguns pensam que pertence também ao gênero de um hino. Não é, contudo, semelhante à maioria dos hinos, porque não inclui um chamado explícito, nem um motivo de louvor, mas parece que a razão para o louvor engloba todo o salmo. De acordo com Sigmund Mowinckel, "Yahweh também pode ser elogiado mais indiretamente, por meio da exaltação de tudo que lhe pertence".[24]

Há alguma discussão sobre a datação deste salmo, mas nada tem sido conclusivo. Artur Weiser, A. F. Kirkpatrick e Hans-Joachim Kraus apoiam a datação desse salmo como pré-exílica, ou durante o período da monarquia.[25] No entanto, Erhard S. Gerstenberger apoia uma datação pós-exílica[26] e Marvin E. Tate parece igualmente sugerir a possibilidade de uma data pós-exílica.[27] O argumento de Gerstenberger baseia-se na ideia de que o relacionamento de um indivíduo com Deus, encontrado neste salmo, não era um tema comum durante o período monárquico, quando a comunidade era o foco. Como a datação do salmo é incerta, este artigo se concentra mais na análise literária do Salmo 84.

Existem vários salmos que são, de alguma forma, semelhantes ao Salmo 84, tanto pelos sentimentos que expressam, nos termos e

---

[24]Sigmund Mowinckel, *The Psalms in Israel's Worship* [Os Salmos na adoração em Israel] (Grand Rapids: Eerdmans, 2004), 88.

[25]Artur Weiser, The Psalms [Os Salmos] (trad. Herbert Hartwell; Old Testament Library; Filadélfia: Westminster, 1962), 566; A. F. Kirkpatrick, *The Book of Psalms* [O livro de Salmos] (1902; repr., Cambridge: Cambridge University Press, 1906), 504; Hans-Joachim Kraus, *Psalms 60–150: A Continental Commentary* [Salmos 60—150: um comentário continental] (trad. Hilton C. Oswald; Minneapolis: Fortress, 1989), 167.

[26]Erhard S. Gerstenberger, *Psalms, Part 2, and Lamentations* [Salmos, parte 2, e Lamentações] (Forms of Old Testament Literature; Grand Rapids: Eerdmans, 2001), 126.

[27]Marvin E. Tate, *Psalms 51–100* [Salmos 51—100] (Word Biblical Commentary 20; Nashville: Thomas Nelson, 1990), 256.

nomes de Deus que usam, quanto no modo como falam de Sião. O Salmo 46 é similar ao Salmo 84, uma vez que também é um salmo coraíta, um salmo que fala da cidade de Deus e do lugar onde Deus habita (46:4), e também se dirige a Deus usando o mesmo nome que se encontra quatro vezes no Salmo 84: "Senhor dos exércitos" (46:7, 11). O Salmo 48 também é semelhante; refere-se especificamente a Sião três vezes (v. 2,11,12) e usa o nome "Senhor dos Exércitos" no verso 8. O Salmo 48:9, de modo semelhante, menciona especificamente o templo.

O Salmo 27 é semelhante ao Salmo 84 em suas ideias, em vez de em sua fraseologia. O Salmo 27 fala do anelo do salmista de estar perto de Deus, especificamente de sua vontade de "habitar na casa do Senhor" (verso 4), que é o mesmo conceito referido no Salmo 84. O Salmo 42, embora expresso em gênero de lamento, fala inicialmente do desejo de estar com Deus e o chama de "Deus vivo" no v. 2, assim como o Salmo 84 o faz no v. 2. Ambos os salmos apresentam, de alguma forma, o desejo de proximidade de Deus, usando uma variedade de linguagem e técnicas para apresentar a ideia básica de buscar ao Senhor.

Estrutura literária do salmo

O Salmo 84 pode ser dividido em três seções principais — duas unidades maiores com uma pequena seção de transição entre elas. A primeira seção principal do salmo consiste nos vv. 1-7 e expressa o desejo do salmista de estar com Deus. Essa seção começa descrevendo o anseio do salmista por estar com Deus em seu templo (vv.1-4) e conclui com uma descrição de sua jornada a Sião para estar com o Senhor (vv. 5-7). A segunda seção principal do salmo é encontrada nos vv. 8,9 e consiste em uma oração em favor do rei. Essa seção pode muito bem se referir à entrada do salmista no templo, para uma festa, onde as orações teriam sido levantadas para o rei, o "ungido" de Deus (Salmo 84:9). A seção principal final do Salmo 84 inclui os vv. 10-12 e desenvolve o tema de que a presença de Deus permanece com aqueles que são lhe obedientes e fiéis. Ao longo do salmo, há um tema constante da presença de Deus: o anseio do salmista pelo templo, em sua peregrinação ao templo e em sua consciência da bênção de Deus sobre os justos.

A seguinte visão geral da estrutura literária do salmo é extraída da apresentação do texto no início deste artigo:

I. Desejando estar com o Senhor (vv. 1-7)

    A. Ansiando estar com Deus no seu templo (vv. 1-4)
  1. Desejo individual de estar no templo de Deus (vv. 1,2)
  2. Todas as criaturas têm um lugar no templo de Deus (v. 3)
  3. Todos os que habitam no templo de Deus são abençoados (v. 4)

    B. Caminhada até Sião para estar com o Senhor (vv. 5-7)

II. Oração pelo rei (vv. 8,9)

III. Deus está com todos os que são fiéis a ele (vv. 10-12)

    A. Um dia com o Senhor é melhor do que uma eternidade de iniquidade (v. 10)

    B. O Senhor concede favor e bênçãos a todos os que o seguem (vv. 11,12)

Análise detalhada

Desejando estar com o Senhor (vv. 1-7)

Ansiando estar com Deus no seu templo (vv. 1-4)

O versículo 1 começa falando sobre quão maravilhoso é o templo de Deus, aqui chamado de sua "habitação". Esse versículo é a primeira das quatro vezes em que o nome "Senhor dos exércitos" é usado, de acordo com a NIV. Esse nome é mais literalmente traduzido por "Senhor dos Exércitos", embora tenha sido mudado de "Senhor dos Exércitos" para "Senhor Todo-poderoso" na tradução de algumas Bíblias. (Na língua inglesa, porém, a tradução portuguesa mantém Senhor dos Exércitos.) De acordo com o prefácio da NIV, porque as frases "o Senhor dos Exércitos" e "Deus dos exércitos" têm pouco significado para os leitores contemporâneos, o comitê escolheu usar "Todo-poderoso", uma vez que transmite uma ideia basicamente equivalente a "Aquele que é soberano sobre todos os 'exércitos' (poderes) no céu e na terra".[28] O termo "exército" é também um termo usado no Antigo Testamento para se referir ao "exército cósmico que luta em nome de Deus para garantir a vitória israelita na batalha".[29]

---

[28] Comissão da tradução da Bíblia, "Prefácio da Bíblia NIV," sem número de páginas definido [citado em 2 de dezembro de 2007]. *Online*: http://www.hissheep.org/kjv/preface_to_the_niv_bible.html.

[29] Susan Ackerman, "Ark of the Covenant" [Arca da Aliança], *Eerdmans Dictionary of the Bible* [Dicionário bíblico Eerdmans] (ed. David Noel Freedman; Grand Rapids: Eerdmans, 2000), 103.

Esse nome distintivo para Deus, é encontrado quatro vezes no Salmo 84, nos vv. 1, 3, 8 e 12.

É importante notar que esse nome de Deus é tipicamente usado no Antigo Testamento em associação com a arca da aliança. Por exemplo, 1Samuel 4:4 diz: "Então o povo enviou a Siló e trouxe de lá a arca da aliança do Senhor dos Exércitos, que está entronizada nos querubins" (NRSV) [a versão brasileira da NVI não traz esse título]. Acreditava-se que arca "representava a presença de Deus... e era virtualmente sinônimo da deidade".[30] Os israelitas conduziam a arca consigo para onde quer que eles se movessem e acreditavam que Deus habitava onde estava a arca. Naturalmente, nos tempos do tabernáculo e do templo a arca foi mantida no santo dos santos, ou o lugar santíssimo, e é onde se acreditava que Deus habitava. Esse salmo inteiro trata sobre a presença de Deus e um desejo de estar perto dele, então é apropriado que "Senhor dos Exércitos" seja usado, já que este nome sugere a presença de Deus.

No v. 2 do salmo, as palavras "alma", "coração" e "corpo" são todas usadas "representando o homem como um todo, com todas as suas faculdades e afeição".[31] O salmista anseia por Deus não apenas com uma parte de si mesmo, mas com a totalidade de seu ser. O termo "Deus vivo" é usado apenas duas vezes no livro dos Salmos, embora seja usado em todo o restante da Bíblia de forma bastante comum. Encontra-se nos Salmos neste versículo, 84:2, e também no Salmo 42:2. No v. 2 de nosso salmo vemos também a transição no pensamento do salmista; primeiro, ele deseja os átrios do Senhor, presumivelmente no templo, e na segunda parte do verso ele deseja o Deus vivo, sem fazer referência ao lugar onde Deus possa estar. Esse é o início da mudança do salmista em sua compreensão da presença de Deus, que se desenvolve mais plenamente durante os versículos posteriores do salmo.

O versículo 3 já não fala dos desejos do salmista, como indivíduo, de estar com Deus, como nos vv. 1 e 2, mas faz referência a outras criaturas que encontram seu lugar na casa de Deus. Essa bela linguagem figurada é usada para sugerir uma sensação de segurança que as aves têm, na construção de seus ninhos para proteger os seus filhotes perto dos altares do Senhor. Artur Weiser afirma que "a alma ansiosa do salmista

---

[30] Ackerman, "Ark" [Arca], 102.
[31] J. J. Stewart Perowne, *The Book of Psalms* [O livro dos Salmos] (2 vols.; 1878; repr., Grand Rapids: Zondervan, 1966), 2:117.

encontrou um lar e um descanso para estar seguro sob a proteção de Deus, como o pássaro no ninho".[32] Joseph Addison Alexander descreve a linguagem de forma ligeiramente diferente, sugerindo que o salmista, em sua jornada, não terá lugar para descansar, que o "pardal e a andorinha são emblemas do próprio adorador" e que o salmista deseja "um lugar de repouso, um lar" para si mesmo, da mesma maneira que os pássaros encontraram um lugar para descansar no templo.[33] De qualquer maneira, o versículo parece descrever o entendimento do salmista de que se até mesmo algumas das criaturas menores (as aves) podem encontrar um lugar de repouso no templo, então certamente haverá espaço para ele descansar na casa de Deus também.

No v. 3, a intensidade da relação pessoal que o salmista parece ter com Deus é retratada através do uso de pronomes possessivos específicos. O uso de "meu" duas vezes nesse versículo representa a ideia de que o salmista tem um relacionamento íntimo com Deus; não é apenas um relacionamento comum, sugerindo que esse é apenas o Deus que todas as pessoas adoram, mas que é o seu Deus, a quem ele conhece e deseja conhecer de maneira maior a cada momento. No v. 4, os personagens mudam de novo e o salmista refere-se àqueles que "habitam na casa [de Deus]", isto é, aos sacerdotes do templo.[34] O salmista acredita que os sacerdotes são verdadeiramente abençoados porque são capazes de passar cada momento louvando a Deus, como ele deseja fazer.

Viajando para Sião a fim de estar com o Senhor (vv. 5-7)

Os versículos 5-7 descrevem a peregrinação do salmista ao templo. O salmista parece desejar a "experiência devota de uma peregrinação",[35] esperando que ele possa ser abençoado junto com todos os outros que encontram força em Deus quando "põem seu coração na peregrinação" (v. 5). O versículo 6 apresenta alguns detalhes específicos da jornada, observando que aqueles peregrinos "passam pelo vale de Baca", onde as chuvas de outono cobrem o solo. O "vale de Baca" é um nome muito debatido. Muitos interpretam que se trata de um lugar fictício ou uma metáfora, argumentando que deveria ser traduzido por "vale de

---

[32] Weiser, *The Psalms* [Os Salmos], 567.
[33] Joseph Addison Alexander, *The Psalms: Translated and Explained* [Os Salmos: traduzidos e explicados] (Grand Rapids: Baker, 1977), 355-56.
[34] Kirkpatrick, *The Book of Psalms* [O livro de Salmos], 506.
[35] Weiser, *The Psalms* [Os Salmos], 567.

lágrimas".³⁶ Se é interpretado dessa maneira, então, qualquer que seja a região pela qual eles viajam, e é um lugar de grandes dificuldades e uma região que não traz alegria. No entanto, outra forma de interpretação sugere que a palavra "Baca" seja o nome dado para um tipo de árvore de bálsamo, que cresceria em uma área seca.³⁷ Isso faria mais sentido com o restante do versículo, no qual a chuva faz da terra um "lugar de fontes"; se antes estivesse seco, a chuva teria sido uma bênção. A chuva pode ser considerada um símbolo para as bênçãos que Deus providencia ao longo de um caminho difícil.³⁸ As chuvas também são dadas numa estação específica, sendo denominadas "chuvas de outono" nesse mesmo versículo, o que ajuda a explicar o momento da peregrinação. Se as chuvas vieram no outono, então o salmista estava provavelmente em seu caminho para um festival de outono. O ciclo do festival de outono continha festas para celebrar Deus como o rei divino³⁹ e também rei terrestre (como é encontrado nos versículos 8 e 9).

No versículo 7, a expressão "força em força" não é facilmente entendida, porque o hebraico nesse versículo é "vago"⁴⁰, mas geralmente se entende como sugerindo que o salmista ganhe força de Deus em sua jornada para o templo,⁴¹ recebendo todas as bênçãos ao longo do caminho. Uma tradução sugere que a frase pode até ser interpretada como denotando "locais geográficos, como fortes ao longo da estrada",⁴² mas isso é altamente improvável, considerando que existem outras ideias metafóricas possíveis no salmo, como as aves no v. 3 e o vale de Baca no v. 6. Essa frase pode assim ser considerada como referindo-se apenas à força que o salmista recebe de Deus em sua jornada, dando-lhe a energia para continuar até que seja renovado outra vez. É nessa seção, vv. 5-7, que a transição adicional no modo de pensar do salmista se mostra evidente. Se a ideia da chuva for metafórica, sugerindo bênçãos de Deus, e o significado de "força em força" seja de que Deus renova a força dos viajantes em sua jornada, então o salmista entende que Deus também está com eles quando viajam, em vez de

---

³⁶Tate, *Psalms* [Salmos] 51-100, 359.
³⁷Kirkpatrick, *The Book of Psalms* [O livro de Salmos], 507.
³⁸Tate, *Psalms* [Salmos] 51-100, 359-60.
³⁹Bernard W. Anderson, com Stephen Bishop, *Out of the Depths* [Saindo das profundezas] (3ª ed.; Louisville: Westminster John Knox, 2000), 157-58.
Schaefer, *Psalms* [Salmos], 207.
⁴⁰Schaefer, *Psalms* [Salmos], 207.
⁴¹Weiser, *The Psalms* [Os Salmos], 568.
⁴²Schaefer, *Psalms* [Salmos], 207.

apenas estar no templo. No entanto, o salmista mantém sua crença de que Deus habita no templo, porque o versículo 7 afirma "até que cada um se apresente a Deus em Sião".

Oração pelo rei (vv. 8,9)

Os versículos 8 e 9 contêm uma petição em favor do rei. Pelo fato de que o festival provavelmente celebrasse a Deus como rei (ver v. 3), também faria sentido que houvesse uma oração pelo rei terrestre, que era considerado o "braço estendido de Javé" na terra.[43] O rei terreno é considerado o "ungido" de Deus (versículo 9). O rei é chamado de "escudo" nessa passagem, uma metáfora comum para Deus e para o rei. O rei também é chamado de "escudo" no Salmo 89:18, que diz: "Sim, Senhor, tu és o nosso escudo, ó Santo de Israel, tu és o nosso rei". A base para esse termo aplicado ao rei é que ele é o "protetor" terreno dos israelitas e do templo. É, portanto, correto que o povo ofereça uma petição em seu nome nessa seção do salmo.[44]

Deus está com todos os que são fiéis a ele (vv. 10-12)

Um dia com o Senhor é melhor do que uma eternidade de iniquidade (v. 10)

O versículo 10 é a comparação de uma vida na presença de Deus e uma vida de iniquidade. Com a sugestão exagerada de que um dia com Deus é melhor do que mil dias em outros lugares, o salmista está mostrando quão importante é seu relacionamento com Deus: até um momento na presença de Deus é melhor do que longos períodos de tempo em qualquer outro lugar. Essa afirmação continua na segunda metade do versículo, com as ideias opostas de viver em humildade e viver uma existência confortável. Um comentário diz que o salmista basicamente está dizendo: "Eu preferiria realizar o serviço mais humilde no templo daquele que não tolera mal algum do que ser entretido como convidado onde habita a maldade".[45] O salmista preferiria ficar na entrada da porta, até nem mesmo dentro do templo, apenas para estar em qualquer lugar perto de seu Senhor, do que viver confortavelmente numa vida de maldade. Esse versículo é uma declaração de fé extremamente poderosa.

---

[43]Tate, *Psalms* [Salmos], 51-100, 360.
[44]Schaefer, *Psalms* [Salmos], 208.
[45]Kirkpatrick, *The Book of Psalms* [O livro de Salmos], 509.

O Senhor concede favor e bênçãos a todos os que o seguem (vv. 11,12)
Nos versículos finais deste salmo, o salmista fala de sua nova visão da presença de Deus. Ele finalmente chega ao entendimento de que Deus abençoa aqueles que lhe são obedientes e caminham com ele, mesmo quando não estão no templo. O versículo 11 apresenta a Deus como um "sol e escudo". Deus é um escudo porque ele é o rei, como o salmista o apresenta no v. 3; ele é o único protetor de seu povo. Deus é frequentemente descrito como um escudo no livro de Salmos, por exemplo, 3:3, 18:2 e 28:7. No entanto, Deus como um "sol" não é uma metáfora comum na Bíblia. Malaquias 4:2 diz: "Mas para vocês que reverenciam o meu nome, o sol da justiça se levantará trazendo cura em suas asas". Essa é a única referência a Deus como "sol".[46] Geralmente se considera que Deus fornece luz e orientação para seu povo. Konrad Schaefer afirma que Deus, concebido como uma combinação de "sol e escudo" (v. 11), "requer uma figura de luz gloriosa e proteção confiável".[47] Deus é referido como uma "luz" para o seu povo em outro lugar, como no Salmo 27:1, que diz: "O Senhor é a minha luz e a minha salvação, a quem temerei?"[48] A ideia de Deus como um sol ou uma luz pode sugerir que ele provê orientação, como num caminho escuro, enquanto o salmista está em sua peregrinação. As ideias de Deus como luz e protetor (sol e escudo) são simplesmente mais formas pelas quais o salmista nomeia e louva ao Deus cuja presença ele tem experimentado na viagem.

    O salmista continua, no versículo 11, alegando que Deus não guarda memórias negativas "daqueles, cuja caminhada é irrepreensível" e que o Senhor "concede graça e honra" para eles. Marvin Tate afirma que a ideia de caminhar tem um "duplo sentido positivo", falando sobre aqueles que viajam em peregrinação e aqueles que vivem "em obediência e fé no caminho de Javé".[49] Essa ideia de que Deus abençoa tanto os que andam em peregrinação quanto aqueles que "andam" em seus caminhos é um aspecto positivo que finaliza a compreensão do salmista sobre Deus e como ele trabalha. Para todos os que lhe obedecem — estando ou não no templo — Deus oferece bênção, favor e honra; portanto, de acordo com o versículo 12, "feliz é aquele que confia" nesse Deus.

---

[46]Tate, *Psalms* [Salmos], 51-100, 361.
[47]Schaefer, *Psalms* [Salmos], 207.
[48]Alexander, *The Psalms* [Os Salmos], 358.
[49]Tate, *Psalms* [Salmos], 51-100, 360-61.

Síntese

O salmista, no Salmo 84, começa com um grande desejo de estar com Deus onde ele habita, em seu templo, e completa o salmo com um novo entendimento de que Deus dá provisão e permanece com todos os que andam em seus caminhos. O salmista, que tem um relacionamento íntimo de amor com um Deus poderoso, no começo do salmo recebe uma forte revelação e verdadeiramente amadurece em seu conhecimento do Senhor. É por meio de uma difícil peregrinação a um festival que celebra a Deus como rei que esse salmista cresce em sua fé, mostrando que cada passo obediente tomado, seguindo o caminho de Deus, trará maior compreensão da vida e da presença do Senhor dos Exércitos.

Reflexão

O salmista fez uma viagem grande e possivelmente perigosa para chegar ao templo, a fim de que ele pudesse passar apenas um dia com seu Senhor e rei. Ao longo de sua jornada, o salmista descobre que seu Deus permanece com ele o tempo todo, em vez de apenas habitar no templo. Esse é o entendimento que os cristãos de hoje também conservam; aqueles que confiam em Deus podem ter a certeza de sua presença com eles em todos os lugares, em todas as situações, e em cada momento da vida. Os crentes no tempo do Antigo Testamento às vezes sustentavam a crença de que Deus habitava apenas no templo. Portanto, o salmista, no Salmo 84, estava à frente de seu tempo em sua compreensão da presença de Deus. Muitos cristãos de hoje, no entanto, confessam com seus lábios que Deus está "sempre lá", mas ainda vivem como se os momentos especiais de oração e adoração (equivalente ao sacrifício no templo), de alguma forma, nos aproximassem mais da face de Deus do que a caminhada diária de obediência e fidelidade. Os cristãos de hoje devem tomar o v. 10 em seu coração: "Melhor é um dia nos teus átrios do que mil noutro lugar; prefiro ficar à porta da casa do meu Deus a habitar nas tendas dos ímpios". O contraste não é entre estar com Deus em algum lugar "sagrado" e a vida no chamado mundo secular. Ao contrário, o contraste deve ser entre a fidelidade — que é acompanhada pela presença de Deus — e a maldade. Portanto, os cristãos precisam prestar atenção ao versículo 10 e viver com o mesmo desejo que o autor do Salmo 84 tinha de conhecer a Deus.

Obras citadas

Ackerman, Susan. "Ark of the Covenant" [Arca da aliança]. p. 102-3 in *Eerdmans Dictionary of the Bible* [Dicionário bíblico Eerdmans]. Editado por David Noel Freedman. Grand Rapids: Eerdmans, 2000.

Alexander, Joseph Addison. *The Psalms: Translated and Explained* [Os Salmos: traduzidos e explicados]. (Grand Rapids: Baker, 1977), 355-56.

Anderson, Bernard W. com Stephen Bishop, *Out of the Depths* [Saindo das profundezas] (3ª ed.; Louisville: Westminster John Knox, 2000), 157-58.

Comissão da tradução da Bíblia, "Prefácio da Bíblia NIV", sem páginas referidas [Citado em 2 de dezembro de 2007]. *Online*: http://www.hissheep.org/KJV/preface_ to_the_NIV_bible.html.

Gerstenberger, Erhard S. *Psalms, Part 2, and Lamentations* [Salmos, parte 2, e Lamentações]. Forms of Old Testament Literature. (Grand Rapids: Eerdmans, 2001), 126.

Kirkpatrick, A. F. *The Book of Psalms* [O livro de Salmos] (1902. Repr., Cambridge: Cambridge University Press, 1906), 504.

Kraus, Hans-Joachim. *Psalms 60—150: A Continental Commentary* [Salmos 60—150: Um comentário continental] (trad. Hilton C. Oswald. Minneapolis: Fortress, 1989), 167.

Mowinckel, Sigmund. *The Psalms in Israel's Worship* [Os Salmos na adoração em Israel] (Grand Rapids: Eerdmans, 2004), 88.

Perowne, J. J. Stewart. *The Book of Psalms* [O livro dos Salmos] (2 vols.; 1878; repr., Grand Rapids: Zondervan, 1966), 2:117.

Schaefer, Konrad. *Psalms* [Salmos]. Berit Olam. Collegeville: Liturgical, 2001.

Tate, Marvin E. *Psalms 51–100* [Salmos 51—100] (Word Biblical Commentary 20; Nashville: Thomas Nelson, 1990), 256.

Weiser, Artur. *The Psalms: A Commentary* [Os Salmos: comentário] (trad. Herbert Hartwell; Old Testament Library; Filadélfia: Westminster, 1962), 566.

APÊNDICE D

RECURSOS PARA ESTUDOS BÍBLICOS SELECIONADOS DA INTERNET

Os recursos técnológicos disponíveis têm afetado a leitura, o estudo e a distribuição da Bíblia desde quando foi escrita. Em nossa época, o advento da Internet tem disponibilizado muitos recursos *online* para o estudo bíblico. Como em todos os demais campos de estudo, a qualidade desses recursos *online* varia consideravelmente, ainda que a quantidade deles pareça crescer exponencialmente. Segue abaixo a relação de alguns *sites* que parecem ter sido estabelecidos como confiáveis, recursos múltiplos *online*, cuja virtude é ser produzidos ou hospedados por instituições educacionais ou outras instituições acadêmicas, por estudiosos reconhecidos que trabalham de forma independente, ou por órgãos religiosos de boa reputação. O foco aqui é nos *sites* que disponibilizam o texto bíblico diretamente e em "portais", ou *sites* com *links* para outros recursos.

A BÍBLIA *ONLINE*

Muitas versões da Bíblia (KJV, NIV, NASB, NLT, TNIV e mais, incluindo outros idiomas) podem ser encontradas em: <http://www.biblegateway.com>.

As versões GNB, KJV, NASB, NIV, NLT, NRSV, RSV e outras podem ser encontradas nesse site muito útil, embora não acadêmico: <http://www.crosswalk.com>.

A Biola University tem um site com as versões KJV, NASB, NRSV, NT grego, texto hebraico e muito mais (incluindo versões em muitos idiomas), disponibilizando mais de quatro versões em colunas paralelas: <http://unbound.biola.edu>.

A versão NAB pode ser encontrada em: <http://www.nccbuscc.org/NAB/bible>.

Um *software* para estudo bíblico em PCs, Macs e outras plataformas móveis, bem como em outras traduções, incluindo a *Concordância de Strong*, e muito mais sobre Bíblia *online*, está disponível em: <http://www.onlinebible.net>.

A NRSV está disponível em: <http://bible.oremus.org e http://www.devotions.net/bible/00bible.htm>. A KJV pode ser encontrada também no *site* anterior.

A NET Bible, incluindo extensas notas de tradução, está disponível em: <http://www.bible.org/netbible/index.htm>.

A Divinity School em Vanderbilt construiu um *site* contendo textos da NRSV para todos os domingos do lecionário de três anos: <http://divinity.library.vanderbilt.edu/lectionary>.

LIVROS *ONLINE*

Muitos usuários da internet já descobriram que o Amazon.com e outros vendedores disponibilizam parte dos textos de seus livros *online*. Mas o mais importante *site online* é a pesquisa de livros do Google, disponível em: <http://books.google.com>. É tanto um poderoso mecanismo de pesquisa quanto uma coleção de livros *online* num só lugar.

PORTAIS DE PESQUISA

Um portal é um *site* que tem *links* com outros sites. Dentre os mais importantes desses estudos bíblicos estão os seguintes:

O "All-in-One Biblical Resources Search", produzido pelo professor Mark Goodacre, da Duke University, inclui excelentes *links* para textos bíblicos e pesquisa, a maior parte dos quais pode ser pesquisada no site de Goodacre: <http://www.ntgateway.com/multibib>.

O portal do Novo Testamento e o Novo Testamento grego, também produzidos pelo professor Mark Goodacre, da Duke University, faz atualizações regularmente e *links* importantes para bons recursos acadêmicos do NT: <http://www.ntgateway.com> e <http://www.ntgateway.com/greek>.

O portal do Antigo Testamento, um site acadêmico com sua base no Tabor College, Vitoria, Australia, tem como modelo o *site* do Professor Mark Goodacre: <http://www.otgateway.com>.

A Tyndale House, em Cambridge, Inglaterra, mantém um *blog* sobre recursos eletrônicos para estudos bíblicos que inclui uma barra lateral com *links* para vários portais de "Recursos *online*": <http://tabs-online.com/Tyndale/Tech/index.htm>.

O professor Torrey Seland, da School of Mission and Theology em Stavanger, Noruega, opera um site cujo foco é centrado nos escritos cristãos primitivos e no mundo social em que viveram, com muitos *links* para textos, trabalhos acadêmicos publicados eletronicamente, e muito mais: <http:// www.torreys.org/bible>.

O professor Felix Just, Diretor of Biblical Education no Loyola Institute for Spirituality, mantém um site útil que, a despeito do nome, não é somente para católicos: <http://catholic-resources.org>; a parte mais relevante do site é o "E.N.T.E.R" ou Eletronic New Testament Educational Resources: <http://catholic-resources.org/Bible/index.html>.

A Faculty of Religious Studies na McGill University do Canadá também possui uma página de *links* para "Bíblias e estudos bíblicos": <www.mcgill.ca/religiousstudies/online-resources/subject/bibles>.

O *site* mencionado acima inclui não apenas versões da Bíblia, mas também traz *links* para outros recursos: <http://www.biblegateway.com/resources>.

A Society of Biblical Literature tem uma seção em seu *site* dedicada a recursos eletrônicos para estudos bíblicos: <http://sbl-site.org/educational/researchtools.aspx>.

O Guia anotado Wabash Center da internet para a religião, no Wabash College, inclui *links* para sites sobre Bíblia e arqueologia que podem ser encontrados em: <http://www.wabashcenter.wabash.edu/resources/guide_headings.aspx>.

O *Text this Week*, feito por Jenee Woodward desde 1998, é um excelente portal para encontrar recursos relacionados à exegese, pregação, incluindo artigos acadêmicos, sermões, trabalhos de arte e muito mais; em suas palavras, "uma estante virtual para estudantes, professores e pregadores": <http://www.textweek.com>.

A página não oficial da Catholic Biblical Association's Computer Committee contém *links* para sociedades acadêmicas, *sites* mantidos por acadêmicos bíblicos, companhias de *software* e recursos para estudos bíblicos: <http://www.cbacomputercommittee.org>.

O projeto Perseus da Tufts University permite acessar textos pesquisáveis em grego e latim, bem como o LiddellScott-Jones léxico de grego clássico: <http://www.perseus.tufts.edu/cache/

perscoll_Greco-Roman.html>. LSJ lexicon: <http://www.perseus.tufts.edu/cgi-bin/resolveform>.

A Yale University Divinity School library hospeda o *site* Bible Reference Tools Tutorial, que ajuda a encontrar recursos para exegese: <http://library.yale.edu/div/tutframe.htm>.

PERIÓDICOS

Alguns periódicos disponíveis em edição impressa estão, ou estarão, também disponíveis *online*, tanto por meio de assinatura ou sem custo. Além disso, espera-se um número crescente de periódicos digitais.

As seguintes páginas disponibilizam *links* para periódicos *online*:

http://www.atla.com/products/titles/titles_atlas.html

http://www.ntgateway.com/journals.htm

http://www.torreys.org/bible/biblia02.html#journals

Alguns dos periódicos contendo artigos completos *online* incluem:

Biblica, a versão eletrônica do jornal com o mesmo nome: <http://www.bsw.org/project/biblica>

The Journal for the Study of Rhetorical Criticism of the New Testament: <http://www.rhetjournal.net>

The Journal of Biblical Literature: <http://www.sbl-site.org/publications/journals_jbl_noLogin.aspx>

The Journal of Biblical Studies: <http://www.journalofbiblicalstudies.org>

Word and World: Theology for Christian Ministry: <http://www.luthersem.edu/word&world>

A *Review of Biblical Literature*, um periódico *online* sobre livros publicados pela Society of Biblical Literature, oferece assinaturas grátis: <http://bookreviews.org>.

Artigos populares escritos por acadêmicos e extraídos da revista impressa *Bible Review* podem ser encontrados em: <http://members.bib-arch.org/publication.asp?PubID=BSBR> e por sua publicação coirmã, *Biblical Archaeology Review*, em: <http://www.bib-arch.org/bar/>.

Veja também os periódicos listados no capítulo 11, seção 6. "Recursos para uma análise detalhada".

SITES E *BLOGS*

Um recurso relativamente novo, e talvez não esperado, para um estudo e pesquisa bíblica aprofundada é o crescente grupo de sites de estudiosos individuais, especialmente os *blogs*. Websites às vezes contêm *links* para artigos ou *podcasts* de palestras de um acadêmico ou outras apresentações. Um *site* especialmente popular é o site (oficioso, mas muito bem feito) do bispo anglicano e teólogo bíblico N. T. Wright: <http://ntwrightpage.com>.

Blogs de estudantes de pós-graduação e estudiosos bíblicos profissionais apresentam alguns de seus pensamentos mais atuais sobre diversos temas, muitas vezes revelando os principais pontos do próximo artigo ou livro de um acadêmico, dando oportunidade para a reação imediata por outros. Tais *blogs* também resumem conferências acadêmicas, anunciam novos livros ou recursos eletrônicos e geralmente fornecem informações úteis e atualizadas para estudantes e acadêmicos.

A melhor maneira de encontrar tais *sites* é começar com um e seguir os *links* (às vezes chamado de "*blogroll*") para outros *sites*. Entre os muitos *blogs* acadêmicos, um dos mais úteis — porque tem regularmente comentários e *links* para muitos outros — é o Gateway *Weblog*, o *blog* do professor Mark Goodacre (veja os portais e recursos): <http://ntgateway.com/we*blog*>.

ÍNDICE

abordagem diacrônica, 32-34, 167-169, 172,173,268-271
abordagem existencialista, 34-41, 42, 271, 272
abordagem sincrônica, 14, 29-32, 42-43, 168-169, 172, 173, 182, 264, 267
abordagens exegéticas, 28-41, 263-274
acadêmico, bíblico, 194-197
ambiguidade, 154-159
ampliação da exegese, 185
análise contextual, 45, 49, 89,101, 175, 176, 183, 184
    recursos para, 229-235
análise de gênero, 30, 103, 264
análise detalhada, 45, 49, 112-148
    frases, períodos, segmentos de orações, 132-135
    inter-relações entre partes, 135-138
    palavras-chave e imagens, 127-133
    questões básicas para, 125-126
    recursos para, 237-254
    seletividade, 124
    todo e partes, 126-127
análise formal, 30-31, 45, 49, 102-121, 264, 269
análise gramatical, 31, 266
análise lexical, 31, 127-133, 266. *Veja também* palavras, análise de
análise semântica, 31, 128-129, 266

análise sintática, 31, 132-135, 266
antipatia, hermenêutica da, 164
apreciação, hermenêutica da, 164, 165
aprimoramento da exegese, 44, 46, 48, 193-198
apropriação, 185
assimilação prematura, 186
atlas, bíblicos, 235

Bíblia
    cd-rom, 219-222
    edições, 72-78
    estudo, de, 72-78
    interlinear, 53, 56-58
    traduções (versões), 58-72, 215-216
        para exegese, 60-72
bibliografias, 169
    recursos para, 260-262
Bíblias de estudo, 72-78
Bíblias interlineares, 53, 56-58
blogs, 314
brincando com o texto, 50, 120, 147, 274-275

cd-rom, Bíblias em, 219-222
círculo hermenêutico, 45-46, 119, 127, 135
comentários bíblicos, 92, 96, 194-197, 226-229, 246-254
    séries, 249-253
    de um volume, 226-229
    de vários volumes, 249, 254
    volumes autônomos, 249

composição em círculo, 113
concordâncias bíblicas, 131-132, 239-241
conotação, 128, 131
consentimento, hermenêutica do, 38-40, 166
contexto sociopolítico, 90-95
contexto, 43, 45, 48, 59, 89-101, 127-131
    canônico, 98-100, 175-176, 183
    cultural, 90-95
    histórico, 45, 48, 90-95
    literário, 45, 48, 95-98
    retórico, 95-98
    social/sociopolítico, 90-95
contraste, 111
contraexegese, 190
credos, 176-177
crítica, 29
    canônica, 36, 39, 189, 271
    fonte, da, 33, 139, 269
    forma, da, 33, 139, 269
    histórica, 33, 270
    ideológica, 36, 38, 165
    literária, 30, 264
    militante, 36, 38, 273
    narrativa, 30, 115-117, 143-146, 264
    redacional, 33, 138-141, 270
    retórica, 30, 93, 95-98, 265
    sociocientífica, 31, 90-95, 248, 267
    sociorretórica, 30, 249
    textual, 33, 58, 216-217
    tradição, da, 33, 139, 269
crítica/análise da forma, 45, 139, 264, 269
    recursos para, 235-237
crítica da fonte, 33, 39, 269
crítica histórica, 33, 270
crítica ideológica, 36, 38, 165
crítica literária, 30, 264. *Veja também* crítica narrativa
crítica/exegese militante, 36, 38, 41, 165, 273
crítica narrativa, 30, 115-117, 143-146, 264,
crítica pós-colonial, 36, 41, 165, 179, 209, 256
crítica redacional, 33, 138-141, 270
crítica sociocientífica, 31, 90-95, 248, 267
crítica sociorretórica, 30, 249. *Veja também* crítica retórica; crítica sociocientífica
crítica textual, 33, 58, 216-217
crítica da tradição, 33, 139, 269

diagrama, frase, 135
dicionários bíblicos, 92, 96, 229-232
discernimento, hermenêutica do, 165

efetivação/realização, 36, 40, 188-190, 272
equivalência formal, 61-63
equivalência funcional, 61-63
eisegese, 44, 46, 184
erros a evitar, 201-205
esboços das passagens, 109-110, 275-276
escrevendo um trabalho exegético, 47-50, 86, 93n3, 94-95, 96, 201-205, 274-278
    contexto, 93n3, 100-101, 143n18, 205, 276, 278

análise detalhada, 93n3,
   100-101, 143n18, 205,
   276, 278
forma, estrutura e
   movimento, 118-119, 204,
   276, 278
introdução, 203, 278
reflexão/interpretação
   teológica, 204-205, 276
exemplos, 279-309
síntese, 204, 276
tese, 85-87, 151-152, 203,
   204, 205
estilo para trabalhos, 207
estrutura, 46, 49, 108-117, 118
   expositiva, 114
   narrativa, 115-116, 117
exegese,
   canônica, 36, 39, 189, 271
   contra, 190
   estrutural, 137, 239
   liberacionista, 35, 38, 165, 273
   militante, 36, 38, 273
   pré-moderna, 39, 164
   teológica, 36, 37-40,
      162-192, 271
   viva, 40, 178, 185, 188-190
   abordagens à, 28-52,
      263-273
   definição de, 25-27
   trabalho escrito, 47-50, 86,
      93n3, 94-95, 96, 201-205,
      274-278
   exemplos de trabalhos,
      279-309
   texto para, 53-56, 117n7
explication de texte, 29, 32n8
extrapolar, sentido, 155-156,
   172-173
falácia etimológica, 130,

fidelidade criativa, 177, 189
fontes secundárias, 49, 193-198,
   207-313
forma, 45, 49, 102-121, 264, 269
frases, 133-135

gramáticas bíblicas, 241-242

hermenêutica, 35n13, 163–166,
hermenêutica missional/
   interpretação, 36, 38, 179-83,
   272
horizontes, 46, 183-190

idiomas bíblicos, 56-57
   recursos para uso dos,
      216-217, 219-222, 240,
      242-243
Iluminismo, o, 37, 39n19, 168,
   176n23
inclusio, 56, 112
incorporação, 36, 40, 188-190, 272
intenção autoral, 26, 158-159
interpretação pós-moderna, 47,
   170
interpretação quádrupla da
   Escritura, 39
interpretação/exegese teológica,
   13–15, 36, 37-40, 43, 46, 98-
   100, 133, 155-156, 162-192,
   271, 276
   definição de, 170-171
   princípios de, 170, 171-179
      canônico, 175-176
      católico (universal),
         173-174
      calcedoniano
         (encarnacional),
         172-173, 177
      carismático, 177-178

coerência, da, 176-177
comunal (eclesial), 174-175
construtivo, 178-179
conversão, da (transformação), 178
recursos para, 255-260
intertextualidade, 141–143, 265, 270
cultural, 141-143
introduções, bíblicas, 222-226

lectio divina, 35, 37, 40, 272
leitura
atenta, 26, 29, 44, 46n26, 52-53, 264-267
espiritual, 36, 40, 272
espelhada, 94-95
linguagem figurada, 131
linguística histórica, 33, 268
léxicos bíblicos, 132-133, 242-244
localização, do leitor, 43-44

método,
erros em, 201-205
exegético, sumário de, 44-47
histórico-crítico, 32-34, 138-141, 268-270
recursos para, 208-215
método histórico-crítico, 32-34, 138-141, 167-168, 169, 176n23, 268-271
missio Dei, 38, 179-183, 186, 272
movimento, 45, 49, 103, 108, 117-119

não comprometimento (descompromissada), hermenêutica do, 164-165

ocasião, 91
ouvindo os outros, 166-167

palavras, análise de, 58, 90, 126, 127-133, 135-138
campo semântico, 130-131
conotação, 128, 131
denotação, 128
falácia etimológica, 130
linguagem figurada, 131
transferência ilegítima da totalidade, 129-130
relação entre, 135-138
palavras e texto, 34, 36, 46
paráfrase de texto, 60n7
paralelas, Bíblias, 218
paralelismo, 110-114
paralelomania, 143
periódicos, 92, 195-197, 244-246, 313
online, 244-246, 313
pesquisa, procedimentos para, 193-198, 276-277
pluralidade de interpretações, 86, 151-159
polivalência, 154-159
posturas interpretativas, 162-166
pressupostos na exegese, 46,
professores, sugestões para, 20-21

quiasmo, 56, 112-114

realização/efetivação, 36, 40, 188-190, 272
realidades extratextuais, 93n3, 141-143,
recursos para exegese, 206-262, 310-314
bibliográficos, 260-262
contextuais, 229-235

para os detalhes, 237-254
formais, 235-237
para a reflexão/interpretação
   teológica, 255-260
para a pesquisa, 222-229
sintéticos, 254-255
para a tarefa, 207-215
textuais, 215-222
Internet, 310-314
reflexão/interpretação teológica,
   13-15, 38-40, 42, 46, 49,
   98-100, 156, 162-192, 271,
   276, 277
   recursos para, 255-260
regra de fé, 39, 176-177
reivindicações do texto, 183-186
relação entre os elementos dos
   textos, 135-138
repetição, 111
retórica, 30, 93, 94, 95-98, 265
   antiga, 114
retórica, crítica, 30, 93, 95-98,
   265

seletividade, 124
sensus plenior, 155
sentido extrapolado, 155-156,
   172-173
significado alegórico, 39
Sitz im Leben, 33n10
suspeita, hermenêutica da, 38,
   40-41, 165, 273
síntese, 204, 276
situação retórica, 91n2, 92–93
tarefa de exegese, 25-51
   recursos para compreensão,
   206-215
tese, 85-87, 151-152, 203, 204,
   205
termos técnicos, 128
texto para exegese, 53-56,
   117n7
tradução,
   Bíblia, 58-63, 215-216
   princípios de, 58-63
transferência ilegítima da
   totalidade,129-130

Este livro foi impresso em 2024, pela Santa Marta,
para a Thomas Nelson Brasil. A fonte usada
no miolo é Adobe Caslon Pro corpo 11,5.
O papel do miolo é offwhite snowbright 70 g/m².